Gloria Becker
Liebe und Verrat

D1665929

Gloria Becker

Liebe
und Verrat

Psychologische Analysen unserer
märchenhaften Wirklichkeit
Band 2

2010

BOUVIER

ISBN 978-3-416-03313-8

Druck und Bindung: Buch Bücher dd-ag, Birkach
Gedruckt aus säurefreiem Papier.

Inhalt

Vorwort

Diese Märchenanalyse-Reihe entstand aus dem Rückblick auf meine fast 30-jährige Arbeit als Psychotherapeutin mit etwa 1.700 Behandlungsfällen und auf fast zwanzig Jahre Fortbildung und Supervision für Marktforscher, Medienwissenschaftler und Unternehmensberater. Ich stellte fest, dass die Schwierigkeiten, in die Menschen oder Werke gerieten, im Grunde aus einer überschaubaren Zahl von Konflikten erwuchsen. In den letzten Jahren nahm dabei die Zahl der Fälle, die aus übermäßigen Kontroll-Zwängen ins Leiden kamen und durch ihr Streben nach Macht in Sackgassen geraten waren, deutlich erkennbar zu. Dies war Schwerpunkt des ersten Bandes[1].

Außerdem ließ sich beobachten, dass das Lieben häufig zum Problem geworden war, was nicht nur in der Zunahme von kurzzeitigen Liebschaften und wechselnden Lebensabschnittspartnerschaften zum Ausdruck kam, sondern auch in einer Selbstbefangenheit, die den Anderen nur als Erweiterung und Spiegelung seiner selbst wahrnimmt. Sich an einen anderen Menschen zu binden, macht heute vielen Menschen Angst. Sie fürchten Abhängigkeit bis zur Selbstaufgabe und möchten sich nicht der Gefahr, verlassen zu werden, aussetzen. Gleichzeitig sehnen sie sich nach symbiotischer Nähe und hegen Ideale, die in der Wirklichkeit kaum lebbar sind. Liebe, Selbstliebe, Rivalität und Verrat durchziehen die Fall-Geschichten dieses zweiten Bandes.

---

[1] Becker, Gloria: Kontrolle und Macht. Psychologische Analysen unserer märchenhaften Wirklichkeit. Bd. I. Bonn 2009

1. Liebesnöte

Viele Menschen, die therapeutische Hilfe suchen, tun sich mit der Liebe schwer. Sie klagen über immer wieder zerbrechende Bindungen oder zermürbende Auseinandersetzungen, die das Leben miteinander zur Qual machen, über unerfüllte Sehnsüchte und bittere Enttäuschungen. Ideal und Wirklichkeit klaffen häufig weit auseinander. Hin- und hergerissen zwischen der Angst vor Abhängigkeit und der Neigung, es ganz eng und innig haben zu wollen, verhalten sie sich widersprüchlich, locken den anderen, um ihn dann wieder wegzustoßen. Sie ertragen weder große Nähe noch weitere Distanz. Dies wirkt aufgrund der ausgeprägten Zwiegespaltenheit sehr verwirrend. Man selbst, aber auch der andere durchschaut dieses Gummiband-Spiel nicht und gerät in ein Leiden. Auf seine Freiheit mag man nicht verzichten und räumt dem anderen großzügig in einer Art Deal als Gegenleistung ebenfalls seinen Freiraum ein, muss allerdings auch erkennen, dass es, entgegen allen Beteuerungen, tief kränkt, wenn von dieser Freiheit übermäßig Gebrauch gemacht wird. Ständig ist man auf der Hut vor einem drohenden Verrat. An der Frage nach Loyalität und Treue steht die ganze Konstruktion dann häufig auf der Kippe. Nicht selten hat sich ein Habitus der demonstrierten Autonomie entwickelt, der vorgibt, auf niemanden angewiesen zu sein. Man sitzt der Coolness selbst auf und versteckt vor sich und dem anderen, wo es doch wehtut. Die angestrebte Unverwundbarkeit ist gar nicht umzusetzen.

Daneben existieren aber enorme, mehr oder weniger eingestandene Bedürftigkeiten nach einem Halt in einer unverbrüchlichen Einheit. Paradiesvorstellungen, die sich in der Wirklichkeit bestenfalls ansatzweise und punktuell in besonderen Augenblicken erfüllen können, werden zum Maßstab, der das Alltagsleben im Vergleich damit als grau und eintönig erscheinen lässt. Medien-Bilder nähren Schönheitsideale und Idyllen eines abwechslungsreichen und bunten Lebens auf großem Fuß. Der Kontrast zum scheinbar immergleichen und wenig weltbewegenden täglichen Leben nährt eine chronische Unzufriedenheit. Insgeheim davon überzeugt, dass das Leben einem mehr zu bieten haben müsste, hadert man mit dem, was man hat. In Tagträumen malt man sich aus, was einem eigentlich zustünde, und versetzt sich in imaginären kleinen Fluchten in ein Wunsch-Szenario, ohne in seinem realen Leben Veränderungen konkret anzupacken.

Der ewige Übergang

Die Suche nach einem Liebespartner ist häufig davon bestimmt, zu schauen, ob sich nicht doch noch etwas Besseres findet. Online-Partnerschaftsvermittlungen und andere Kennenlern-Foren eröffnen eine Megabörse mit dem Versprechen, bei dieser Riesen-Auswahl werde sich schon das passende Gegenüber finden. Meist wird parallel angebahnt, um sicher zu gehen, sich nicht zu früh festzulegen und eine sich vielleicht noch bietende vermeintlich optimale Chance nicht zu verpassen. Das Mehrgleisigfahren mit Parallelbeziehungen soll garantieren, dass einige Eisen im Feuer bleiben. Dadurch ist bereits eine zart keimende Bindung ständig auf dem Prüfstand. Passt etwas nicht oder wird es zu kompliziert, kann man sich ja trennen. Krisen werden ungern durchgestanden, da es zu mühsam erscheint. Ein Betrauern nach einem Abschied findet kaum statt, da eine Beziehung möglichst nahtlos in die andere übergeht. Unerträglich erscheint eine Solo-Übergangszeit im Schmerz und mit Einsamkeitsgefühlen. Das Kribbeln des Anfangs wird zur Verheißung, die jedoch, geht es jahre- und jahrzehntelang selten über den Anfang hinaus, irgendwann schal wird und in die Behandlung führt. Wenn die Verwirklichung eines Kinderwunsches durch biologische Grenzen gefährdet erscheint, kommt eine Torschlusspanik auf. Dann beginnt man sich zu fragen, ob man selbst etwas dazu beiträgt, dass Beziehungen immer wieder auseinandergehen. Jahrelang praktizierte Fernbeziehungen, in denen der Alltag nicht geteilt wird und die den anderen immer wieder auf Distanz halten, beginnen unbefriedigend zu werden. Man verspürt, dass man selbst um die wesentlichste Erfahrung des Lebens verhindert, indem man die Liebe flieht.

Die Bindungskrise im Film

Der aktuelle Film *Up in the Air* (Jason Reitman USA 2010) greift die beschriebene Schwierigkeit, sich zu binden, auf und erzählt davon, welchen Preis man bezahlt, wenn man immer nur unterwegs ist und nirgendwo ankommt. Der Protagonist Ryan Bingham (George Clooney), der mehr in der Luft, auf Flughäfen und in Hotels lebt als in seiner spartanisch eingerichteten, wenig anheimelnden Wohnung, hält Vorträge darüber, dass Bindungen als Ballast das Leben nur unnötig schwer machen. Sein Reisen mit kleinstem Gepäck in optimaler ökonomischer Ordnung wird zum Sinnbild für dieses Lebensprinzip. Als Übergangsberater (Transition Counsellor) überbringt er Angestellten überall in Amerika mit scheinbar trostreichen, aber hohl klingenden Worten die Kündigung. Seine sich seelsorgerisch gebende Arbeit erledigt er professionell und ohne Rührung. Als Meister des problemlosen Trennens kann er geschickt den Verlust des vertrauten beruflichen Lebens und der finanziellen Basis als Chance für einen vielversprechenden Neubeginn schönreden.

Im Vergleich mit Bestrebungen, diese unangenehme Arbeit nur noch per Webcam am Bildschirm aus der Ferne zu erledigen, wird den geschockten Entlassenen, die vor dem Nichts stehen, auf diese Weise im persönlichen Gespräch jedoch wenigstens ihre Würde gelassen. Eine junge, eifrige Kollegin (Anna Kendrick), die dieses neue digitale, kostengünstige Vorgehen ohne persönliche Begegnung zunächst enthusiastisch propagiert, kündigt, nachdem sie betroffen die Erfahrung macht, wie grausam und unmenschlich ein Trennen auf diese Weise ist. Ihr Freund hatte sich ebenso kurz- und schmerzlos per SMS für immer von ihr verabschiedet. Emotionale Komplikationen und Rechtfertigungszwänge will man sich durch eine heute häufig vollzogene Trennung per Handy-Kurznachricht oder auch per Mail ersparen, um dem anderen nicht in die Augen sehen zu müssen.

Als Ryan in Alex (Vera Farmiga) sein weibliches Pendant trifft, entwickelt sich ein geistreiches knisterndes Spiel zweier Ungebundener, das der Zuschauer genießt. Er soll sie als sein „Ebenbild – nur mit Vagina" betrachten. Da er sich im Familienkreis nicht als chronischer Single mit Nomadenleben verloren fühlen möchte, lädt er sie ein, ihn auf die Hochzeit seiner Schwester zu begleiten. Dem Schwager in spe, der im letzten Moment Angst davor bekommt, seine Freiheit aufzugeben, und die Hochzeit abblasen möchte, macht er Mut, sodass dieser sich wieder eines anderen besinnt. In diesem familiären Ambiente wird in Ryan der Wunsch geweckt, sich zu erden und festzulegen. Er entdeckt seine Liebe zur ebenbürtigen Handlungsreisenden. Sein routiniertes, bis ins Letzte durchkalkuliertes Leben erhält Schwung, als er sich zielstrebig auf den Weg zu ihr macht. Leidvoll muss er jedoch erfahren, dass diese einen Ehemann und Kinder hat und ihn als Fremden an der Tür abwimmelt, um dieses Leben nicht zu gefährden.

Als er die magische Zahl von zehn Millionen Flugmeilen erreicht hat, die er jahrelang besessen anstrebte, entpuppt sich dieser ersehnte Moment als furchtbar banal. Der Film bietet kein Happy End an, sondern lässt den Helden im Moment der Umkehr einsam zurück. Seine bindungslose Welt wird ihm fragwürdig, als er innehält und auf die Flugtafel starrt. Im Erlebensprozess schmeckt man zunächst den Reiz des Ungebundenen mit, um das Verspüren der Sehnsucht nach einem sesshaften Leben in einer Liebesbindung mitzuvollziehen. Die Kälte des digitalen Lebens geht auch auf dem Hintergrund der zunehmenden Arbeitslosigkeit unter die Haut. Die als authentisch erlebten Bilder der überwiegend von betroffenen Laien dargestellten arbeitslos gewordenen Menschen und die Szenerie verwaister Büros und überflüssig gewordener Büromöbel, die das Elend verbildlichen, wirken noch eine Weile im Erleben nach.

Es lässt sich in der letzten Zeit immer mehr beobachten, wie auch die unsichere wirtschaftliche Lage mit der immer weiter auseinanderdriftenden Schere zwischen Arm und Reich, die zunehmend Ängste weckt, dazu beiträgt, dass sich die Menschen zunehmend auf beständige Werte besinnen. Die Frage nach einem Halt in der Welt und nach einem Lebenssinn wird vermehrt gestellt und führt wieder an Spirituelles heran.

Auch im Film *Away we go – Auf nach irgendwo* (Sam Mendes USA 2009) geht es um die Suche nach einem Halt und nach einer Heimat. Eine junge werdende Familie sucht einen Ort, wo sie sich, umgeben und gehalten von vertrauten Menschen, niederlassen könnte. Die junge Frau trotzt beharrlich den Heiratsanträgen ihres Liebsten, da sie nicht an ein dauerhaftes Glück mit Trauschein glaubt. An vielen verschiedenen Orten trifft das junge Paar Verwandte, Freunde und Bekannte und erlebt in Episoden mit absurder Komik, dass es sehr unterschiedliche Entwürfe und keine Ideallösung für das Leben als Familie gibt, um schließlich im verlassenen Elternhaus der

Schwangeren den Ort zu finden, wo sie in Zukunft gut leben möchten. Der wiederholte hoffnungsvolle Aufbruch und die zunehmende Ernüchterung werden durch die Liebe des Paares im Erleben aufgefangen. Ihr Zusammenhalt meistert auftretende Schwierigkeiten und lässt den Zuschauer darauf bauen, dass die beiden ihren Familienalltag gut miteinander werden gestalten können. In einer zuversichtlichen und leicht beschwingten Stimmung verlässt man das Kino. Der Film macht Mut, das Wagnis Liebe und Familie einzugehen[2].

Selbstbezogenheit

Erschwert kann die Suche nach dem Liebesglück dadurch werden, dass man nach dem narzisstischen Typus, wie ihn Freud beschrieben hat[3], liebt, nämlich: was man selbst ist (sich selbst), was man selbst war, was man selbst sein möchte oder die Person, die ein Teil des eigenen Selbst war. In vielen Fallgeschichten wird offenbar, dass ein Kreiseln um sich selbst, um seine Wunden, um seine vermeintliche Größe, um seinen kolossalen Einfluss – als Omnipotenz mit auch allvernichtender Kraft –, den Blick verstellt für all das, was einen umgibt und nichts mit einem selbst zu tun hat. Als Überbleibsel des kindli-

[2] Einige Filme, wie z.B. die charmante romantische Komödie *(500) Days of Summer* (Marc Webb USA 2009), haben in der letzten Zeit Zweifel an der wahren Liebe und Beziehungsängste thematisiert. Der Verletzung, abgewiesen zu sein, folgt bald die nächste Verheißung, die „Autumn" heißt.
Auch der großartige Film *Revolutionary Road – Zeiten des Aufruhrs* (Sam Mendes USA 2008) nach dem Roman von Richard Yates handelt vom Auseinanderbrechen einer Ehe, die ihre Träume verloren hat. In den unscheinbarsten Alltagsmomenten wird sichtbar, wie Selbsttäuschung und die Angst, etwas grundlegend zu verändern, April (Kate Winslet) und Frank Wheelers (Leonardo DiCaprio) Glück zerstören.
[3] Freud, Sigmund (1914): Zur Einführung des Narzissmus. In: Mitscherlich, Alexander/Richards, Angela/Strachey, James (Hg.): Studienausgabe. Bd. III. Psychologie des Unbewussten. Frankfurt a. M. 1975, S. 56

chen Größenwahns und der unbegrenzten Ausbreitung in der Exhibition (Welt schau her, wie großartig ich bin!), die Kinder im Alter zwischen 3 und 5 Jahren umtreibt, ist ein Egozentrismus zu beobachten, der sich selbst um das bringt, was die Fülle des Lebens ausmacht: um die befruchtende relativierende Begegnung mit dem Fremden.

In endloser Selbstbewegung und Selbstbespiegelung trifft man nur noch auf sich selbst. Was es sonst alles in der Welt gibt, wird im Grunde gar nicht wahrgenommen. Auf diese Weise ist man außerstande, die Anregungen und Korrekturen, die

Caravaggio, Narziss (1594-96)

die Realität rundum bietet, aufzugreifen und seine Verstiegenheit aufzugeben, indem man Grenzen seiner Existenz als hilfreichen Dämpfer der magischen Größen-Phantasien anerkennt. So bleibt man darin gefangen, sich als Zentrum des Universums zu verstehen und ständig sich aufdrängende Zweifel daran auszumerzen. Immerzu muss man die anderen und vor allem sich selbst von der Richtigkeit seiner Sehweise überzeugen[4]. Ein endloser Kreislauf.

---

[4] S. Mentzos, Stavros: Neurotische Konfliktverarbeitung (1982). Frankfurt a. M. [16]1999, S. 194

Ein junger Mann, der durch seine abgewehrte Zeigelust vollkommen absorbiert war, beschrieb vier sehr unterschiedliche Feste, auf denen er im Verlauf einer Woche gewesen war. Die Schilderung glich sich aufs Haar: Er hatte nur beobachtet, ob man auf ihn geachtet hatte, ob er im Begriff war, zu erröten oder ob ein Schweißausbruch bevorstünde, ob er dadurch alle Blicke auf sich ziehe, und wie er am schnellsten die nächste Tür erreichen könne, um zu fliehen – und dadurch aufzufallen. Über die anderen Gäste, was es zu essen gegeben hatte, worüber man gesprochen hatte, welche Musik gespielt wurde, wie das ganze Ambiente gewesen war und über vieles andere mehr, das sich in all diesen Stunden ereignet hatte, konnte er nichts sagen, weil es in seiner Scheuklappenwelt gar nicht stattgefunden hatte.

Als ihm bewusst wurde, was er im Grunde sein Leben lang verpasst hatte, indem er unzählige Situationen nur durch diese selbstbezogene Brille gesehen hatte, ob im Studium, im Arbeitsleben, einst in der Schule sowie im Umgang mit der Freundin und mit seiner Familie, kam ein Bedauern auf, das ihn erschütterte und schrittweise eine Wandlung anstieß. In der Folge begann er, differenzierter aufzunehmen, was ihn umgab. Die phobische Symptomatik und andere Blockaden gingen parallel nach und nach in dem Maße zurück, in dem dieser Zusammenhang einsichtig wurde.

Nicht mit und nicht ohne den anderen

In der Selbstsucht existieren andere bloß in Funktion, als Publikum oder als Erfüllungsorgane. Alles, was einem begegnet, dient lediglich zur Selbsterweiterung. Wenn es beispielsweise darum geht, sich im Erfolg des Partners zu sonnen, ihn als Verlängerung seiner selbst wahrzunehmen, kann dies leicht in eine erbitterte Konkurrenz umschlagen, da man ihm die Anerkennung neidet und sich selbst im Vergleich, je mehr man den anderen zudem idealisiert, als winzig empfindet. Was den Partner zunächst attraktiv machte, wird zu einem bohrenden Stachel, der keine Ruhe lässt und darin mündet, dass man danach trachtet, den anderen mehr oder weniger subtil herabzusetzen und zu demütigen. In solchen Fällen entwickelt sich ein erbarmungsloser Kampf, der schwer zu beenden ist.

Man beteuert, den/die Partner/in zu lieben, und straft und quält ihn mit wochenlangem Schweigen und offenkundiger Missachtung, was wiederum mit gleicher Münze zurückgezahlt wird. Zeitweilige Waffenstillstände zum Luftholen münden in gesteigerte gegenseitige Schikanen. Regelrecht auf der Lauer danach liegend, werden unzählige Kränkungen registriert, die ein Zurückschlagen rechtfertigen sollen. Wenn jedoch Trennung im Raum ist, weint man bittere Tränen. Eine nicht zu durchbrechende Spirale der Quälerei wird als Liebe deklariert. Exzessive Ambivalenz (Hassliebe) kettet zusammen. Was an den Film *Die Katze* (Pierre Granier-Deferre, Frankreich/Italien 1971) mit Jean Gabin und Simone Signoret nach dem gleichnamigen Roman von Georges Simenon erinnert, zeigt sich in mehr oder weniger ausgeprägter Form in manchen Ehen und Beziehungen. Zum Alltag geworden, macht es die Beteiligten kaum noch betroffen. Die mannigfaltigen Symptome, die man sich als Preis für das Ausblenden der Notwendigkeit, etwas zu verändern, einhandelt, bringt man damit nicht mehr in Zusammenhang.

Zentrum eines kleinen Entwicklungskreises, der vorgibt, alles zu umfassen

Exzessiver Selbstbezug bewirkt insofern eine Verarmung, als es immer nur ums Gleiche geht und zwar stets letztlich nur um sich selbst, um seinen Körper (Hypochondrie) und um seine äußere Wirkung (Gefallsucht). Mit dieser Verkargung geht tendenziell ein Geiz einher, der sich nicht an anderes verströmen kann, sondern sich, von Verlustangst geprägt, maßlos alles einverleiben und es auf ewig horten möchte, so als bedeute, alles zu haben, auch alles zu sein. In dieser Gleichsetzung liegt ein zerstörerisches Moment, denn das endlose Getriebensein, das aus der Kompensation einer insgeheim verspürten Reduzierung auf nur Eins – es gibt nur noch „Ich" und nichts darüber hinaus – entsteht, kommt nie an ein Ende und verzehrt sich selbst. Selbstliebe ist nicht mit Selbstsucht identisch, denn die beschriebene zugespitzte Selbstbefangenheit geht mit einem vernichtenden Selbsthass einher. Man kann man es im Grunde gar nicht gut mit sich aushalten.

Der Mythos des Narziss beschreibt diese Selbstauslöschung im Spiegelbild[5]. Das Ungeteilte vermehrt sich nicht. Es

---

[5] Narziss ist in der griechischen Mythologie der schöne Sohn des Flussgottes Kephisos und der Leiriope. Der Sage nach wies er die Liebe der Nymphe Echo zurück. Dafür wurde er von Nemesis (nach anderen Quellen durch Aphrodite) bestraft, sodass er eine unstillbare Liebe zu seinem eigenen, im Wasser widergespiegelten Abbild empfand. Damit erfüllte sich die Prophetie des Sehers Teiresias, wonach er nur dann ein langes Leben haben werde, wenn er sich nicht selbst erkenne. Eines Tages setzte er sich an den See, um sich an seinem Spiegelbild zu erfreuen, als ein Blatt ins Wasser fiel und durch die dabei erzeugten Wellen sein Spiegelbild trübte – schockiert von der vermeintlichen Erkenntnis, dass er hässlich sei, starb er. Nach seinem Tode wurde er in eine Blume, eine Narzisse verwandelt. In einer anderen Version verliebt Narziss sich in sein Spiegelbild, nicht erkennend, dass es sein eigenes Bild ist, will sich mit diesem Spiegelbild vereinigen und ertrinkt bei dem Versuch. S. Ovid (Publius Ovidius Naso): Metamorphosen (1 n. Chr.). Übersetzt und herausge-

ist strukturell nicht schöpferisch, da es ein liebendes Verschmelzen mit anderem, bei dem jeder in diesem Akt seine Eigenart bewahrt, nicht zulässt. Häufig wird ein vermeintlicher Reichtum suggeriert, der die Monothematik kaschiert. Kargheit verbirgt sich jedoch hinter einer präsentierten Vielfalt. Alles um einen herum ist nur noch Echo, in Anklang an die klagende Nymphe mit diesem Namen aus der griechischen Mythologie. Es kann kein Zwiegespräch entstehen, da stets nur widerhallt, was man bereits kennt. Neues kommt auf diese Weise nicht in die Welt.

Im Grunde ist es Angst vor Verwandlung, die liebesunfähig macht. Denn in der Liebe wird alles, das ganze Leben anders. Dies ist faszinierend, macht aber auch Angst, denn die Liebe ist Glücksversprechen und gesteigertes Leiden zugleich. Im Spiegel des anderen erkennen wir uns selbst, auch unser Scheitern und unsere Behinderungen. Diese Intensivierung, die alles mehrdeutig und tiefgründig erscheinen lässt, ist nicht immer gut auszuhalten, denn sie beunruhigt und erschüttert bis ins Mark. Was man vor sich und vor anderen geheimzuhalten sucht, wird angerührt und in der intimen Begegnung in Austausch gebracht. Es kann nicht mehr so bleiben, wie es ist. Von diesem ergreifenden Anderswerden durch die Liebe handeln die Märchen.

Viele Menschen heute fürchten die Leere, die sich auftut, sobald sie mit sich alleine sind. Sie können es nicht mehr ertragen, auf sich selbst zurückgeworfen zu sein, sondern müssen mit Aktionismus und Beschäftigungstherapie das Loch stopfen, das sich wie ein Abgrund vor ihnen auftut, sobald sie von Stille umgeben sind und niemand greifbar ist. Die Beschreibungen dieser haltlosen Auflösung lassen an die Verzweiflung von Kin-

geben von Hermann Breitenbach. 3. Buch, Vers 343-510. Stuttgart 1980, S. 102-109 dern denken, die in Erwartung der Rückkehr der arg vermissten Mutter auf die Tür starren und nicht in der Lage sind, sich anderen und anderem zuzuwenden[6]. Die Zeit wird ihnen zur Ewigkeit. Wenn die Mutter dann endlich zurückkehrt, strafen sie sie mit Missachtung und können sich nicht freuen. Zwischen wütender Abwendung und Anklammern pendeln sie hin und her.

Im vergeblichen Versuch, diese Trauer vorbeugend auszuschließen, pflegt man heute in Facebook, StudiVZ and anderen Chats „Freunde" in großer Zahl zu sammeln, damit immer irgendjemand in der Not zur Verfügung steht. Bleiben SMS oder andere Kontaktangebote unbeantwortet, stellt sich ein diffuses Gefühl der abgrundtiefen Verlassenheit ein. Da der Mensch sich einem anderen nur bis zu einem gewissen Grad nähern kann, sodass eine Fremdheit niemals restlos aufzuheben ist, lässt sich das Empfinden von Einsamkeit nie ganz verdrängen, so sehr man es auch zu betäuben versucht. Damit muss man leben. Die Fähigkeit, allein sein zu können, ist paradoxerweise die Vorbedingung für die Liebe[7].

Im Verlauf der Behandlung wird es häufig möglich, dem Alleinsein auch etwas abzugewinnen. Statt in eine rege Geschäftigkeit zu verfallen oder wie gelähmt darauf zu warten, dass ein anderer einen aus diesem quälenden Zustand erlöst, genießt man diese Zeit und vermag, Kraft aus ihr zu schöpfen. In der Behandlung kann man auf eine größere Liebes-, Genuss- und Leistungsfähigkeit hinarbeiten, wenn es gelingt, aus dem Blick auf das Ganze zu verstehen, was dies bisher verwehrt hat. Mit

---

[6] Wie in dem Experiment „Die Fremde Situation", das Mary D. Salter Ainsworthy Ende der 60er Jahre durchführte, wird das Erleben von Getrenntheit ambivalent oder vermeidend bewältigt. S. Bowlby, John u. Ainsworthy, Mary D. Salter: Frühe Bindung und kindliche Entwicklung. München. Basel 2001. S. auch Dornes, Martin: Die emotionale Welt des Kindes. Frankfurt a. M. 2000, S. 46-53.
[7] S. auch Fromm, Erich: Die Kunst des Liebens (1956). Berlin 2004, S. 128

der zunehmenden Selbsterkenntnis kann dann schrittweise ein durchgreifender Wandel einhergehen.

Die folgenden Märchen-Analysen beleuchten verschiedene Facetten der Liebe: Die Eigenliebe bis zur Selbstsucht; die erdrückende Liebe, die einen Befreiungsschlag provoziert; die Flucht vor der Liebe; das Verharren in einer unentschiedenen Schwebe, die nicht Fisch, nicht Fleisch ist; Paradiesvorstellungen eines symbiotischen Einklangs; Treue und Verrat.

2. Analytische Intensivbehandlung

In Psychotherapie-Handbüchern geht es vor allem um Krankheitsbilder und Techniken. Die Behandlungs-Kunst (!) wird versachlicht und auf ein Handwerk reduziert. Auch von berufsethischen Gesichtspunkten ist selten die Rede. Besondere Sorgfalt und verantwortungsvolles Handeln ist vonnöten im Umgang mit Menschen, die sich auch in gewisser Weise ausliefern und Intimes preisgeben. Eine vertrauensvolle Bindung zwischen Fall und Behandler ist wesentlichstes Instrument der Therapie. Diese hilft, auch Belastungen, die im Prozess für beide Seiten aufkommen, zu tragen.

Wenn man nicht mit Liebe bei der Sache ist und nicht Liebe zur Sache entwickelt, macht man lediglich eine Art Dienst nach Vorschrift, der für beide Seiten letztlich unbefriedigend ist. Man muss sich, wie der Fall, mit Haut und Haaren einlassen und dennoch genügend Distanz halten, um sehen zu können, was geschieht. Wissen, was man tut, und es sich auch eingestehen, wenn einem zwischenzeitlich einmal der Durchblick verloren geht, ist dabei besonders wichtig. Die Sicht von Kollegen in der Super- und Intervision kann helfen, solche Durchgangsstrecken, in denen man sogar regelrecht ratlos sein kann, nicht zu sehr zu fürchten. Meist gehen Phasen, in denen alle Klarheiten beseitigt zu sein scheinen, einem tieferen Verständnis voraus und bahnen einen entscheidenden Durchbruch. Geduld müssen Fall und Behandler lernen. Vermeintlicher Stillstand und mancher (scheinbare) Umweg führen oft weiter, auch wenn dies zunächst den entgegensetzten Eindruck macht. Nicht selten meint man sogar, unmittelbar, bevor sich ein erlösender Ruck vollzieht, wieder ganz am Anfang zu stehen.

Diese Tätigkeit kann man nur jahrzehntelang betreiben, wenn man seinen Beruf als Berufung versteht und mit Herzensbildung[8] ans Werk geht. Um Missverständnissen vorzubeugen – es geht nicht darum, dass sich alle lieb haben sollen. Abstinenz und ein professioneller Abstand müssen gewahrt bleiben, um nicht in emotionale Verwicklungen hineinzugeraten, die die Behandlungsverfassung auflösen und leicht in ein Agieren übergehen, das Selbstreflexion unmöglich macht. Mit Abstinenz ist die Grundhaltung des Therapeuten gemeint, keine persönlichen Interessen zu verfolgen, sich wertfrei zugewandt abwartend zu verhalten und keine Ratschläge zu erteilen, um die eigene Entscheidungsfindung nicht zu beeinflussen. „Liebe" meint, dass man den anderen, so wie er ist, mit all seinen Seiten, annimmt und wertschätzt. Der respektvolle Blick auf das Gegenüber darf nicht verlorengehen. Wenn man im Erstgespräch oder bei der Eingangsdiagnostik bemerkt, dass diese Haltung schwerfällt, weil man vielleicht aus seiner eigenen Geschichte heraus „befangen" ist, sollte man die Behandlung einem Kollegen überlassen.

Diese sehr anstrengende Arbeit lässt sich nicht wie am Fließband durchführen. Notwendig ist, dass man die eigenen Kapazitäten berücksichtigt und nicht das Maß aus dem Auge verliert, das man verkraften kann. Mit „Kapazitäten" ist nicht die Anzahl freier Therapieplätze gemeint, die nach der Auslastung in Arbeits-Wochenstunden gemessen werden. Mit dem Konzept der Analytischen Intensivbehandlung[9] kann man, wenn man es konsequent durchführt, nicht 40 Fälle in der Woche behandeln. Die Intensivierung, die mit dieser kunstanalogen Behandlungsmethode verbunden ist, setzt auch beim Behandler Verwandlungsprozesse in Gang, da man sich mit dem Fall bewegt (Mitbewegungsmethode). Fordernd ist diese Tätig-

---

[8] Montaigne, Michel de: Essais. In: Essais [Versuche] nebst des Verfassers Leben (1580/1588). Nach der Ausgabe von Pierre Coste ins Deutsche übersetzt von Johann Daniel Tietz. Leipzig 1753. Satzfaksimilierter Nachdruck. Zürich 1991-92
[9] Salber, Wilhelm: Konstruktion psychologischer Behandlung. Bonn 1980

keit vor allem dadurch, dass man sich als Therapeut/in ohne Netz und doppelten Boden in einen Prozess mit offenem Ausgang begibt und sich dabei mit allen Sinnen auf die Welt des anderen einlässt[10]. Routine kann es aus diesem Grund nicht geben. Jeder Fall ist anders. Wie aufregend und neu es jedes Mal ist, äußert sich z.B. in einem stets verspürtem „Lampenfieber" vor dem Erstgespräch, auch nach jahrzehntelanger Tätigkeit noch. Wer wird einem begegnen und wie wird sich der Umgang miteinander gestalten? Welches gelebte Bild wird einem entgegentreten? Mit einem Schema F kommt man nicht weit. Aus psychohygienischen Gründen muss man mit seinen Kräften haushalten, um weiterhin wirksam Entwicklungshilfe leisten zu können, denn diese Wandlungsprozesse gehen unter die Haut.

In der Behandlung von Kindern und Jugendlichen wird besonders spürbar, was die Therapieverfassung grundsätzlich kennzeichnet. Kindern kann man nichts vormachen; sie sehen einem bis auf den tiefsten Grund. Sie sagen frei heraus, was ihnen auf der Seele liegt, und fragen Löcher in den Bauch, wenn ihnen ihre Neugier nicht aberzogen wurde. Um ihren Abwehrpanzer zu durchbrechen, muss man sich auch selbst ganz ohne Schutz zeigen. Ein einschmeichelndes Herabbeugen und Beschäftigungstherapie mit verlockenden Spielchen werden sogleich durchschaut und ziehen nur, wenn die Kinder den Eltern zuliebe zu den Sitzungen kommen, ohne ein eigenes Anliegen zu haben, und froh sind, dass die Zeit irgendwie gefüllt wird. Aus Höflichkeit spielen sie mit. Für Heuchelei haben sie

---

[10] Die preisgekrönte und sehr erfolgreiche Fernseh-Serie *In Treatment (Der Therapeut)*, die im israelischen Original *Be'Tipul* hieß, von Nir Bergmann, Hagai Levi und Ori Sivan geschaffen und von Rodrigo García auf amerikanische Verhältnisse übertragen wurde, gibt tiefe Einblicke in den Alltag eines Psychotherapeuten. Auch wenn mit dem Konzept der Analytischen Intensivbehandlung anders therapeutisch gearbeitet wird und die Abstinenzregel in der Serie nicht immer strikt gewahrt wird, vermittelt diese eindrucksvoll, wie die Intensität der Begegnung, die Fall und Behandler tief bewegt, eine besondere Präsenz erfordert.

feine Antennen. Wenn sie merken, dass man sie und ihre Nöte ernst nimmt und sie in den Sitzungen etwas über sich und ihren Umgang mit den Menschen, die sie unmittelbar umgeben, erfahren, was sie so bisher nicht wussten, sind sie mit Feuereifer dabei. Dass sie sich dann bald emotional binden, wird nicht selten von den Eltern als bedrohliche Konkurrenz erlebt, auch wenn sie dies vor sich selbst meist zu verbergen suchen, weil sie es ja gut mit ihrem Kind meinen. Deshalb ist es wichtig, die Eltern so weit in den Prozess einzubeziehen, dass ihre vielfältigen Ängste aufgegriffen werden, ohne die Vertrauensbasis der Kinder zu gefährden. Fühlen sich die Kinder oder Jugendliche verraten, ist die Arbeit zunichte gemacht. Verschwiegenheit ist unbedingt zu wahren und den Versuchen, zum Erfüllungsgehilfen der Eltern gemacht zu werden, freundlich, aber bestimmt zu trotzen. Fingerspitzengefühl ist bei dieser Gratwanderung gefragt.

Die Fälle spüren, ob man sich so vorurteilsfrei wie nur möglich mit ihnen auf die Entdeckungsreise in ihr Seelenleben begibt. Es ist unvermeidlich, dass man dabei auch den Finger in Wunden legt und mit „Wahrheiten" konfrontiert, die nicht gerne gehört werden. Die Menschen fühlen sich in ihrer Einzigartigkeit gesehen und würdevoll behandelt, gerade auch, wenn man sie nicht mit Samthandschuhen anfasst und sie nicht bloß in ihrem System bestätigt – wie es auch hin und wieder in der therapeutischen Branche gehandhabt wird. Stützend eingreifen, bedeutet nicht, zu allem bekräftigend zu nicken.

Ob eine Konfrontation mit Unangenehmem bis Schmerzhaftem nur im Bestreben geschieht, zu verstehen und einen Wandel anzustoßen, der das Leben weniger belastend macht, oder ob Machttendenzen und sadistische Impulse ausgelebt werden, vermittelt sich ohne Worte. Die Behandlungsbeziehung bewegt sich auf Augenhöhe, als gemeinsamer Such- und Wandlungsprozess. Ein Gefälle zwischen Fall und Therapeut gefährdet das gemeinsame Werk.

Wer als Psychotherapeut arbeitet, muss sich dessen bewusst sein, dass dieser Tätigkeit, wie jedem heilenden Beruf, auch aggressive Tendenzen zugrunde liegen, die durch den Mechanismus der Reaktionsbildung in kulturell anerkannte Formen umgewandelt worden sind[11]. Umso selbstloser ein Mensch auftritt, umso stärker sind die ursprünglichen quälerischen Tendenzen. Um nicht einem altruistischen Selbstbild aufzusitzen und Überreste dieser kindlichen Strebungen zu verkennen, sollte man sich dessen stets gewahr sein. In einem Übermaß an Selbstaufgabe und Liebenswürdigkeit verrät sich eine Tarnung feindseliger Strebungen. Eine Zugewandtheit, die das abstinente Setting verlässt, ist übergriffig, schon weit vor einem sexuellen Missbrauch, der leider nach wie vor im therapeutischen Kontext vorkommt und mit Freiheitsstrafe bis zu fünf Jahren geahndet werden kann. Integrität ist Grundvoraussetzung einer wirkungsvollen therapeutischen Arbeit.

Was kennzeichnet diese analytische Kurztherapieform[12]?

Das Behandlungskonzept

Wie bei der Psychoanalyse liegen die Patienten auf der Couch, während der Therapeut, für die Patienten unsichtbar,

---

[11] S. Freud, Anna: Beiträge zur Entwicklungspsychologie (1951 [1950]). In: Die Schriften der Anna Freud, Bd. IV, München 1980, S. 1132 . „Ähnlich spielen starke aggressive Tendenzen eine wichtige Rolle nicht nur bei Kriminellen, brutalen Persönlichkeiten, rücksichtslosen Abenteuern usw., sondern auch bei Menschen von vorzüglicher sozialer Anpassung wie etwa Lehrern, Chirurgen, Philanthropen, Pazifisten etc."
[12] Ahren, Yizhak: Psychoanalytische Behandlungsformen. Untersuchungen zur Geschichte und Konstruktion der analytischen Kurzpsychotherapie. Bonn 1996, S. 136-143

hinter ihnen sitzt. Auf diese Weise dient er als eine Art Spiegel, der reflektiert und verstehen hilft, wie die seelische Welt des Menschen auf der Couch beschaffen ist. Mit Spiegeln ist nicht ein kaltes, ungerührtes Widerspiegeln gemeint; der Therapeut fungiert vielmehr als Medium, indem er sensibel wahrnimmt, was geschieht, auch in sich selbst, und dies mit hinein gibt, um spürbar zu machen, welche Wirkungen erzeugt werden.

Die Patienten werden dazu aufgefordert, alles zu sagen, was sie verspüren und was ihnen durch den Kopf geht, gleichgültig, ob sie es für unwichtig, unsinnig oder peinlich halten. Diese psychoanalytische Grundregel setzt einen Fluss der Einfälle in Gang, der im geschützten Rahmen der Behandlung – ohne Wertung, ohne Handlungskonsequenzen – auch unbewussten Tendenzen Raum gibt. Auch wenn dieses freie Assoziieren manchen Menschen schwer fällt und einige erst nach und nach Vertrauen in das Kommen-Lassen fassen, machen sie bald die Erfahrung, dass auf diesem Weg unerwartet Bedeutsames zutage tritt, das Zusammenhänge erhellt, die bisher nicht greifbar waren. Häufig wird versucht, diese Regel insofern zu unterlaufen, als man sich vorher zurechtlegt, was man sagen möchte, in der Angst, die sich auftuende Leere nicht füllen zu können. Man sucht sich zu wappnen, da man befürchtet, dass Unliebsames oder Erschreckendes zur Sprache käme, wenn man sich dem Gedankenstrom überließe und verbalisierte, was einem in den Sinn kommt. Überraschende Erkenntnisse, die Wiederkehr von lange Vergessenem, ein diffuses Verspüren, dass irgendetwas in Bewegung gekommen ist, ermutigen zunehmend dazu, sich trotz dieser Ängste zu öffnen.

Der Traum als Königsweg zum Unbewussten

Auch Träume sind Gegenstand der Behandlung und werden gedeutet, um den psychischen Kern herauszuheben. Sie sind insofern ein Königsweg zum Unbewussten[13], wie Freud es formulierte, als sie einen weniger durch rationale Kategorien überformten Zugang zu psychästhetischen Gesetzmäßigkeiten bieten. Im Verlauf einer Traumdeutung wird Einsicht in bewegende zentrale Konflikte möglich. Das zunächst rätselhaft fremde Material, das erinnert wurde (manifester Trauminhalt), ordnet sich schrittweise zu einem sinnvollen Ganzen. Darin wird sichtbar, welche grundlegenden paradoxen Verhältnisse einen in allem, was man tut, umtreiben, welche aktuellen Problemkonstellationen gären und wie man bereits auf dem Weg zu einer Lösung ist. In der Regel sind die Träume gleichsam einen Schritt voraus. Sie skizzieren Handlungsalternativen und laden dazu ein, die Dinge, die einem Angst machen, beherzt anzupacken. Häufig entlarven sie als Popanz, was aus Scheu vor einem konsequenten Handeln vorgeschützt wird. Sie kehren heraus, was fragwürdig und kippelig ist, obwohl man sich in Scheinsicherheit wiegt und sich darüber hinwegtäuscht; sie zeigen aber auch, worin ein Halt bestehen könnte. Auf diese Weise bringen sie Korrektive zur Wirkung, indem sie ein entwicklungsfeindliches, die Verhältnisse betonierendes Verkehrt-Halten[14] zur Auseinandersetzung mit vernachlässigten Seiten (Nebenbild) herausfordern.

Dem erinnerten Trauminhalt sieht man dies alles jedoch nicht auf den ersten Blick an. Erst ein aufwendiger Deutungsprozess im Umweg über in den Traum eingearbeitete Tagesres-

---

[13] Freud, Sigmund: Die Traumdeutung (1900): In: Studienausgabe. Bd. II. Die Traumdeutung. A.a.O. Frankfurt a. M. ⁴1972, S. 577. „Die Traumdeutung aber ist die Via regia zur Kenntnis des Unbewussten im Seelenleben."
[14] S. Becker, Gloria: Kontrolle und Macht. A.a.O., S. 31-41

te, als ungeschlossene Überbleibsel des Alltags, in denen uralte Lebens-Muster kristallisiert weiterwirken, und über Assoziationen zu einzelnen Traumfragmenten bringt den Gehalt zutage. Diese Einfälle leiten hin zu grundlegenden vielschichtigen Bildern, die Hinweise auf die gelebte Märchenkonstruktion geben[15]. Aus den Gedankenketten schält sich im Deutungsprozess ein roter Faden heraus, der die einzelnen Assoziationen sinnvoll verknüpft. Was so unverständlich schien, enthüllt einen inneren Zusammenhang. Ohne diese mühevolle Übersetzungsarbeit sprechen die Träume nicht.

Gemeinsames Werk

Vor allem aber ist das, was zwischen Therapeut und Patient im sogenannten Gemeinsamen Werk geschieht, wesentliches Material der Behandlung. Stoff ist dabei auch alles, was ohne Sprache inszeniert wird – die Art der Begrüßung und Verabschiedung, wie und an welcher Stelle geschwiegen wird, wie sich der Tonfall verändert, wie der Fall auf der Couch liegt oder seine Position verändert, aber auch, was beim Therapeuten aufkommt, spielt dabei eine Rolle. Indem es ausgesprochen wird, wird es in das Werk gegeben und gestaltet den weiteren Verlauf mit. Es sind viele, mit feinen Antennen wahrgenommene Momente, die sich nicht in Skalen und Tabellen fassen lassen, sich aber zu einem ganzheitlichen Bild fügen.

Häufig wird bereits bei der Begrüßung etwas diffus spürbar, was später in der Stunde ausdrücklich thematisiert wird, ohne dass man dies vorgreifend als Therapeut in Worte fasst. Man wartet ab, was kommt, die Grundregel des freien Einfalls

---

[15] Dahl (Becker), Gloria: Bildhafte Konstruktion in Traum und Märchen. In: Zwischenschritte 14. Jg. 2/1995, S. 118-128 und dieselbe: Bildhafte Konstruktion in Traum und Märchen II. In: Zwischenschritte 15. Jg. 2/1996, S. 82-96

wahrend, und bringt es dann bekräftigend zur Sprache, wenn es im Raum steht. Das therapeutische Instrument zu spielen, bedeutet, eine Mischung aus Zurückhaltung und Eingriffen zu handhaben, um herauszumodellieren, was Sache ist. Meist versteht man auch als Behandler den Sinn einer Wahrnehmung erst im Verlauf des Prozesses. Solche Beobachtungen, die man zunächst nicht einordnen kann, beglaubigen und klären sich dann im Weiteren. Intuitive Ahnungen spielen insofern eine wichtige Rolle, als in ihnen Ganzheitliches zum Zuge kommt. Indem diese vorläufigen Zwischen-Konstruktionen immer wieder überprüft werden, tastet man sich behutsam zu den Knackpunkten des Lebensbildes vor. Eine Deutung, die nicht ins Schwarze trifft, bleibt wirkungslos.

Die Behandlungsverfassung beschränkt sich aber nicht nur auf das, was sich Woche für Woche in den 50-minütigen Sitzungen abspielt. Auch der Blick auf das, was in der Zeit zwischen den einzelnen Sitzungen geschieht, wird durch die Behandlungsverfassung intensiviert. Die Menschen beschreiben, wie sie mit anderen Augen durch die Welt gehen und Dinge bewusst wahrnehmen, die sie bisher als selbstverständlich genommen und nicht beachtet hatten. Im Therapeuten arbeitet das Werk ebenso weiter, manchmal auch, indem es nachts gedanklich umtreibt oder Eingang in die Träume findet. Meist findet solch eine Nachwirkung jedoch statt, ohne dass man konkret mit einem bestimmten Fall befasst ist. Liegen gerade viele Menschen mit Essstörungen auf der Couch, durchzieht dieses Thema z.B. als Gier oder als Tendenz zur asketischen Selbstdisziplin mal mehr, mal weniger auch den Alltag des Therapeuten. Die Behandlung von Depressionen lässt zeitweilig Traurigkeiten aufkommen, an denen man am eigenen Leibe erfährt, wie es ist, wenn man antriebslos und trübsinnig ist. Diese vorübergehenden Zustände hängen mit der Mitbewegung zusammen, die ein Kernstück dieses Behandlungskonzepts ist.

Aus psychohygienischen Gründen sollte der Therapeut deshalb berücksichtigen, welche Mischung an Stimmungslagen und seelischen Themen und welchen „Schweregrad" er verdauen kann. Häufig wird man gefragt, ob man die Fälle am Feierabend gut hinter sich lassen kann oder ob man das Leid und die dramatischen Lebensgeschichten fast wie Christophorus weiter mit sich herumschleppt. Einerseits gelingt es, davon so weit abzusehen, dass all die bewegenden Schicksale nicht zu nahe an einen herankommen; andererseits wirken sie doch unausdrücklich in der beschriebenen Weise weiter. Dies trägt dazu bei, dass man als Analytischer Intensivbehandler nicht endlos viele Fälle behandeln kann, um sich nicht der Gefahr auszusetzen, selbst in einen instabilen psychischen Zustand zu geraten.

Einschätzung zu Beginn, im Verlauf und am Ende der Behandlung

Einer Analytischen Intensivbehandlung geht stets eine eingehende Einschätzung voraus, um zu klären, ob eine psychotherapeutische Behandlung angezeigt ist (Indikation) und ob man mit dem Setting dieser Kurztherapieform arbeiten kann. Mit dem Begriff Setting sind die besonderen Rahmenbedingungen und Regeln der Behandlung gemeint. Diese von Wilhelm Salber seit 1977 entwickelte Therapieform versucht, in relativ kurzer Zeit einen heilsamen Ruck zu ermöglichen.

Was als heilsam erlebt wird, wird dabei nicht von medizinischen Kategorien nach ICD-10 Katalog[16] bestimmt. Auch wenn die Menschen über Symptome klagen und ein Leiden daran sie in die Behandlung führt, zentriert sich die Therapie

---

[16] ICD-10 Katalog: „Internationale statistische Klassifikation der Krankheiten und verwandter Gesundheitsprobleme" in 10. Revision, die von der Weltgesundheitsorganisation (WHO) erstellt wurde.

nicht um einen Gesundheitsbegriff, zumal der Übergang zwischen „Krankheit" und „Gesundheit" fließend ist. Die Symptome werden vielmehr als Ausdrucksbildung aufgefasst, in denen körperlich zur Sprache kommt, was anders nicht zu lösen ist. Die Behandlung sucht diese Körpersprache zu übersetzen, um aufzudecken, was in den Symptomen steckt und welchen tieferen Sinn sie haben. Auf diesem Wege werden sie überflüssig gemacht. Symptomfreiheit ist gleichsam ein Nebeneffekt des Verstehens, das eine durchgreifende Veränderung anstößt.

Einfache Zuordnungen nach dem Schema: Magengeschwür = Ärger in sich hineinfressen; Rückenschmerzen = man hat seelisch zu schwer zu tragen, da man sich zuviel aufgebürdet hat; etc., wie sie in manchen Ratgebern angeboten werden, reichen allerdings nicht aus, um die Symptome zu kurieren. In jedem einzelnen Fall muss detailliert hingeschaut werden, um herauszufinden, was sich auf diese Weise Gehör verschaffen will und wie dies mit anderem zusammenhängt. Immer muss das Lebensbild als Ganzes betrachtet werden. Körperliches wird ebenso wie jede andere Ausdrucksform für seelische Prozesse in ihrem Bedeutungsgehalt und in seiner Entstehung zu begreifen gesucht.

Eine rein symptomorientierte Behandlung birgt die Gefahr in sich, dass zwar vielleicht die Symptome verschwinden, über die zu Beginn der Behandlung geklagt wird, aber andere an deren Stelle treten. Außerdem ist es sehr häufig während der Behandlung der Fall, dass Symptome zeitweise ganz verschwinden, aber später wiederkehren. Aus diesem Grunde wird die Behandlung auch fortgesetzt, obwohl das körperliche Leiden möglicherweise schon zu einem frühen Zeitpunkt gemildert wurde oder sich sogar ganz aufgelöst hat, da man um den zyklischen Verlauf des Behandlungsprozesses weiß. Zeitweilige Stagnation und auch Rückschritte mit Verschlimmerungen sind zu erwarten und bringen die Entwicklung paradoxerweise sogar voran. Was sich jahrzehntelang ungewandelt erhalten hat und gleichsam funktionell autonom geworden ist, wehrt sich gegen Veränderung und sucht sich weiter zu behaupten. Ein Hin und Her zwischen konservativen, bewahrenden Kräften und dem entgegengesetzten Drang, es doch nun anders zu machen, kennzeichnet die therapeutische Arbeit. Der Genesungsweg ist nicht geradlinig, sondern ähnelt eher einem Rösselsprung oder einer Spirale, in der etwas, in gewandelter Form, periodisch wiederkehrt und sich dennoch und gerade durch dieses wiederholte Durchkauen vorwärts bewegt.

Einschätzungskriterien

Neben der Anamnese (Erstgespräch) wird auch projektive Diagnostik[17] zur Einschätzung herangezogen. In der Zusammenschau dieser Einzelbefunde erhält man ein differenziertes Bild vom Menschen, von seinen zentralen Themen, von seinem Leiden und den Konflikten, die ihn intensiv beschäftigen, sowie von den Methoden, mit denen er diese zu lösen versucht.

Im Erstgespräch nach der Krankheitsgeschichte zu fragen – wann trat die Symptomatik (erstmalig, wiederholt und

---

[17] Dazu gehören Zeichentests (Mensch-Zeichnungen, Baumzeichnung und Familie-in-Tieren (FIT)) sowie der Rorschach und der Thematische Apperzeptionstest (TAT). Ein Intelligenztest wird von Fall zu Fall ebenfalls durchgeführt (wahlweise der WIE (Wechsler-Intelligenztest für Erwachsene), der Raven-Matrizentest oder der I-S-T 2000 R). Bei Kindern wird der Intelligenztest HAWIK-IV sowie der Children`s Apperception Test (CAT) neben dem Rorschach, den Zeichentests und dem Sceno-Test regelmäßig eingesetzt – je nach Fragestellung auch durch andere Verfahren ergänzt. Projektive Diagnostik lädt dazu ein, relativ offen gefasste Formanhalte (Klecks- oder Szenenbilder) nach seiner eigenen Fasson auszugestalten. Therapeuten müssen bestens mit der Auswertung und der Interpretation dieser Verfahren vertraut sein. Jahrelange intensive Übung ist vonnöten, um die Ergebnisse einzuordnen und in ihrem Gesamtzusammenhang beurteilen zu können.

zuletzt) in welcher Stärke und in welcher Rhythmik auf? – ist ein erster Zugang, um dem psychischen Kern auf die Spur zu kommen. Ausgedehnte Beschreibungen von Kindheitserinnerungen, Zerdehnungen des Alltags und seiner erlebten Tücken, Traumanalysen, die Schilderungen von Beklagenswertem und viele vermeintlich unwesentliche Rand-Beobachtungen sind jedoch meist ergiebiger, um sich ein Bild davon zu machen, woran wirklich gelitten wird. Die Beurteilung des „Schweregrads" und die Prognose hinsichtlich der Chance, eine hilfreiche Veränderung auf den Weg zu bringen, hängt nicht allein von der Krankheitsgeschichte und der Heftigkeit der Symptomatik ab, sondern bestimmt sich aus dem Zusammenspiel vieler Faktoren, die Aufschluss darüber geben, wie verfestigt oder beweglich die psychische Struktur ist und ob Ansätze zur Einsicht in das eigene Zutun erkennbar sind.

Bereits im Erstgespräch wird behutsam ein anderer Blick auf die Geschichten, die man über sein Leben erzählt, angeboten, z.B. dadurch, dass man wiederholt, was geäußert wurde, und es dadurch zur Betrachtung in den Raum stellt. Das Selbstverständliche wird mit einem Fragezeichen versehen; Fehlleistungen werden als fruchtbarer Zugang zu unbewussten Tendenzen explizit aufgegriffen und nicht einfach übergangen; Betroffenheiten, die sichtlich überspielt werden sollen, werden als solche kenntlich gemacht usw. Indem man das Beschriebene durch eingehendes Nachfragen vertieft, können Details zutage treten, die Widersprüche oder Ungereimtes sehen lassen. Dabei zeigt sich, ob der Fall sich gegen die Möglichkeit, etwas anders zu sehen, als er es bisher gewohnt war, rigide wehrt oder ins Innehalten und Grübeln zu bringen ist. Ein solcher Erzählstopp dient dazu, sich Konnotationen des Gesagten zu vergegenwärtigen – „was sage ich da eigentlich gerade?" Der Behandlungsprozess fängt insofern bereits im ersten Augenblick der Begegnung an, was auch daran verspürt wird, dass das Erstgespräch, wie häufig geschildert wird, bereits etwas in Bewegung bringt und einem noch lange nachgeht.

Es geht bei der Anamnese nicht darum, eine möglichst lückenlose Lebensgeschichte zu erheben. Entscheidende Daten, erlebte Wendepunkte und einschneidende Erlebnisse sowie haftengebliebene Kindheitsszenen werden in Erfahrung gebracht, die auch bei der Erstellung des Gutachtens für den Krankenkassenantrag benötigt werden. Ansonsten wird dem Faden der Darstellung des Falles gefolgt, in dem sich das Lebensbild unwillkürlich zum Ausdruck bringt. Was man wie in aller Breite erzählt, während anderes zunächst verschwiegen oder eher beiläufig erwähnt wird, von welcher Emphase und emotionaler Bewegtheit die Beschreibung gekennzeichnet ist, ob erwartbare Affekte bei der Schilderung trauriger oder freudiger Erfahrungen ausbleiben, verfeinert den ersten Eindruck, den jeder Mensch in seiner Individualität erzeugt. Wenn jemand beispielsweise über eine Reihe von Beziehungsabbrüchen in Liebesangelegenheiten und im familiären Kontext berichtet, die vollzogen wurden, weil man sich in all diesen Fällen „total ausgebeutet" fühlte, sagt dies bereits einiges über eine grundlegende Problematik aus, die mit dem Verhältnis von Geben und Nehmen und mit Schuldverrechnungen zu tun hat. Es zeichnet sich darin bereits früh ab, dass der Zusammenbruch wegen völliger Überlastung, der in die Behandlung führt, mit dieser Rezeption der Welt und mit der Herstellung solcher Beziehungsgefüge zusammenhängen wird.

Die häufig von Therapeuten eingesetzten umfangreichen Fragebögen zu lebensgeschichtlichen Daten und verschiedenen Lebensthemen, die zuhause auszufüllen und später wieder mitzubringen sind, kann diese Nuancen nicht erfassen. Ob einem eine Antwort leicht fällt, ob man andere zur Formulierungshilfe heranzieht, ob man Schwierigkeiten hat, in knappe Sätze zu fassen, was man nicht gut auf einen Nenner bringen kann, ist diesen schriftlich fixierten Statements meist nicht mehr anzusehen. Im Erstgespräch erlebt man in statu nascendi unmittelbar, wie die Geschichte des Lebens, ihre Brüche, Rätsel, Sprachlosigkeiten und glücklichen Wendungen in Worte gebracht werden. Dies ist ein durch noch so vollständig abgefragte schriftliche Formulierungen im stillen Kämmerlein nicht zu ersetzendes diagnostisches Medium.

Leidensdruck und Krisenerfahrung

Leidensdruck als wesentlicher Motor der Behandlung, der die Bereitschaft erzeugt, Belastendes im Verlauf der Therapie auf sich zu nehmen, um eine Besserung auf den Weg zu bringen, darf ebenso wenig fehlen wie Krisenerfahrung. Darunter wird verstanden, dass man in seiner Lebensgeschichte bereits kritische Phasen als solche wahrgenommen, durchlitten und durchgestanden hat und dass daraus ein Zutrauen erwachsen ist, dass man sich schon am eigenen Schopfe aus Leidvollem zu ziehen vermag. Wer sein Leben durchweg als problemlos und konfliktfrei beschreibt, in das wie aus heiterem Himmel die seelische Krise einbrach, muss erst ein Bewusstsein dafür entwickeln, dass Krisen Heilungsversuche sind und in keinem Leben fehlen. Zugleich kann hinter einer exzessiven Klagekultur, bei der man Tausend schlimme Schicksalsschläge und dramatischste Erfahrungen wie ein Schutzschild präsentiert, verborgen sein, dass man sich im Leiden eingerichtet hat, dieses insgeheim festhalten möchte und im tiefsten Kern gar nicht wirklich „leidet".

Wer lediglich von einem Arzt, dem Lebenspartner oder den Eltern in Behandlung „geschickt" wird, ohne selbst seine Hilfsbedürftigkeit zu erkennen, wird die Mühen des Durcharbeitens im therapeutischen Prozess scheuen. In diesen Fällen herrscht nicht selten der Glaube an Wunderheilungen, wie man sie auch vom Mediziner durch die Gabe von vermeintlich zauberhaften Mitteln und Medikamenten erwartet, ohne dass man selbst viel dazu beitragen muss.

Wenn im Verlauf der Behandlung die Symptome abklingen und man sich im Ganzen deutlich besser fühlt, kann es geschehen, dass kaum noch Leidensdruck da ist, obwohl noch zentrale Konflikte erkennbar sind, die bearbeitet werden müssten, um einem als absehbar einzuschätzenden Rückfall vorzubeugen. Die therapeutische Arbeit wird erschwert und manchmal sogar unmöglich gemacht, wenn der Fall nicht mehr motiviert ist, den Dingen weiter auf den Grund zu gehen. Das Verschwinden des Leidensdrucks dient in diesem Fall sogar der Abwehr einer Veränderung. Bevor etwas tiefer gehen kann, neigt man dann dazu, sich mit der Begründung aus der Behandlung zu verabschieden, dass ja alles wieder in Ordnung sei. Obwohl kommuniziert wird, dass noch einiges zu tun sei, kann der Behandler einen Fall dann manchmal dennoch nicht halten.

Gestalt und Formenbildung

Im Einschätzungsprozess wird des Weiteren darauf geschaut, ob sich ein einigermaßen konturiertes Bild des Menschen zeigt oder ob ein wenig fassbarer Eindruck entsteht. Tritt einem eine verhuschte Gestalt entgegen, die so wirkt, als wolle sie gleich im nächsten Mauseloch verschwinden, oder wird einem eine kantige Entschiedenheit gegenübergestellt, die mit jeder Pore zu sagen scheint: „Hier komm ich!"? Markante Züge mit offenkundigem Biss, der auch einschüchtern kann, oder unentschiedene Beliebigkeit, die den anderen quasi auffordert, eine Richtung vorzugeben; Flexibilität, die den Charakter eines Wendehalses offenbart; Farblosigkeit oder ein schillernder, eventuell auch blendender Facettenreichtum, oder, oder, oder.

Die Bandbreite der Qualitäten, die Menschen verkörpern, kann hier nicht in allen schier unendlichen Variationen dargelegt werden. Welcher seelische Hintergrund ein solches Erscheinungsbild produziert, ist dabei zunächst bestenfalls zu erahnen. Entscheidend ist für die Einschätzung der Behandelbarkeit, ob man einen Anpack finden kann oder ob man es möglicherweise mit einer unüberwindlichen Mauer bzw. mit einer diffusen Verschwommenheit zu tun bekommen wird, die immer wieder wegleitet und dadurch die therapeutischen Bemühungen ins Leere laufen lassen kann.

Außerdem wird eingeschätzt, wie eingeschränkt oder wie reichhaltig das Repertoire an Bewältigungsstrategien ist. Triebschicksale[18] und Abwehrmechanismen[19] sind u. a. Anhalte, um sich ein Bild über den Grad der Verfestigung zu machen. Nicht nur ausgeprägt starre seelische Bilder, die angesichts einer „Klebrigkeit der Libido", wie Freud[20] es ausdrückte, kaum umzumodeln sind, auch überbewegliche Konstruktionen, die sich kaum packen lassen, sind schwer zu behandeln. Die Behandlung zielt u. a. auch darauf ab, eine größere Breite an Bewältigungsformen zu erschließen, die es erleichtert, mit sich einstellenden Problemlagen unterschiedlicher Couleur mal so oder so umzugehen. In der Regel setzen Fälle, die eine Behandlung aufsuchen, eine eingeschränkte Palette von Mustern zur Lösung von Konflikten ein. Sie antworten auf ganz unterschiedliche Konstellationen immer auf die gleiche alte Weise, auch wenn sich diese nicht unbedingt bewährt hat, sondern die Komplikationen sogar eher vergrößert. Wie bei einer alten Schallplatte

---

[18] Freud, Sigmund: Triebe und Triebschicksale (1915). In: Studienausgabe. Bd. III. Psychologie des Unbewussten. A.a.O. Frankfurt a. M. 1975, S. 75-102
[19] Freud, Anna: Das Ich und die Abwehrmechanismen (1936): In: Die Schriften der Anna Freud. Bd. I (1922-1936). München 1980, S. 191-355
[20] Freud, Sigmund: Die endliche und die unendliche Analyse (1937): In: Schriften zur Behandlungstechnik. Studienausgabe. Ergänzungsband. A.a.O., Frankfurt a. M. 1975, S. 381

läuft stets das gleiche Spiel ab, ob es passen mag und angemessen erscheint oder eher nicht. Aus dieser alten Tretmühle kommt man aus eigener Kraft nicht mehr heraus. In der Behandlung beginnt man, mit anderen Umgangsformen zu experimentieren, und macht dabei die Erfahrung, dass man es auf diese Weise ebenso angehen kann und dass ein solches Vorgehen für sich und für andere weniger belastend ist.

Katamnese

Auch die in diesem Behandlungskonzept übliche monatelange Pause nach dem Behandlungsblock, die mit einer sogenannten Katamnese endet, wird von der Behandlungsverfassung getragen. Die Behandlungsregeln[21] gelten in dieser sitzungsfreien Behandlungszeit, in der eine Umsetzung anderer Umgangsformen mit der Wirklichkeit in kleinen Schritten im Alltag eingeübt wird (s. Bewerkstelligen, S. 56-57), weiterhin. In der Katamnese nach dieser Sitzungspause wird gemeinsam angeschaut, ob sich etwas gravierend und nachhaltig verändert hat, sodass man weniger leidet und der Handlungsspielraum sich erweitert hat, und ob man sich ohne die therapeutische spiegelnde Brechung zukünftig weiterhelfen kann. Dann erst wird die Behandlung als abgeschlossen betrachtet. Eine solche Abschluss-Sitzung, die drei bis sechs Monate nach der letzten Behandlungsstunde stattfindet, wird von wenigen klinisch tätigen Kollegen durchgeführt, doch hat sich dieses Vorgehen sehr bewährt. Die Fälle probieren aus, wie sie ohne regelmäßige Möglichkeit eines zweiten unvoreingenommenen Blicks auf ihr Leben zurechtkommen, und fühlen sich durch die vorher verbindlich vereinbarte „Kontroll"-Stunde wie durch ein Auffang-

---

[21] Verschwiegenheit, keine lebenswichtigen Entscheidungen, keine Nebenbehandlungen.

netz gehalten. Selbstverständlich ist es möglich, auch vor diesem anvisierten Zeitpunkt wieder eine oder auch mehrere Sitzungen in Anspruch zu nehmen, wenn man in eine erneute Krise gerät. Schon die bloße Aussicht, im Bedarfsfall jederzeit wieder in Behandlung kommen zu können, kann, quasi als stützende Hand im Hintergrund, helfen, auch zeitweilig schwierigere Phasen alleine durchzustehen.

Ganzheitliches Verstehen

Es ist immer wieder erstaunlich, wie die Verfassung der gleichschwebenden Aufmerksamkeit Details wiederbringt, die teilweise Jahre oder sogar Jahrzehnte zuvor Gegenstand in der Behandlung waren, wenn ein Fall nach fünfzehn oder noch mehr Jahren erneut um therapeutische Unterstützung anfragt. Belastende Lebensverhältnisse können eine Regression in frühere Schemata begünstigen. Selbst wenn man jahrelang nach Abschluss einer Behandlung in eigener Einschätzung gut und symptomfrei lebte, gibt es keine Garantie, dass man lebenslang nie wieder in einen seelischen Engpass geraten könnte, bei dem man sich keinen Rat weiß. Da im Leben alles in flux ist, einer ununterbrochene Wandlung unterworfen, kann es keine ewigen Dauerlösungen geben.

Sobald solch ein ehemaliger Fall erneut auf der Couch liegt, ist wieder latent da, was all die behandlungsfreie Zeit wie vergessen war. Prägnante Bilder, kennzeichnende Eigenheiten der Lebensgeschichte, verdichtete Momente der Behandlung, in denen größere Kontexte aufschienen, sind dann wieder gegenwärtig, wenn sie Aktuelles verstehen helfen. Verblüffend für Fall und Behandler ist diese besondere Form des Gedächtnisses, die Deckerinnerungen, Schlüsselszenen und typische Kleinigkeiten von fundamentaler Bedeutung wieder wie aus dem Nichts auftauchen lässt und für eine neue ergänzende Auslegung bereitstellt. „Was Sie alles noch wissen!", heißt es dann manches Mal. Bemerkenswert ist dabei, dass diese besondere Erinnerungsfähigkeit nicht unbedingt mit einem guten Gedächtnis im Alltagsleben einhergehen muss. Die Behandlungsverfassung mit der intensiven Begegnung macht es möglich, Verbindungen zu ziehen, selbst über Monate und Jahre hinweg.

Was über längere Zeiträume wirksam ist, gilt auch für kürzere Abstände zwischen zwei oder mehreren Sitzungen. Ohne vorherige Vertiefung in die Aktennotizen ist auf einmal präsent, was wie ein fehlendes Puzzleteil ein ganzheitliches Verstehen befördert. Diese Erinnerung funktioniert sogar umso besser, wenn man sich gerade nicht durch eine Durchsicht der Aufzeichnungen zum bisherigen Behandlungsverlauf auf eine Sitzung einstimmt. Im entscheidenden Augenblick liegt bildhaft klar vor Augen, was einmal in der Therapie bereits angeschaut wurde und nun durch eine neue Betrachtungsweise einen weiteren zentralen Sinn enthüllt. Diese eigentümliche Erinnerungsleistung funktioniert außerhalb der Sitzungen weniger; wenn man einen entscheidenden Drehpunkt im Nachhinein rekonstruieren möchte, muss man sich oft mehr mühen, in seiner ganzen Vielschichtigkeit wiederzuholen, was sich in einer Sitzung ereignet hatte. Liegt derjenige Fall aber wieder auf der Couch, taucht aus der Fülle des ganzen Materials, das die Sitzungen in der Vergangenheit füllte, wieder auf, was einen Reim auf die aktuelle Problematik macht. Was momentan jedoch weniger relevant ist, tritt phasenweise aus dem Bewusstsein zurück.

Aus dieser Erfahrung erwächst ein Zutrauen, dass im Laufe der Begebenheiten klarer werden wird, worum es genau geht. Verkrampfte Konzentration ist nicht vonnöten. *Es* wird sich einstellen; darauf kann auch der Fall bauen. Manchmal zweifeln die Menschen an der Wirkung einer Sitzung, weil sie den Eindruck haben, dass sie kaum mehr gegenwärtig haben, was in der letzten Stunde besprochen wurde. Sie glauben, dass sie nur von der Behandlung profitieren, wenn sie möglichst wortgetreu im Nachhinein reproduzieren könnten, was vor sich ging. In einem Übereifer möchten sie jedes noch so winzige Detail festhalten, um es so einzuüben, als ginge es um einen Lernprozess, wie er sich in der Schule vollzieht[22].

In dem Augenblick, in dem die Menschen in der Behandlung hinnehmen, dass ein großer Teil des Materials aus den Sitzungen wie seltsam verschluckt ist, setzt der tiefgreifende Veränderungsprozess ein. Unausdrücklich organisiert sich etwas um, ohne dass man im Einzelnen fassen kann, was geschieht. An den deutlich verspürten Wirkungen der Aufwandsentlastung, eines Perspektivenwechsels und des abnehmenden Leidensdrucks wird gleichsam indirekt greifbar, dass etwas in Gang gekommen ist.

---

[22] Die immer mehr um sich greifende Praxis, Hausaufgaben vorzugeben, unterstützt diesen Verstehensprozess nur scheinbar. Es geht nicht um das Einpauken von anderen Sichtweisen in der Art einer Selbstsuggestion, wie viele Menschen sie schon jahrelang ohne Erfolg selbst praktizieren nach dem Motto: „Denke positiv!" „Du bist toll!" „Du kannst es, wenn du nur willst!" „Du musst es so und so machen, dann wird alles anders!" etc. Das Befolgen derartiger selbst- oder fremdverordneter Maximen greift nur kurz. Auch das kontinuierliche, detaillierte Notieren von zeitlichem Auftreten, Dauer und Ausmaß der Symptomatik über die gesamte Dauer der Therapie gibt ein aktives Mitwirken in der Behandlung häufig nur vor. Es bekräftigt, je nach „Krankheits"-Bild, sogar eine hypochondrische gesteigerte Selbstbeobachtung, die in der Gefahr steht, den Blick auf die Symptome zu fixieren und diese weniger als Ausdruck grundlegender Konflikte zu verstehen. Pro-und-Kontra-Listen, das Führen von Tagebüchern und die Erfüllung von vorgegebenen Etappen-Zielen fördert beispielsweise auch bei Essstörungen exakt das, was die Fälle häufig ohnehin in exzessiver Weise betreiben, indem sie peinlich genau Buch führen über Kalorien, zu sich genommene Nahrungsmengen, Rückfälle in Gefräßigkeiten und anderes, für das sie sich schämen. Diese Überkontrolle ist ein Kennzeichen der Problematik und wird durch die geforderte schriftliche Fixierung und durch Belohnungssysteme noch unterstützt.

Behandlung in Versionen

Die Behandlung sucht in vier Wendungen oder Versionen einen tiefen Einblick in das individuelle Leben dieses Menschen zu gewinnen, um auf diese Weise eine Veränderung zu ermöglichen. Mit Tiefe ist nicht das Bohren in verschütteten Regionen gemeint, sondern ein ganzheitlicher Blick auf das, was man tagtäglich betreibt und wie dies im Laufe des Lebens so geworden ist. Eine lückenlose Aufklärung von frühkindlichen Determinationen ist dabei nicht unbedingt notwendig. Die weitere und nähere Vergangenheit wird zwar einbezogen, doch können sich zentrale Züge auch ebenso gut in der Zerdehnung von Alltagshandlungen im Hier und Jetzt offenbaren. Das Lebensmuster durchzieht alles, was man tut und was einen bewegt. Es muss nur als solches sichtbar gemacht werden.

Häufig sind es auf den ersten Blick keine weltbewegenden, sondern quasi banale, auf der Hand liegende (und dennoch keineswegs bewusste!) Erkenntnisse, die einen Sinneswandel einleiten können. Erst wenn Zusammenhänge transparent werden, A und B und C zusammengesehen werden können, kann sich ein Aha-Effekt mit durchgreifenden verändernden Konsequenzen einstellen. So begann eine Erzieherin schrittweise zu verstehen, wie die massiven Schwierigkeiten, die sie mit ihrem fünfjährigen Sohn hatte, u. a. daraus erwuchsen, dass sie ihr Kind immer auf Abweichungen und Problematisches hin ansah, in der Angst, sie könnte unheilvolle Entwicklungen als Fachfrau übersehen und verschulden, dass das als besonders begabt eingeschätzte Kind zum Sonderfall würde. In regelmäßigen Gesprächen mit der Kindergärtnerin legte sie den Fokus auf den Fünfjährigen, der dadurch durchaus etwas Besonderes, im Doppel-Sinn des Wortes ein „Sonder-Fall" wurde[23]. In einem konti-

---

[23] Manche Eltern tun sich heute damit schwer, dass ihr Kind ein Kind wie jedes andere sein könnte. Sie möchten es und seine besonderen Begabungen

nuierlichen Austausch darüber, wann und wie ihr Kind z.B. ein anderes Kind geschlagen oder sich aus einer Spielgemeinschaft ausgeschlossen hatte, spielte ihre Kompetenz als Spezialistin für schwierige Kinder eine Rolle. Einerseits galt es, diese unter Beweis zu stellen, andererseits durfte sie bloß keine Vorboten bedenklicher Entwicklungen übersehen, um dem frühzeitig entgegenzusteuern. So setzte sie sich selbst unter Druck.

Dem kam entgegen, dass der Sohn mit den „Sorgen"-Kindern konkurrierte, denen die Mutter viele Stunden des Tages in ihrem Beruf ihre Aufmerksamkeit widmete, um anschließend erschöpft nach Hause zu kommen, auf das Sofa zu sinken und den Sohn, in einem Bedürfnis nach Ruhe und Entspannung, erst einmal auf Distanz zu halten. Er machte dann extra viel Wirbel, um sie einzubinden, und fragte sie gerne nach Erlebnissen mit diesen komisch-lustigen Kindern aus. Einerseits kam er sich im Vergleich mit diesen reifer und überlegener vor, andererseits lieferten ihm die Beschreibungen einen Anhalt für allerlei Sperenzchen und ein Über-die-Stränge-Schlagen. Dass diese

---

so früh wie möglich fördern, um nicht schuld zu sein, dass es sein Potenzial vielleicht nicht angemessen zur Entfaltung zu bringen vermag. Man vertraut nicht in die Selbstregulation von Entwicklungsprozessen, sondern setzt vermehrt auf steuernde Eingriffe. Schon im Mutterleib sucht man sein Kind optimal auf das Leben vorzubereiten; im Kleinkindalter soll es bereits vielfältige Anregungen erhalten; die Schulzeit ist von der Angst geprägt, dass seine Bildungslaufbahn nicht geradlinig und erfolgsgekrönt verlaufen könnte; mannigfaltige Freizeitaktivitäten, Auslandsaufenthalte und fundierte Sprachkenntnisse sollen frühzeitig die Karriere bahnen, sodass Kinder und Jugendliche ein Pensum zu bewältigen haben, das kaum Raum für nicht zielgerichtetes Experimentieren lässt. Umwege und Moratorien, wie Erikson sie beschrieb (s. Erikson, Erik Homburger: Identität und Lebenszyklus. Drei Aufsätze (1959). Frankfurt a. M. 1966), werden kaum mehr zugebilligt. Man neigt dazu, Abweichungen von einer stromlinienförmigen Entwicklung zu pathologisieren. Lebensläufe bei Bewerbungen sollen von einem straffen Management der Lebensgeschichte zeugen. Neben dieser Überfürsorge besteht paradoxerweise eine Tendenz zur Vernachlässigung, die nicht hinguckt, was das Kind macht und was es seelisch bewegt, sondern alles einfach treiben lässt, selbst zu sehr von den eigenen Angelegenheiten in Anspruch genommen. Ein bewegliches Gleichgewicht zwischen diesen Polen, das liebevoll begleitet, Halt gibt, aber auch Freiräume lässt, ist nicht leicht auszupendeln.

Kinder so frech sein durften und sich frei heraus allerlei Unge-
höriges zu sagen erlaubten, ohne dafür streng bestraft zu werden, ist für ein Kind, das sich bemüht, „brav" zu sein, besonders
interessant. Da das Naheliegende in der Regel leicht zu übersehen ist, löste diese Sichtweise ein betroffenes Innehalten aus.

Dass die Mutter zudem im Sohn Züge seines geliebt-
gehassten Vaters erkannte, von dem sie seit kurzem getrennt
lebte, trug ebenfalls dazu bei, dass die nervenzerfetzenden, fast
täglichen Auseinandersetzungen zwischen Mutter und Kind
sich verfestigten. In gemeinsamen Krisensitzungen und Telefonaten über neueste Ungehörigkeiten des gemeinsamen Kindes
blieb man als Eltern miteinander in Kontakt. Da der Vater alles,
in für sie in typisch leichtfertiger Weise, nicht tragisch nahm, es
als normale Entwicklungsschwierigkeiten auffasste, die sich aus-
wachsen würden und ihm keinen Anlass für Beunruhigung
boten, und berichtete, dass bei seinen gemeinsamen Unterneh-
mungen mit dem Sohn nie dergleichen Ausfälle zu beklagen
seien, war außerdem Konkurrenz im Spiel. Die Mutter fühlte
sich in der Not, nachzuweisen, dass das Schwierige des Kindes
wirklich ernst zu nehmen sei.

Einige Behandlungsstunden waren auch davon bestimmt,
sich offiziell bestätigen lassen zu wollen, dass man das Beste tue,
dass aber angesichts des so schlimmen Bengels alle gutgemein-
ten Maßnahmen ins Leere laufen müssten, dass der Vater es
sich zu leicht mache und dass man deswegen mit seinem Latein
am Ende sei. Die Verweigerung einer wertenden Stellungnahme
und der geforderten Ferndiagnose aller beteiligten Personen
durch die Therapeutin ermöglichte es, aus dem Beweiszwang
herauszutreten und sich Ängste anzuschauen, selbst wenig mit-
fühlend zu sein, die auf den ehemaligen Partner und den Sohn
projiziert und dort bekämpft wurden. Dieses ganze Konglome-

rat[24] hielt die fast täglichen dramatischen Zuspitzungen aufrecht. Wenn man an einem Zipfel dieser Konstellation etwas variiert, beginnt sich die Gesamtsituation zu wandeln.

Anna Freud[25] brachte das Leiden eines „unartigen" Kindes und die dahinterliegende Konstruktion in einer Deutung auf den Punkt: Es sei schwer, mit einem Engel zu wetteifern. Mit „Engel" war die verstorbene ältere Schwester gemeint, deren Platz das Mädchen einnehmen sollte. Es wurde an einem Kind gemessen, das im Nachhinein, nach dem schlimmen Verlust, nur als vorbildlich und immer lieb erinnert wurde. Im Vergleich mit dem idealisierten toten Geschwister konnte die kleine Schwester kaum bestehen.

Versionen-Gang

Man muss sich das Nacheinander der Behandlungsphasen nicht streng formalistisch als unbedingte schematische Reihenfolge vorstellen. Im Grunde sind alle Versionen gleichzeitig gegeben, werden aber zu verschiedenen Zeitpunkten besonders akzentuiert. Es handelt sich gleichsam um einen Kunstgriff, diese verschiedenen Seiten oder Wendungen, die ineinander übergehen, in einer Abfolge zum Klingen zu bringen. So ist es möglich, dass

---

[24] Die Gesamtkonstellation ist natürlich noch etwas verwickelter, doch soll an dieser Stelle nicht der komplette Fall aufgerollt werden. Die ambivalente Beziehung der Erzieherin zu ihrer eigenen Mutter spielt bei dem Selbstbild als schlechte Mutter und in Bestrebungen, dies durch eine ganz besondere Fürsorglichkeit wettzumachen, u. a. auch eine wesentliche Rolle. Außerdem warb der Sohn in der ödipalen Phase massiv um die Mutter, im Glauben, den Vater, von dem die Mutter sich getrennt hatte, geschickt vertrieben zu haben. Dieser vermeintliche Triumph weckte zugleich Schuldgefühle. Er empfand sich als böses Kind und tat alles, um diesem Bild zu entsprechen und für seine Gemeinheiten bestraft zu werden. Dass er sich beim Vater größte Mühe gab, lieb zu sein, hing auch mit Wiedergutmachungswünschen und Kastrationsängsten zusammen.

[25] S. Salber, Wilhelm: Anna Freud. Reinbek b. Hamburg 1985, S. 106

bereits früh in der Behandlung typische Methoden sichtbar werden oder erste Entwürfe eines Gesamtbildes eine Rolle spielen. Zentral werden Konstruktionszüge aber erst im dritten Behandlungsabschnitt thematisiert. Meist fangen die Menschen schon bald an, in kleinen Schritten mit ihrem Leben anders umzugehen. Das Bewerkstelligen kennzeichnet aber vor allem den Zeitraum vor Abschluss der Behandlung, der auch in die Behandlungspause vor der Katamnese hineinreicht, und setzt den Einblick in die zugrundeliegenden paradoxen Verhältnisse voraus.

1. Behandlungsversion: Leiden-Können

Nach und nach wird dem Fall in der ersten Phase der Behandlung einsehbar, worunter er leidet und was er gut leiden kann. Leiden-Können hat einen Doppel-Sinn. Es bedeutet auch, sich anzuschauen, was der Mensch davon hat, bestimmte Leidenspunkte immer wieder aufzusuchen und das Leiden aufrecht zu erhalten, und was es ihm schwer macht, diese Wiederholungen aufzugeben. Man kann das Leiden nicht selten gut leiden. Es kann im Leben des Menschen insofern eine wichtige Bedeutung haben, als es mit dem Einfordern einer Schonung verbunden sein kann. Es dient dabei möglicherweise als Schutz, um sich noch leidvolleren Erfahrungen zu entziehen und sich belastenden Auseinandersetzungen nicht stellen zu müssen. Manchmal kann das Leiden auch dazu herangezogen werden, andere zu Liebesbeweisen zu zwingen oder sie zu dominieren, indem man sich selbst zum Opfer macht. Es kann auch ein unbewusster Drang vorhanden sein, sich in selbstbestrafender Absicht zu quälen und sich jeglichen Glücks zu berauben. So schmerzhaft das Leiden auch ist, es macht einen Sinn – und erst wenn man begreift, was damit wie gelöst wird, wird eine Wahl möglich.

Die Behandlung weist keine Ziele, gibt keine Ratschläge, sondern zeigt einfach, wie es ist. Es wäre Anmaßung, wenn der Therapeut glaubte, wissen zu können, was gut für den jeweiligen Menschen sei. Nur dieser selbst kann im Prozess herausfinden, wen er liebt oder nicht, was er machen oder lassen möchte, welchen Weg er einschlagen und wovon er sich trennen mag. Durch den Einblick in sich selbst kann der Patient Zwänge durchbrechen und etwas anders machen oder auch so bleiben, wie er ist. Dies liegt ganz bei ihm.

2. Behandlungsversion: Methodisch-Werden

In einem zweiten Schritt geht es darum, durchgängige Methoden herauszuarbeiten. Wir gehen immer in einer bestimmten Art und Weise mit den Dingen um, allerdings ist uns dies so selbstverständlich und vertraut wie eine zweite Haut. Der Spiegel eines anderen hilft, zu begreifen, was wir genau machen und nach welchem Schema wir dabei verfahren. Dabei erfährt man sich als Akteur, der das Leiden auch herstellt und aufsucht. In der Opferhaltung, die dazu dient, Schuld von sich zu weisen, und die jegliche Selbstbeteiligung verneint, beraubt man sich seiner Eingriffsmöglichkeiten und steckt in der Klage und Anklage an die Welt fest.

Zwar widerfährt uns im Leben immer wieder Schmerzhaftes, das wir nicht abzuwenden vermögen, doch wie wir damit umgehen, liegt in unserer Hand. Heute ist es für viele Menschen besonders schwer, mit der Erfahrung von Ohnmacht zurechtzukommen (s. 1. Band). Sie sind darin gefangen, in allem die Oberhand und das letzte Wort behalten zu wollen. Sie streben einen Zustand an, in dem sie sich niemals hilflos ausgeliefert fühlen müssen. Verzweifelt versuchen sie, wenn es sich doch nicht vermeiden ließ, eine derartige Erfahrung zu machen, solche „Niederlagen" umzudeuten, um dennoch Herr der Situation zu bleiben. Das Leidvolle wird heruntergespielt oder geleugnet bzw. man lebt nach dem Motto: was mich nicht umbringt, macht mich nur härter. In einer trotzigen Haltung suchen diese Menschen nachzuweisen, dass ihnen die schlimmsten Verletzungen und größten Erniedrigungen nichts anhaben können, und laden regelrecht dazu ein, diese Unverwundbarkeit auf die Probe zu stellen (masochistische Struktur). Man kann das Leid aufbauschen, über Gebühr daran festhalten und sich sogar darin suhlen; man kann es als Entschuldigung einsetzen, eine ganze Lebensphilosophie darum entwickeln und vieles mehr.

Die von Anna Freud beschriebenen Abwehrmechanismen werden in dieser Phase der Behandlung eingehend betrachtet, indem Gegenstand ist, wie man Konflikte und Belastungen verarbeitet. Ebenso aufschlussreich kann allerdings auch sein, wie man Freudvollem begegnet. Menschen mit *Frau-Holle*-Konstruktion neigen nämlich z.B. dazu, einen Goldregen bereits als Vorankündigung einer drohenden Pechsträhne zu sehen und auf der Hut zu sein. Das Glück ist durch die Vorwegnahme eines Kippens in Unheil stets getrübt, nach dem Motto: Freu dich nicht zu früh, das ist zu schön, um wahr zu sein, das dicke Ende wird gewiss nicht ausbleiben.

In den Märchen sind vielfältige Methoden beschrieben[26]: Schweigen als Selbstbeschneidung und/oder um sich eine pseudo-überlegene Position zu erhalten (*Marienkind*, *Allerleirau*); in einer unentschiedenen Schwebe verharren, um nicht haften oder um nichts aufgeben zu müssen und alle Optionen aufrechtzuerhalten (*Der Krautesel*, *Fundevogel*); schlafen und so tun, als geschähe nichts, die Zeit anhaltend (*Das Wasser des*

---

[26] Dahl (Becker), Gloria: Märchen-Bilder in der Analytischen Intensivbehandlung. In: Zwischenschritte, 14. Jg. 1/1995, S. 68-80

Lebens, Dornröschen); einen Schritt vor und zwei zurückgehen (*Hänsel und Gretel*); heuchlerisch anderes vorgeben, um Feindseligkeit zu tarnen (*Der Wolf und die sieben Geißlein, Schneewittchen*); operieren mit Unschärfen (sieben X (Fliegen oder Riesen?) auf einen Streich *Das tapfere Schneiderlein*); immer wieder neu anfangen, aber nichts zu Ende bringen (*Rumpelstilzchen, Rotkäppchen*); energisch auf seinem Recht beharren (wie Heinrich von Kleists Figur aus der gleichnamigen Novelle „Michael Kohlhaas"[27]) bzw. Undank beklagen (*Der Froschkönig oder der eiserne Heinrich, Dornröschen, Schneeweißchen und Rosenrot*), sich dummstellen (*Die kluge Else, Von einem der auszog, das Fürchten zu lernen*) oder andere clever gegeneinander ausspielen (*Das tapfere Schneiderlein*) usw.

Die Palette der Bewältigungsformen ist groß. Die Auswahl und Kombination dieser Methoden gibt Auskunft darüber, wie flexibel oder festgelegt man Herausforderungen des Lebens begegnet. In der Behandlung erfährt man, dass auch andere Wege beschritten werden könnten, ohne dass dadurch die Welt unterginge. Angst und übermäßige Scheu vor Veränderungen verhindern einen Bruch mit Gewohnheiten und eingefleischten Lösungsformen.

3. Behandlungsversion: Ins-Bild-Rücken

Die bisher gemeinsam herausgearbeiteten Züge werden in einer dritten Wendung in einen bildhaften Kontext gebracht, um das Funktionieren des Ganzen zu betrachten. Der Fokus ist dabei darauf gerichtet, zu sehen, wie ein Zug, analog zu einem maschinellen Getriebe, in den anderen greift. Wie hängt das eine mit dem anderen zusammen? Steht es dazu im Wider-

---

[27] Kleist, Heinrich von: Michael Kohlhaas (1810 [1808]). Ditzingen 2003

spruch oder ist es im Prinzip das Gleiche, nur in anderer Gestalt (Metamorphose)? Was zieht sich durch verschiedene Geschichten und Methoden als roter Faden hindurch?

Erste typisierende Charakterisierungen bewegen sich dabei bereits im Vorfeld auf die Märchenkonstruktion zu. Sie erwachsen unmittelbar aus den Beschreibungen und werden meist sogar von den Fällen selbst ins Spiel gebracht, ohne dass sich diese unbedingt darüber im Klaren sein müssen, wie sehr darin etwas Zentrales anklingt. Indem man diese Bilder ausdrücklich in ihrer symbolhaften Bedeutung herausstellt, wird in der Regel erst deutlich, was alles dabei mitgesagt ist. Wichtig ist es, sich immer auch in Ausdrucksweise und Wortwahl mit dem Fall mitzubewegen und das aufzugreifen, was er selbst nahelegt. Es geht nicht darum, als Therapeut einen klugen Durchblick mit treffenden Etikettierungen, die wie Fremdkörper übergestülpt werden, zu beweisen.

Erste Bilder wie „Gernegroß", „Nimmersatt", „Wolf im Schafspelz", „Vogel im goldenen Käfig" etc. veranschaulichen bereits implizite Verhältnisse. Ist eine demonstrierte Überheblichkeit als Leugnen von Zwergenhaftem zu beobachten, wie z.B. in den Märchen *Das tapfere Schneiderlein*, *Der gestiefelte Kater* oder *Fitchers Vogel*, die es mit Riesen bzw. mächtigen Zauberern aufnehmen? Oder spielen eher Herrschafts- und Machtverhältnisse bzw. Unterwerfung und Erniedrigung eine Rolle, wie sie in den Märchen *Die Gänsemagd, Aschenputtel, Allerleirau, König Drosselbart* oder *Die Gänsehirtin am Brunnen* beschrieben werden? – um nur einige Märchen mit solch einer Konstellation zu nennen. Oder kriegt man den Hals nicht voll, wovon z.B. *Der Fischer und seine Frau, Der süße Brei* und viele andere Märchen erzählen? Oder wird getäuscht und etwas anderes vorgegeben (*Hänsel und Gretel, Das tapfere Schneiderlein, Schneewittchen, Rumpelstilzchen, Der Wolf und die sieben Geißlein,* ....)? Herrscht Angst davor, dass sich etwas Königliches oder Zauberhaftes in etwas Banales verwandelt oder umgekehrt (*Der Froschkönig oder der eiserne Heinrich, Tischchen deck dich, Goldesel und Knüppel aus dem Sack*)? Lassen sich Rhythmen oder Zyklen voneinander abheben (*Rapunzel, Schneeweißchen und Rosenrot*)? Geht es vor allem darum, vorzuleben, wie furchtlos man durchs Leben geht und dass ausnahmslos alles einen kalt lässt (*Von einem, der auszog, das Fürchten zu lernen*)? Treibt einen die Frage nach Treue/Untreue ständig um und führt in Versteinerung hinein (*Der treue Johannes*)? Wie vollkommen muss alles sein (*Schneewittchen*)? Erlebt man sein Dasein wie unter einem Fluch oder einer Pechsträhne stehend (*Die sieben Raben, Frau Holle*) oder fühlt man sich vom Glück begünstigt (*Hans im Glück*, ebenfalls *Frau Holle*)? Ringt man immer wieder mit Verführungen (*Schneewittchen, Der Wolf und die sieben Geißlein*)? und, und, und.

Da es, wie sichtbar wird, Überschneidungen und Verwandtschaften zwischen den Märchen gibt, tastet man sich langsam zu dem falltypischen Märchen vor, indem man auf Spielarten und Variationen achtet. In dieser Phase der Behandlung werden verschiedene mögliche Märchenkonstruktionen gedanklich durchgespielt, um schrittweise einzukreisen, welches kennzeichnende paradoxe Grundproblem den Fall in seinem Innersten bewegt. Parallelen zwischen den Märchenbildern, auffällige Besonderheiten und ganz eigene materiale Qualitäten leiten diesen Suchprozess. Unerlässlich ist, dass man mit den Märchenerzählungen und den elementaren darin behandelten seelischen Grundproblemen vertraut ist.

Indem die Märchen ins Spiel kommen, wird das Gesamtgefüge ins Zentrum der Behandlung gestellt, das den einzelnen Phänomenen seinen Platz zuweist. Bilder eignen sich hervorragend dazu, dieses Funktionieren des Ganzen vor Augen zu führen. Man begreift komplexe Zusammenhänge auf Anhieb und auch ohne viel Worte. Was alles in solch einem Bild steckt, wird dann nach und nach in seinen Implikationen in der Behandlung entfaltet. Dabei tritt auch der Witz des Ganzen zutage. Regelmäßig wird es dadurch in der Behandlung zunehmend möglich, über seine Eigenheiten zu lachen und gnädiger mit seinen Macken umzugehen. Psychotherapie ist keine bierernste Angelegenheit. Humor und Selbstironie erleichtern es, mit Kehrseiten und Tragikomischem umzugehen.

4. Behandlungsversion: Bewerkstelligen

Das „Erkenne dich selbst!", das den bisherigen Behandlungsgang gekennzeichnet hat, kann ein Umdenken und ein Experimentieren mit anderen Vorgehensweisen bahnen. Wenn man versteht, warum man etwas so und nicht anders macht, ist der erste Schritt getan, um Festgefahrenes aufzugeben und zu erkennen, welche Varianten neben dem Hauptweg existieren. Nebenwege treten als Alternative heraus, sobald der Horizont sich erweitert.

Ob man die eingeschliffenen Pfade verlässt oder sich gegen einen Wandel entscheidet, ist einem überlassen. In der vierten Phase der Behandlung besteht jedenfalls die Möglichkeit, Abweichungen vom Bewährten in seinem Alltag auszuprobieren, um herauszufinden, wie es einem damit geht. Man kann dann die unmittelbare Erfahrung machen, was einem gut tut und was nicht. Der Mensch spürt dabei in vielen kleinen Alltagssituationen, wie das Leben im Ganzen weniger anstrengend und quälend wird und wie eine Befreiung von alten, drückenden Lasten zu größerer Lebensfreude führt, wenn man das Beweismuster und die damit verbundenen Zwänge und Kraftanstrengungen aufgibt.

Das mutet oft unspektakulär an, wenn man z.B. beginnt, seine abweisende Kumpel-Look-„Kutte" abzulegen, seine Vorzüge zu entdecken und zu zeigen und sich auf eine Liebesbegegnung einzulassen wagt; wenn man sich auf Menschen und Situationen zu bewegt, die man vorher gemieden oder sogar verteufelt hat; wenn man öfter einmal klar und bestimmt „Nein" sagt, wo man früher keine Grenzen zu setzen vermochte; wenn man sich nicht mehr permanent zwischen den Stühlen aufhält, sondern Farbe bekennt und seinem Leben eine Richtung gibt; wenn man begreift, dass man einer Sucht nicht halbherzig Herr werden kann; wenn man der Gier Verzicht entgegensetzen kann, ohne dies als unzumutbare Entsagung zu erleben; wenn man beginnt, Biss und Konsequenz im Beruf zu entwickeln, statt jede Konfrontation oder ein Rivalisieren zu meiden; wenn man das Versorgungsnest verlässt und sich zunehmend auf eigene Beine stellt; wenn man jahrelange Streitmühlen außer Kraft setzt, indem man nicht mehr mitspielt; wenn man bei sich selbst hinschaut, statt überall um einen herum eigene Züge gnadenlos bei anderen zu entlarven; wenn man Paradoxes anerkennt und sich mit Widersprüchlichem in sich so aussöhnt, dass man die Welt nicht mehr in Freund/Feind aufspalten muss; wenn man nicht mehr aus Mücken Elefanten macht; wenn man sich nicht mehr ach so wichtig nimmt; wenn man nicht mehr mit säuerlicher Miene durchs Leben geht, sondern über sich und über allerlei Seltsamkeiten des Daseins zu schmunzeln vermag; wenn man das Leben mit all seinen Mühen und Stolperstellen zu lieben beginnt.

3. Schneewittchen – Das Schönste im Spiegel

Die Märchenerzählung[28]

Die Märchenerzählung handelt von einer Königin, die im Winter an einem Fenster aus schwarzem Ebenholz sitzt und näht. Als sie sich in den Finger sticht und drei Tropfen Blut in den Schnee fallen, wünscht sie sich, weil das Rote im Schnee so schön aussieht, ein Kind so weiß wie Schnee, so rot wie Blut und so schwarzhaarig wie Ebenholz. Die Königin stirbt bei der Geburt ihres Töchterchens, das, weil es so aussieht, wie sie es sich gewünscht hat, Sneewittchen genannt wird. Die neue schöne Gemahlin des Königs ist stolz und übermütig und kann es nicht leiden, an Schönheit übertroffen zu werden. Wenn sie in ihren Wahrheits-Spiegel schaut, spricht sie: „Spieglein, Spieglein an der Wand, wer ist die Schönste im ganzen Land?" Sie ist zufrieden, wenn er antwortet: „Frau Königin, Ihr seid die Schönste im Land." Schneewittchen wächst jedoch heran und wird schöner als die Königin, sodass der Spiegel antwortet: „Frau Königin, Ihr seid die Schönste hier. Aber Schneewittchen ist tausendmal schöner als Ihr." Da wird die Königin grün und gelb vor Neid und hasst das Mädchen. Neid und Hochmut wachsen und lassen ihr Tag und Nacht keine Ruhe. Der Jäger, den sie beauftragt hat, das Mädchen zu töten und ihr als Wahrzeichen Lunge und Leber zu bringen, verschont das um sein Leben flehende Kind und bringt der Königin Lunge und Leber eines Frischlings, die die Königin aufisst. Allein gelassen in dem großen Wald fühlt sich das Mädchen mutterselig allein und

---

[28] Brüder Grimm: Sneewittchen. KHM 53. In: Kinder- und Hausmärchen (1812). Herausgegeben und mit einem Nachwort versehen von Carl Helbling. 1. Bd. Zürich ¹²1986, S. 359-374

bekommt große Angst. Es weiß nicht, wie es sich helfen soll. Da läuft es über spitze Steine und Dornen, ohne dass die wilden Tiere ihm etwas tun, und gelangt an ein kleines Häuschen, in dem alles klein, aber sehr reinlich ist. Schneewittchen isst von jedem der sieben Tellerlein, die auf dem Tisch stehen, ein wenig und trinkt aus jedem der sieben Becherlein einen Tropfen, denn es will nicht einem allein alles wegnehmen. Müde will es sich in eins der sieben Bettchen legen, doch ist eins zu kurz, eins zu lang, bis das Siebente recht ist. Darin schläft es müde ein. In der Nacht kommen die Zwerge, die in den Bergen nach Erz gegraben hatten, heim und sehen, dass jemand im Haus gewesen ist, denn es steht nicht alles so in der Ordnung, wie sie es verlassen hatten. Der erste Zwerg spricht: „Wer hat auf meinem Stühlchen gesessen?" Der zweite: „Wer hat von meinem Tellerchen gegessen?" Der dritte: „Wer hat von meinem Brötchen genommen?" Der vierte: „Wer hat von meinem Gemüschen gegessen?" Der fünfte: „Wer hat mit meinem Gäbelchen gestochen?" Der sechste: „Wer hat mit meinem Messerchen geschnitten?" Der siebente: „Wer hat aus meinem Becherchen getrunken?" Dann entdecken sie kleine Dellen in ihren Bettchen und sehen schließlich Schneewittchen, das schläft. Sie haben so große Freude über das schöne Kind, dass sie es nicht aufwecken, sondern weiter schlafen lassen. Der siebente Zwerg schläft bei jedem seiner Gesellen eine Stunde, bis die Nacht um ist. Das am nächsten Morgen erwachende Schneewittchen erschrickt über die Zwerge, doch als diese freundlich sind, erzählt es seine Geschichte. Das Angebot der Zwerge, ihren Haushalt zu versehen, zu kochen, zu betten, zu waschen, zu nähen und zu stricken und alles ordentlich und reinlich zu halten, nimmt es gerne an. Als Dank soll es ihm an nichts fehlen. Morgens gehen die Zwerge auf der Suche nach Gold in die Berge. Da ist Schneewittchen allein. Die Zwerge warnen es vor der Stiefmutter. „Lass ja niemand herein." Der Wahrheitsspiegel verrät der Königin, dass

Schneewittchen über den Bergen bei den sieben Zwergen noch lebt. Da sinnt sie, wie sie es umbringen kann, denn solange sie nicht die Schönste ist im ganzen Land, lässt ihr der Neid keine Ruhe. In der unkenntlichen Gestalt einer alten Krämerin klopft sie an das Häuschen der Zwerge und ruft: „Schöne Ware feil! feil!" Schneewittchen kann der Versuchung nicht widerstehen und lässt sich von der verkleideten Stiefmutter ohne Arg mit einem Schnürriemen schnüren. Diese schnürt so fest, dass Schneewittchen der Atem vergeht und es für tot hinfällt. „Nun bist Du die Schönste gewesen" spricht sie und eilt hinaus. Am Abend erschrecken die Zwerge, als sie Schneewittchen regungs- und bewegungslos finden und schneiden den Schnürriemen entzwei, sodass sie wieder lebendig wird. Wieder warnen sie das Kind vor der gottlosen Königin, die vom Spiegel erfährt, dass Schneewittchen noch am Leben ist. Sie erschrickt so, dass ihr alles Blut zum Herzen läuft, und macht mit ihren Hexenkünsten einen giftigen Kamm, um Schneewittchen zugrunde zu richten. Erneut klopft sie an die Türe des Zwergenhauses, wo Schneewittchen sie zunächst mit den Worten: „Geht nur weiter, ich darf niemand hereinlassen" abweist. Der Kamm gefällt ihr jedoch so gut, dass sie sich doch betören lässt und die Tür öffnet. Kaum steckt der Kamm ihr im Haar, wirkt das Gift, sodass sie ohne Besinnung niederfällt. Ein zweites Mal retten die heimkehrenden Zwerge Schneewittchen, indem sie den Kamm herausziehen. Da warnen sie es noch einmal, auf der Hut zu sein und niemandem zu öffnen. Die Königin bebt vor Zorn, als sie erfährt, dass Schneewittchen noch lebt, und will sie töten, und wenn es ihr eigenes Leben koste. Sie macht einen giftigen, giftigen Apfel mit einer giftigen und einer ungiftigen Seite, der äußerlich schön aussieht, sodass jeder Lust darauf bekommt. Beim dritten Mal weist Schneewittchen sie zwar zunächst ener- gischer ab, doch als die Stiefmutter ihre Ängste direkt anspricht: „Fürchtest Du Dich vor Gift?" und den Apfel in zwei Teile schneidet und ebenfalls davon isst, ist ihr Misstrauen ausgeräumt. Sie kann nicht mehr widerstehen, beißt in den Apfel und fällt tot zur Erde. Das neidische Herz der Stiefmutter hat Ruhe, so gut ein neidisches Herz Ruhe haben kann, als die Zwerge Schneewittchen nicht wieder zum Leben erwecken können. Es hilft alles nichts; das liebe Kind ist tot und bleibt tot. Sie legen es auf eine Bahre und beweinen es drei Tage lang. Da es danach noch so frisch wie ein lebender Mensch aussieht, mit roten Wangen, mögen sie es nicht in die schwarze Erde versenken, sondern legen es in einen durchsichtigen Sarg aus Glas, sodass man es von allen Seiten sehen kann, und schreiben aus Gold seinen Namen darauf und dass es eine Königstochter sei. Sie setzen den Sarg auf einen Berg und beweinen Schneewittchen. Auch eine Eule, ein Rabe und ein Täubchen trauern. Lange Zeit liegt Schneewittchen im Sarg, ohne zu verwesen, sondern es sieht aus, als schliefe es. Es sieht so weiß wie Schnee, so rot wie Blut und so schwarzhaarig wie Ebenholz aus. Ein Königssohn, der sie so sieht, bittet die Zwerge, ihm den Sarg zu geben. Er bietet ihnen alles dafür, was sie wollen, doch die Zwerge mögen ihn nicht für alles Gold der Welt hergeben. Als er darum bittet, dass sie ihm den Sarg schenken, da er nicht leben könne, ohne Schneewittchen zu sehen, und verspricht, es zu ehren und hochzuachten wie sein Liebstes, haben sie Mitleid und geben ihm den Sarg. Der Königssohn lässt ihn von seinen Dienern auf den Schultern forttragen. Als diese über einen Strauch stolpern, fährt von dem Schüttern der giftige Apfelgrütz aus dem Hals. Schneewittchen öffnet die Augen, hebt den Deckel vom Sarg in die Höhe und ist wieder lebendig. Der Königssohn gesteht ihr, dass er sie lieber habe als alles auf der Welt und bittet sie, seine Gemahlin zu werden. Zum Hochzeitsfest wird auch die gottlose Stiefmutter geladen, die einen bösen Fluch ausspricht, als der Spiegel ihr sagt: „Frau Königin, Ihr seid die Schönste hier, aber die junge Königin ist tausendmal schöner als Ihr." Ihr wird so angst, so angst, dass sie sich nicht zu lassen weiß. Es lässt ihr keine Ruhe, dass sie doch zur Hochzeit kommt, um die junge Königin zu sehen. Als sie Schneewittchen erkennt, kann sie sich vor Angst und Schrecken nicht regen. Eiserne Pantoffeln sind über Kohlenfeuer gestellt und werden mit Zangen hinein getragen und vor sie hingestellt. Da muss sie in die rotglühenden Schuhe treten und so lange tanzen, bis sie tot zur Erde fällt.

Der psychologische Kern des Märchens

Das Spiegeln[29] ist ein zentrales Motiv in *Schneewittchen*. In diesem Bild verdichtet sich, dass wir dabei nicht bloß ein Abbild anschauen, sondern das, was wir sehen, immer in einen Vergleich stellen. Wir betrachten uns in Hinblick auf Verbesserungen oder Verschlechterungen. Wir messen, was wir sehen, an einem verinnerlichten Vor-Bild. Insofern schaut immer noch ein anderer mit in den Spiegel, wenn wir uns z.B. morgens beim Zurechtmachen und Ankleiden in einem wirkungsvollen Auftritt entwerfen. Den Blick der anderen, denen wir uns präsentieren werden, nehmen wir vorweg. In diesem Sinne ist der Blick immer ein doppelter Blick[30].

Bereits als Kind erfahren wir, wer wir sind, indem wir uns in der Mutter und anderen Personen, die uns umgeben, reflektieren. Der Blick der Mutter ist der Vorläufer des Spiegels. „Die Mutter schaut das Kind an, und wie sie schaut, hängt davon ab,

---

[29] Zum Spiegeln als seelischem Prozess siehe Domke, Gloria (Becker): Spiegelbilder des Seelischen. In: Zwischenschritte, 7. Jg. 2/1988, S. 4-21 (zu *Schneewittchen*)
[30] Wie komplex der Blick als Phänomen ist, kann man bei Sartre nachlesen. Sartre, Jean Paul: Das Sein und das Nichts. Versuch einer phänomenologischen Ontologie (1943). In: Gesammelte Werke in Einzelausgaben. Philosophische Schriften 3. Herausgegeben und übersetzt von Traugott König. Reinbek b. Hamburg 1991, S. 497

was sie selbst erblickt", drückte Winnicott[31] dieses wechselseitige Verhältnis aus. Das imitierende Verhalten der Erwachsenen oder von anderen Kindern gibt den Ausdruck des Kindes wieder, das wiederum auf das Gespiegelte antwortet. In feinen Nuancen nimmt das Kind in dieser dualen Beziehung Rückmeldungen wahr, die bei der Identitätsbildung von großer Bedeutung sind. Daniel Stern[32] beschrieb diesen komplexen Vorgang der Affekt-Abstimmung (Attunement) in der Beziehung zwischen Mutter und Kind.

Im Alter zwischen dem 6. und 18. Lebensmonat sieht das Kind sich im Spiegel, als wäre es ein anderer, und erfährt dadurch, wie es selbst von anderen gesehen wird. In diesem Spiegelstadium, so Lacan[33], nimmt es eine Außenperspektive auf das eigene Selbst ein und sieht sich als Ganzes, während es sich vorher, beim Blick auf den eigenen Körper als „zerstückelt" erlebt, indem es seine Hände, seine Beine, Bauch etc., aber nicht sein Gesicht und auch nicht seine Rückenansicht kennen kann.

Spiegeln als Aufhebung

Bei der Schneewittchen-Konstruktion kann diese spiegelnde Brechung so weit getrieben werden, dass sich jegliche Festigkeit auflöst, indem alles „kritisiert" und kaum noch etwas stehen gelassen wird. Das Maßlose wird in der Märchenerzählung auch in der Gestalt der Stiefmutter repräsentiert, die keine Ruhe gibt – selbst hinter sieben Bergen spürt sie das auf, was sie

---

[31] Winnicott, Donald Wood: Vom Spiel zur Kreativität (1971). Stuttgart 1987, S. 129
[32] Stern, Daniel: Mutter und Kind. Die erste Beziehung (1977). Stuttgart 1979 und derselbe: Tagebuch eines Babys. Was ein Kind sieht, spürt, fühlt und denkt (1990). München 1991
[33] Lacan, Jacques: Das Spiegelstadium als Bildner der Ichfunktion, wie sie uns in der psychoanalytischen Erfahrung erscheint (1949): In: Schriften I. Weinheim/Berlin 1986, S. 61-70

verunsichert. Dieses Märchenbild ist deshalb durch Aufhebungsprozesse charakterisiert. Kaum etwas hat länger Bestand.

Angetrieben wird der ewige Vergleich von einer Besessenheit, das Schönste, das Tadel- und Makellose zu erreichen. Ein ganzheitlicher, in sich-ruhender Zustand, in dem alles stimmig und rund ist, wird angestrebt. Aufhebung hat deshalb auch noch einen anderen Sinn. Man sehnt sich nach einem geborgenen Aufgehobensein in einer symbiotischen ungebrochenen Einheit. Der Sarg symbolisiert sowohl das Ende des rastlosen Zustands als auch die komplette Lahmlegung in einer schönen starren Fassade. Indem man sich zeigt, sucht man den anderen zu bannen (s. auch das Märchen *Der treue Johannes*, in dem der Anblick eines wunderschönen Bildes der Königstochter vom goldenen Dache unter allen Umständen vermieden werden soll, weil das gefährliche Bild in Bann schlägt und ohnmächtig niedersinken lässt).

Das unmögliche Unterfangen, etwas auf ewig in seiner Schönheit zu konservieren – denn es existiert nichts Vollkommenes –, erzeugt eine chronische Unzufriedenheit und eine brodelnde Unruhe. Mit grenzenlosem Ehrgeiz wird versucht, das Idealbild dennoch zu erfüllen. Menschen, die dieses Bild leben, verausgaben sich, indem sie sich unter einen ungeheuren Perfektionsdruck setzen. Paradoxerweise stellt sich eine rotierende Unbeweglichkeit ein, die nicht von dem großartigen Vorentwurf abweichen kann und zugleich alles kontinuierlich auflöst. Das pausenlose Verrücken im Spiegeln droht „verrückt" zu machen.

Handfeste Konstanz

Man tut sich schwer damit, sich ein bestimmtes Gesicht zu geben und etwas kontinuierlich zu verfolgen. Konstanz kann dadurch zum Problem werden. In den Farben scheinen gleich zu Beginn des Märchens elementare Qualitäten auf: Rot wie Blut, Weiß und rein wie Schnee, Schwarz wie Ebenholz. Starke Gegensätze treten darin prägnant heraus. Diese klaren Analogien geben der Prinzessin ihren Namen. In diesen Vergleichen (so „wie") klingt in der Märchen-Erzählung an, dass man der permanenten Auflösung eine benennbare und fassbare Gestalt entgegensetzen muss, um nicht jegliche Kontur zu verlieren. Das Ausrichten an Anderem dient nun dazu, sich zu umgrenzen, und bohrt dadurch nicht mehr als uferloser Neid.

Die materialen Qualitäten des Alltags erden die abgehobene Idealisierung. „Kochen, betten waschen, nähen und stricken" bringen mit der Realität auf Tuchfühlung. Im Handeln konkretisiert sich die ungeheure weltumfassende Ausbreitung (Exhibition) in irdischen Werken. Die Zwergenwelt bietet so ein Gegengewicht zum Anspruch auf das große Ganze. Sie repräsentiert das Durchgliedern und Verkleinern des Riesengroßen, indem man Zwischenschritte geht und sich auf ein portioniertes Ausprobieren einlässt. Schneewittchen testet nach und nach die Möglichkeiten im Zwergenhaus aus, legt sich in die Betten, schaut, was passt und was nicht. Im Märchen ist davon die Rede, dass Schneewittchen von jedem Tellerlein ein bisschen isst, um nicht einem allein alles wegzunehmen. Der siebente Zwerg schläft bei jedem seiner Gesellen eine Stunde und entwickelt dadurch ein Maß. Das Haushalten ist eine Metapher für eine Regulation, die die gegensätzlichen Tendenzen miteinander aussteuert, indem das Nebenbild (ein bisschen, statt alles) zum Zuge kommen kann.

Fall-Darstellungen

Das Märchen *Schneewittchen* wird anhand von einigen Fall-Beispielen aus der psychotherapeutischen Arbeit dargestellt. Diese Einblicke in die Fall-Geschichten gehen ineinander über, um verschiedene Facetten des Märchens zu vermitteln und zu zeigen, in welchem Stoff des Lebens sich die Märchenkonstellation Ausdruck verschaffen kann. Um die Identität der jeweiligen Menschen nicht erkennen zu lassen, sind die Beschreibungen verdichtet und verfremdet worden. Zugunsten der Darstellbarkeit sind dabei Verhältnisse, die in Wirklichkeit weitaus komplexer sind, im Dienste des Nachvollzugs vereinfacht worden.

Der Einblick in die Vielschichtigkeit der Menschen und in ihre einzigartigen Lebensgeschichten lehrt Achtung, Respekt und ein Staunen angesichts des Reichtums an Varianten und Metamorphosen, den die Menschen leben. Obwohl ein und dasselbe Märchenbild ihr Schalten und Walten bestimmt, gestaltet jeder Fall es dennoch in seiner ganz eigenen Art aus. Die psychotherapeutische Tätigkeit lehrt zudem, zu begreifen, dass jeder Mensch sein Geheimnis bewahrt, so sehr er sich auch auf der Couch zu öffnen wagt. Generell haben die Menschen Angst, wie ein offenes Buch unter dem Röntgen-Blick des Psychologen zu lesen zu sein, doch kann man sie beruhigen. Vieles bleibt unsagbar – und dies ist auch gut so.

Das Allerschönste

Eine 32-jährige Frau, die als Graphikerin tätig ist, leidet zu Beginn der Behandlung darunter, dass sie unentwegt an sich zweifelt, alles, was sie tut, in Frage stellt und nie mit dem, was sie hat und ist, zufrieden ist. Indem sie sich permanent antreibt, raubt sie sich jeglichen Lebensgenuss. So streng, wie sie mit sich ins Gericht geht, würde auch nicht der gnadenloseste Richter urteilen. Bevor sie das Haus verlässt, und sei es auch nur zum Brötchenholen um die Ecke, muss sie sich aufwendig schminken und zurechtmachen, was sehr viel Zeit in Anspruch nimmt. Bereits in der Pubertät stand sie im Landschulheim eine Stunde vor den anderen auf, um nicht ungeschminkt gesehen zu werden. Die Anwesenheit eines anderen beim Abschminken kann sie gar nicht ertragen.

Trotz großer Sorgfalt beim Vorbereiten eines tadellosen Auftritts findet sie beim Blick in den Spiegel stets dennoch irgendeinen Makel, der die Schönheit trübt. Sie ist eine beeindruckende Erscheinung, die die Blicke anzieht, was sie einerseits aufsucht und worin sie sich insgeheim – allen anderslautenden Beteuerungen zum Trotz –, gerne sonnt, was sie andererseits wegen möglicher kritischer Einschätzungen ihrer Person aber auch fürchtet. Es wundert zu erfahren, dass sie dennoch mit sich uneins ist, obwohl alles bis ins Letzte fein abgestimmt wird. Die Freude an der erzielten Wirkung währt nur kurz, denn sogleich spürt sie irgendetwas Unstimmiges auf. Auf diese Weise bringt sie sich selbst um die Früchte all ihrer Mühen.

Ihr Alltagsleben wird durch diesen doppelten Blick sehr aufreibend. Jede Handlung wird daraufhin befragt, ob es nicht bessere Alternativen gäbe. Wie die Stiefmutter im Märchen ist sie ohne Unterlass damit beschäftigt, insofern in den Spiegel zu schauen, als sie alles mit fremden Augen unter dem Aspekt betrachtet, ob es perfekt erscheint. Ein unerreichbares Ideal strebt sie an, woran sie notgedrungen verzweifeln muss. Die Einrichtung der neuen Wohnung kommt nicht richtig in Gang, da jede Anschaffung monatelang erwogen wird. Als sie detailliert den geplanten Kauf von Geschirr beschreiben soll (Zerdehnungsmethode), tritt zutage, wie sie sich selbst blockiert. Unzählige Geschäfte hat sie schon aufgesucht, stundenlang im

Internet recherchiert, doch treibt sie die Qual der Wahl immer noch um, sodass sie sich weiterhin mit Provisorien behelfen muss. Sie sucht gleichsam etwas für die Ewigkeit, das andere als außergewöhnlich und besonders apart wertschätzen. Als sie in der Behandlung realisiert, wie viel Zeit und Kraft sie die Suche nach dem Optimum kostet, wird ihr der Aberwitz bewusst. Sie zieht es vor, zwischen Kartons und ohne Tisch und Bett zu leben, als sich mit Halbheiten abzufinden.

Der ewige Vergleich als Fluch

Stets fürchtet sie, im Vergleich mit anderen schlechter abzuschneiden. Begegnungen sind davon bestimmt, am Mienenspiel und an kleinsten Indizien abzulesen, wie sehr man imponiert und ob man in jeglicher Hinsicht besser, klüger, attraktiver, beliebter etc. ist als der andere. Auch das Gemeinsame Behandlungswerk wird vom ersten Moment an von diesem Gesichtspunkt aus gestaltet. Dies ist extrem anstrengend – auch für das Gegenüber, denn die Therapeutin steht ebenso unter Dauer-Beobachtung und soll zu einer ununterbrochenen Stellungnahme herausgefordert werden. Wenn das Spiegeln zum alles beherrschenden Prinzip erhoben ist, gibt es keinen Moment des entspannten Zurücklehnens mehr. Dass die Therapeutin hinter der Couch sitzt und ihre Gestik dadurch unsichtbar wird, ist für diese Frau zunächst schwer auszuhalten. Immer wieder setzt sie sich mit der Begründung, aufgrund von Rückenschmerzen nicht mehr liegen zu können, auf, um ihr ins Gesicht zu blicken. Die Brechung durch das Setting mit der Couch erweist sich im Weiteren als hilfreiche Störung des Spiegelzwangs. Sie erlebt es zunehmend als Entlastung, sich nicht mehr ständig vergewissern zu müssen, wie sie beim anderen ankommt. Die Bandscheibe macht dann beim Liegen auch keine Beschwerden mehr.

Um sich nicht fremden Blicken stellen zu müssen, mochte sie in der Vergangenheit zeitweise gar nicht unter Menschen gehen, obwohl sie zunehmend ahnte, dass sie ihr Problem damit nicht lösen kann. Sie nimmt den Wahrheitsspiegel überallhin mit sich, auch ins stille Kämmerlein und bei einer Flucht hinter sieben Berge. Vor sich selbst kann sie nicht fliehen.

Verrücken macht verrückt

Mit einem riesigen Freundes- und Bekanntenkreis hat sie sich umstellt, den sie in vielen, auch kleinsten Angelegenheiten zu Rate zieht. Sich naturgemäß häufig widersprechende Kommentare treiben sie nachts um und rauben ihr den Schlaf. Die dadurch fehlende Regeneration zehrt so an ihrer Substanz, dass sie sich den Anforderungen des Tages immer weniger gewachsen fühlt. Bei näherer Betrachtung wird sichtbar, dass sie inzwischen bereits ahnt, welcher Tenor von wem in etwa zu erwarten ist. Wenn sie in einer Frage halbwegs Klarheit darüber gewonnen hat, wie sie sich dazu stellen mag, spricht sie in der Regel denjenigen an, von dem sie annimmt, dass er dieses Urteil mit seiner Einschätzung wieder ins Wanken bringen wird. So dreht sich alles immerzu. Die eisernen rotglühenden Pantoffeln, in denen die Stiefmutter am Ende der Märchenerzählung so lange tanzen muss, bis sie tot zur Erde fällt, stellt sich die junge Frau selber hin. Statt wahrzunehmen, dass 99,5% in Ordnung sind, sieht sie quasi mit dem Vergrößerungsglas, was nicht ganz lupenrein ist. Winzigste Fehler und Unvollkommenheiten erhalten dabei ein überproportionales Gewicht und lassen sie übersehen, dass so vieles Grund gäbe, stolz und befriedigt zu sein.

Das dauernde Verrücken löst jegliche Entschiedenheit auf und bewirkt zugleich, dass man auch sich selbst nicht mehr lieben kann, unfähig dazu, sich mit wohlwollendem Blick anzuschauen und sich so anzunehmen, wie man ist. Im bösen Blick, mit dem man sich betrachtet, geht man stiefmütterlich mit sich selbst um. In den Märchen werden Züge der Gesamtfiguration in den Personen, Tieren, Wesen und ihren Handlungen abgebildet. Diese Personen bei der Auslegung des Märchengehalts realen Menschen zuzuordnen, ginge am psychischen Kern des Märchens vorbei. Mutter, Stiefmutter, Zwerge, Prinz, die trauernden Tiere, der gnädige Jäger, Spiegel, Fensterrahmen, Blutstropfen, Schnee, Schnürriemen, giftiger Kamm und doppelseitiger Apfel verkörpern Momente des seelischen Grundproblems, von dem das Märchen *Schneewittchen* erzählt. Man neigt dazu, Gut und Böse aufzuteilen, in der trügerischen Hoffnung, diese zusammengehörigen Züge per Spaltung und Personifizierung leichter handhaben zu können. Mütterliches ist jedoch ohne Stiefmütterliches nicht zu denken. Es geht darum, sich damit auszusöhnen, dass Gut und Böse, Liebe und Hass zwei Seiten einer Medaille sind.

Nicht Ja, nicht Nein bzw. Ja und Nein zugleich

Wie schwer es fällt, „Ja" zu sich und zu anderen zu sagen, drückte sich in einem anderen Schneewittchen-Fall darin aus, dass trotz über 10-jährigen Zusammenlebens fast täglich daran gezweifelt wurde, ob sich nicht doch ein besserer Partner finden ließe. Im Vergleich mit anderen Männern, die beruflich erfolgreicher, eloquenter, welt- und sprachgewandter, höflicher etc. waren, schnitt der eigene Mann stets schlecht ab. Ein Prinz, der alle wünschenswerten Eigenschaften in sich vereinte, war auf dieser Erde nicht zu haben. Obwohl sie sich dessen zunehmend bewusst war, beschäftigte sie sich nach wie vor mit Mängellisten und zog meist ein negatives Resümee. Zu einem entschiedenen „Nein" konnte sie sich allerdings auch nicht durchringen. Sobald diese Variante näher rückte, fand sie allerlei Gegenargumente – um diese sogleich wieder zu entkräften. Seinen wiederholten Heiratsanträgen hatte sie jahrzehntelang hartnäckig mit vielfältigen Argumenten getrotzt, als sei sie durch den gemeinsamen Lebensalltag noch nicht gebunden. Er hatte sich, immer wieder anfragend, ob sie nicht doch offiziell Mann und Frau werden könnten, ein klares Bekenntnis erhofft, das sie jedoch nicht abgeben konnte. Daran hätte auch ein Trauschein nichts geändert. Ihr Leben war von einem Verharren in der Zwischenposition eines „Jeins" gekennzeichnet In der Depression, die sich bei beiden einstellte, äußerte sich die Trauer über das selbst zerstörte Glück. Als sie in der Behandlung über die Tragikomik ihrer Lebenskonstruktion auch lachen konnte, begann sich ein festsitzender „Apfelgrütz" zu lösen.

Starre Vor-Bilder als Sarg

Auch bei dem zuerst vorgestellten Fall der 32-Jährigen wurden Liebesbindungen durch den nie auszuschaltenden fragenden Blick sehr belastet und zerbrachen immer wieder daran. Ein Mann sagte ihr zum Abschied, dass er sich immerzu wie geprüft gefühlt habe, was er nicht mehr ausgehalten habe. Ihrem festgefügten Bild habe er nicht entsprechen können. Im Märchen wird gleich zu Beginn ein Vorentwurf als Rahmen für Entwicklung gegeben: „So weiß wie Schnee, so rot wie Blut und so schwarz wie das Holz an dem Rahmen" soll das Kind werden, das die Königin erwartet. Wir brauchen solche Anhalte, doch wenn diese sich nicht auf Abweichungen einlassen, wird Entwicklung eingefroren und in einen Sarg gelegt. Schneewittchen-Fälle kommen in die Behandlung, wenn sie verspüren, dass sie in einem leblosen schönen Schein festsitzen.

Der jungen Frau erschien die aufwendig präparierte Fassade schließlich wie eine Totenmaske, und sie konnte es zunehmend zulassen, ohne solch eine „Schutzschicht" unter Menschen zu gehen. Unfertiges barg ein schöpferisches Potenzial, das sie bisher nicht nutzen konnte. Sie begriff, dass gerade Macken und Mängel einen liebenswert und einzigartig machen. Ihr gesamtes Auftreten verlor dadurch weitgehend das Stilisierte und Künstliche. Es konnte auch einmal banal und einfach zugehen und musste nicht in jedem Detail von Besonderheit zeugen. Nun durfte es vorkommen, dass sie sich der Öffentlichkeit auch einmal ungekämmt und ohne letzten Feinschliff präsentierte, ohne dass dies ein Drama war. Sie hatte sich selbst nie aus dem Blick gelassen; nun war sie ohne Taschenspiegel unterwegs und musste nicht mehr in fast jede reflektierende Fläche am Wege blicken, um zu kontrollieren, ob noch alles richtig saß. Die Menschen, die sie umgaben, kommentierten diese offensichtliche Veränderung als erstaunliche Lockerheit und Unkompliziertheit. Die Steifheit erwuchs aus der permanenten Inszenierung eines Bildes, das in grenzenloser Zeigelust zur Totenstarre erfroren war. Auch im Bild der Abschnürung bis zum Ersticken und bis zum ohnmächtigen Niedersinken kommt dieser Zug der Selbstlähmung im Märchen zum Ausdruck.

Abweichendes bringt zur Raserei

Als Kind konnte sie eine minimale Abweichung derart außer Fassung bringen, dass sie sich in eine Rage hineinsteigerte, die sie an sich selbst nicht mochte, aber auch nicht zu stoppen vermochte. Eine Tante hatte ihr Jahre später berichtet, wie sie mit Bangen den Stunden entgegensah, in denen sie der Schwester als Babysitterin ausgeholfen und die kleine Nichte betreut hatte. Mehr als einmal hatte sie erleben müssen, wie aus heiterem Himmel ein durch keine Macht der Welt zu stoppendes Toben eingesetzt hatte, wenn etwas nicht so lief, wie die Kleine es sich vorgestellt hatte. Weil sie in einem Malbuch zwei Millimeter über die vorskizzierte Linie gemalt hatte, zerriss sie das Heft, das nun ganz verdorben sei, und bekam einen stundenlangen Tobsuchtsanfall, der durch nichts zu beruhigen war. In solchen Zuständen ging dann gar nichts mehr. Ein kurzweiliger Nachmittag mit ausgelassenen Spielen endete regelmäßig abrupt und ließ eine ratlose Tante zurück, die sich jedes Mal besondere Mühe gab, derartige Klippen zu umschiffen und besonders tolle Anregungen zu bieten. Nachdem der Verlauf mit nicht enden wollenden Tränen und der Verweigerung jeglichen Trostes über viele Jahre vorprogrammiert war, gab die ansonsten im Umgang mit bockigen Kindern durchaus erfahrene Tante auf und bot sich immer seltener als Nanny an. Auch andere Menschen hatten sich in den letzten Jahren – „entnervt", wie sie es nannten –, zurückgezogen, da sie der Klagen, die sie als notorisches Fishing for Compliments interpretierten, überdrüssig wurden.

Immer das Optimum

Ein 27-jähriger Lehramtsstudent terrorisierte seine Eltern, Freunde und Studienkollegen in den Wochen vor Klausuren mit dramatisch vorgetragenen Klagen über die eigene Unfähigkeit und produzierte Lernblockaden mit vielfältigen Symptomen, die eine Prüfungsvorbereitung fast unmöglich machten – um dann schließlich mit Bestnoten abzuschließen. Obwohl die Glaubwürdigkeit durch die Wiederholung dieses Vorgehens deutlich litt, konnte er nicht anders handeln. Schon im Kindesalter hatte er den Stellenwert seiner Leistungen durch das Herauskehren von demonstrativ äußerst mühsam überwundenen Riesen-Hürden zu steigern gesucht, um hinter die erzielte Eins noch ein Sternchen zu setzen. Wenn er als Kind jede Zeichnung und jegliches kleine Werk mit dickem Lob bedacht wissen wollte, schaute die Mutter gar nicht mehr genau hin, was er ihr zeigte, der aufgezwungenen Dauerbestätigung müde. Die Kränkung, die er über diese Unachtsamkeit empfand, suchte er durch noch penetranteres Einfordern von bewundernden Blicken zu behandeln, was wiederum häufig die entgegengesetzte Wirkung hatte. Zugleich schien ihm die Anerkennung, die er auf diese Weise erzielte, nichts mehr wert, da sie nicht aus freien Stücken gegeben worden war. Oder er hörte einen ironischen Unterton heraus, in dem der Lobende seinen Unmut hören ließ und gegen die Nötigung zur Stellungnahme einen Rest an Freiheit behauptete. Es entstand ein Circulus vitiosus, den er nicht durchbrechen konnte.

Angestachelt durch eine brodelnde Geschwisterrivalität konkurrierte er schließlich mit dem jüngeren Bruder, der aufgrund von seelischen Handicaps arbeitsunfähig geworden war, darum, wer von beiden am lebensuntüchtigsten sei. Die Sorge der Mutter um den kranken Bruder galt es zu übertrumpfen, indem er noch hilfsbedürftiger und bemitleidenswerter erschien. War der Bruder traurig, musste er umso depressiver sein. Stopfte dieser wahllos Essen in sich hinein, suchte er dies noch zu toppen. Der Kummer der Mutter sollte zur Messlatte ihrer Liebe werden. Das Märchen-Prinzip des Komparativs und Superlativs wird in einigen Fällen auch mit negativer Konnotation gelebt – wem geht es im Vergleich noch schlechter?

Die Behandlung ringt dann mit dem Krankheitsgewinn, d.h., der Fall muss bereit sein, die entwicklungshemmende Spirale aufzugeben, die vermeintlich Fürsorge und Zuwendung verspricht. Dies gelingt nicht durch Brandmarken der Regression als Rückfall in infantile Schemata oder durch Appelle an „Einsicht" und Anspornen von Wachstumstendenzen. Daran hatten die Eltern schon früh appelliert: Du bist doch kein kleiner Junge mehr! Wenn der Fall selbst wahrnimmt, in welch absurde Sackgasse er sich manövriert hat, in der er sich letztlich selbst verwehrt, was er sich ersehnt, und in kleinen Schritten einen anderen Umgang mit der Wirklichkeit einübt, erfährt er am eigenen Leibe eine spürbare Erleichterung. Diese Erfahrung ermutigt zu weiteren Schritten. Darauf kann die Behandlung setzen.

Neid

Mit Vorliebe ging die 32-jährige Frau nachts durch dunkle Straßen und schaute in hell erleuchtete Fenster. Sie stellte sich vor, dass die Menschen in diesen Wohnungen ein glücklicheres, in jeglicher Hinsicht besseres Dasein hätten, das sie sich fröhlich und bunt ausmalte. Das wahre Leben spielte sich für sie immer anderswo – hinter sieben Bergen – ab. So konnte sie sich nicht an dem freuen, was ihr eigenes Leben ausmachte. Dass Schneewittchen-Fälle von einem unbändigen Neid umgetrieben werden, hängt damit zusammen, dass sie bei anderen entdecken, was ihnen selbst zur angestrebten Perfektion fehlt. Dieses vermeintlich letzte Mosaiksteinchen müssten sie auch haben, dann würde alles bestens sein – und doch rundet sich das Bild nicht. Das nächste unerreichbare Ziel lockt.

In der Angst, Auto oder Straßenbahn zu fahren, Brücken zu überqueren oder überhaupt unter Menschen zu gehen, die in einer Phobie so stark einschränken kann, dass man das Haus nicht mehr verlässt, äußert sich bei näherer Betrachtung u. a. eine Sehnsucht danach, aus den bestehenden Verhältnissen auszubrechen. Da solch ein Ausbruch jedoch Angst macht, fesselt man sich dermaßen, dass man nur noch in Begleitung nahestehender Personen kleinste Wege gehen kann, statt dem Wunsch, Altes hinter sich zu lassen und ein anderes Leben zu beginnen, nachzugehen. In der Regel sind es ausgerechnet die Personen, zu denen man am liebsten auf Distanz ginge, ohne die man kaum noch einen Schritt wagt. Neidvoll schaut man auf andere, die die eigenen Träume realisieren, selbst unfähig, das Vertraute aufzugeben. Rosig ausgemalte Phantasien eines perfekten anderen Lebens werden täglich gehegt, doch mag man nichts dafür preisgeben. Das, was man hat, schätzt man nicht wert; das verlockend Andere packt man aber auch nicht an und sitzt damit zwischen Stühlen fest, chronisch nörgelnd und mit dem vermeintlich tausendfach besseren Anderen liebäugelnd.

Es geht immer ums Ganze

Schneewittchen wollen stets aufs Ganze gehen, doch ohne Zergliederung und ohne Abstriche vom großen Wurf kann man sich einem Total nicht einmal annähern. Es liegt in der Natur des Seelischen begründet, dass immer Reste bleiben und jegliche Schließung insofern lediglich vorübergehenden Charakter hat, als sie den Keim für eine Umbildung bereits in sich trägt. Jede Gestalt, die sich aus dem Fluss der Erscheinungen abhebt, drängt auf Verwandlung, sucht zugleich aber auch wieder in eine abgegrenzte Gestalt zu münden. Wenn dieser Prozess durch ständige Brechungen strapaziert wird, kommt eine zermürbende Ruhelosigkeit zustande. Lebensglück resultiert auch daraus, dass man fünf gerade sein lassen kann und über Störungen großzügig hinwegsieht. Dabei muss man gleichsam aufrunden können, indem man – durchaus im Bewusstsein, dass man ein Auge zudrückt –, so tut, als sei etwas 100%-iges erreicht worden.

Im Märchen tritt nur kurzzeitig Genügsamkeit auf, wenn die Antwort des Spiegels lautet: „Ihr seid die Schönste im ganzen Land." Wie unter Zwang muss die Königin jedoch wieder und wieder fragen, bis die Antwort erneut eine Einschränkung bietet: „Ihr seid die Schönste hier, aber ..." Sie wird „gelb und grün vor Neid", das Herz kehrt sich ihr im Leibe um und sie hat Tag und Nacht keine Ruhe mehr. Die Symptomatik, die die junge Frau in die Behandlung führt, spricht dieselbe Sprache. Neid wird als eine der sieben Todsünden gesehen – in exzessiver Form fördert er nicht ein Weiterkommen, indem er dazu motiviert, zu erreichen, was andere sind oder haben, sondern vergiftet insofern, als er zermürbend bohrt und Entwicklung lahmlegt.

Rivalität

Schneewittchen-Fälle geraten im Verlauf ihres Lebens in einer Neuauflage der kindlichen Konkurrenz regelmäßig in verbissene Wettkämpfe mit Klassenkameraden/innen oder Kollegen/innen, die es auszustechen gilt. Man misst sich immerzu an Nebenbuhler/innen und überfrachtet den Arbeitsalltag, indem jede Aufgabenstellung als Wettbewerb genommen wird, der unbedingt mit Auszeichnung gewonnen werden muss. In dem Büro, in dem die eingangs des Kapitels beschriebene 32-jährige Frau arbeitete, rieb sie sich vor allem an einer Mitarbeiterin, die in ihren Augen mit allen Tricks der Liebling des Chefs zu sein trachtete und die zudem einen netten Freund hatte. Es gab ihr einen argen Stich, diese strahlend von einem schönen Wochenende berichten zu hören, während sie selbst wieder erfahren musste, wie eine Bindung zerbrach. Dass der letzte

Partner sich einer anderen zuwandte, brachte sie zur Raserei. Immer wieder rief sie sich verletzende Szenen ins Gedächtnis, sich in diesem Schmerz mit Schuldzuschreibungen an den Untreuen weidend, ohne ins Nachdenken zu geraten, wie es dazu kommen konnte und was sie dazu beigetragen hatte.

In Schule, Beruf und Liebesangelegenheiten belebte sie immer wieder per Übertragung an wechselnden Personen das Ringen um die Zuneigung des Vaters und das Ausbooten von Mutter und Schwester. Das ödipale Dreieck war ein erstes Muster, in dem das Sich-Messen und die Anmaßung, die Schönste zu sein, eine bedeutende Rolle spielte. Obwohl sie überzeugt war, die Mutter schon allein dadurch aus dem Rennen geworfen zu haben, dass sie Lieblings-Modell des malenden Vaters war, der in seinem Atelier viele Gemälde von ihr ausstellte, in denen sie wie eine Göttin, wunderschön idealisiert, abgebildet war, blieb immer ein Restzweifel, der neue Beweise forderte. Ständig suchte sie zu Beginn der Behandlung die Mutter in endloser Litanei als dumm und ungebildet, lieblos, gemein, ungerecht, hässlich usw. herabzusetzen, obwohl diese Charakterisierung bei näherem Hinsehen so nicht aufrechtzuerhalten war. Viel Kraft floss in das ständige Aktualisieren eines Schuldbuchs, in das sie gedanklich eintrug, was der Mutter alles vorzuwerfen sei, um sich aufgrund ihrer Missgunst und ihres Hasses weniger schuldig zu fühlen. Sie war mit dem Nachweis beschäftigt, dass sie recht tat, das Schlechteste von der Mutter zu denken.

Freundliche Gesten, liebevolles Kümmern und zugewandten Trost, die es auch gegeben hatte, konnte sie erst im Verlauf der Therapie wieder rekapitulieren. Sie staunte dann, als sie in akuten Krisensituationen erfuhr, welchen Halt sie auch in der Mutter hatte. Wenngleich die Mutter nicht das Herz auf der Zunge trug, konnte sie doch ihren Beistand auf andere Weise spenden. Die Mutter war, wie sie eben war, hatte auch mit Hemmungen und gemischten Gefühlen zu kämpfen, doch war sie nicht einseitig die Hexe, als welche die junge Frau sie, zur eigenen Entlastung, sehen wollte.

Lautstarke Diskussionen mit dem Vater in der Pubertät hatten die Anziehung, die auf beiden Seiten im Raum war, zu tarnen gesucht. Man kam nie auf einen gemeinsamen Nenner. In erbitterten, endlosen Debatten wirkten Vater und Tochter auf andere wie Katze und Hund. Krampfhaft wurde jede Berührung vermieden, wodurch der Umgang miteinander bis in die Gegenwart unterschwellig knisternd war. Eine schlichte Umarmung oder ein Wangenkuss zur Begrüßung hatten etwas Verbotenes. Die Vermeidung lud diese Gesten erotisch auf.

Sie provozierte den Vater, der zu jähzornigen Ausbrüchen neigte, in Kindheit und Jugend zu Bestrafungsaktionen und trieb ihn manchmal so sehr ins Toben hinein, dass er sie, außer sich vor Wut, auf den nackten Hintern schlug. Diese Art der körperlichen Nähe hatte auch erotischen Charakter. Mit hochroten Köpfen, bebend vor Erregung gingen sie dann schweigend auseinander. Situationen, die dermaßen eskalierten, suchte sie regelrecht auf, im Bewusstsein, dass eine derartige Züchtigung gewiss ausgeblieben wäre, wenn sie in Widerworten und Grenzüberschreitungen nicht so weit gegangen wäre. Hatte einer der Brüder Ärger, warf sie sich rettend dazwischen, um ihm die Prügel zu ersparen und sich selbst als Opfer anzubieten. Dies erinnert an die Schlagephantasien, von denen Sigmund und Anna Freud berichteten[34]. Im jahrzehntelang gehegten Zorn auf den übergriffigen Vater verbarg sie das eigene Zutun. Erst als sie neben der Verführungssituation auch ihr eigenes Entgegenkommen sehen konnte, wurde ihr möglich, ihren Frieden damit zu machen.

---

[34] Freud, Sigmund: Ein Kind wird geschlagen. Beitrag zur Kenntnis der Entstehung sexueller Perversionen (1919). In: Studienausgabe. Bd. VII. Zwang, Paranoia und Perversion. A.a.O. Frankfurt a. M. ²1973, S. 229-254
Freud, Anna: Schlagephantasie und Tagtraum (1922): In: Die Schriften der Anna Freud. Bd. I. (1922-1936). München 1980. S. 141-159

Auf der Schwelle

Im Märchen wird Schneewittchen von den Zwergen immer wieder vor der missgünstigen Stiefmutter gewarnt, doch schlägt es diese Mahnungen in den Wind und lässt sich, nach kurzem Widerstehen, doch auf das Verlockende ein, selbst dem Gift die Tür öffnend. Solche widersprüchlichen Verhaltensweisen verwirren nahestehende Personen, handelt man doch wider besseres Wissen und tut Dinge, von denen man genau weiß, dass man sie besser unterlassen sollte. Im Märchen wird dieses Ringen, ob man einlassen oder abwehren soll, länger auserzählt. Mehreres wird daran sichtbar: Zum einen kommt eine Tendenz, sich selbst Schaden zuzufügen, zum Tragen, wie sie bereits in einigen Fall-Darstellungen zur Sprache kam. Darin wird Sühne geleistet für ein vermeintlich schlimmes unbewusstes Vergehen. Außerdem wird die Dramatik und Hochspannung in solchen autoaggressiven Akten, in denen man selbst bis zuletzt die Kontrolle wahrt, ausgekostet (s. die verzwickte und ziemlich behandlungsresistente Konstruktion des Masochismus S. 286-287).

Zum anderen bietet dieses Öffnen einer Türe aber auch Nebenbildern eine Chance. Die narzisstische Nabelschau, die sich bei diesem Märchen-Bild einstellen kann, droht sonst in einer endlosen Selbstbespiegelung stecken zu bleiben. Anderes kommt nur in diese enge Sarg-Welt, wenn man es denn hereinlässt und das Risiko des Unbekannten nicht scheut. In der Behandlung zeigt sich regelmäßig, dass das Fremde als Gift und tödliches Verderben verteufelt wird, um weiterhin im eigenen Saft schmoren zu können. In dem Moment, in dem verstanden wird, dass das Gift sowohl eigene (nach außen verlagerte und dadurch entfremdete) feindselige Tendenzen fasst, als auch dazu dient, vor einem Einlassen auf anderes abzuschrecken, muss man das Fremde nicht mehr meiden. Dann hat die ewige

Selbstbewegung ein Ende, und es werden erste Fühler ausgestreckt. Dieses Vortasten schließt Verluste und Narben nicht aus, gibt aber auch dem Zufall, als Stolpern, das Festsitzendes (Apfelstück) lostritt, Gelegenheit, etwas in Bewegung zu bringen.

Hinnahme des Unabänderlichen

Zu einer durchgreifenden Wandlung kommt es bei *Schneewittchen*-Konstruktionen aber nur, wenn man mit sich ins Reine kommt und auch etwas stehen lassen kann, ohne es im Nachhinein permanent in Zweifel zu ziehen. Schmerzhafte Erfahrungen konnte die 32-jährige Frau jedoch lange nicht vergessen, sondern neigte dazu, diese immer und immer wiederzukauen. Jahrelang war ihr ein Schwangerschaftsabbruch nachgegangen. Sie hatte ihre damalige Entscheidung immer wieder in Frage gestellt und sich dadurch zermartert, dass sie sich ein Leben als Mutter ausmalte. Was wäre, wenn nicht …. Doch daran ließ sich nichts mehr ändern. Fakten waren geschaffen worden, die nicht umkehrbar waren. Nach dieser unwiderruflichen Handlung wünschte sie sich unbedingt ein Kind, als ließe sich wieder ungeschehen machen, was sie umgesetzt hatte, doch verhinderte dies nicht, dass sie Jahre später wieder eine Schwangerschaft frühzeitig beendete, um wiederum mit dieser Entscheidung jahrelang zu hadern. Mit Unwiderruflichem tat sie sich immer schwer. Trennungen zogen sich endlos in die Länge, da sie auf Erklärungen und Gespräche drängte, die allerdings meist nicht zu einer Klärung beitrugen, sondern die Verwirrung nur vergrößerten. Wenn sich der ehemalige Partner einer Auseinandersetzung entzog, peinigte sie sich endlos mit Grübeleien und kultivierte ihren Zorn. In dem Maße, indem es ihr im Verlauf der Behandlung gelang, ihre Selbstbeteiligung zu erkennen und genauer zu differenzieren, konnte sie damit abschließen und Wunden heilen lassen.

Verrücken in der Behandlung

Wenn im therapeutischen Prozess von Spiegel-Situation die Rede ist, so wird darunter verstanden, dass die Behandlungsverfassung gewährleisten soll, dass man sich selbst über die Schulter zu schauen vermag, um wahrnehmen zu können, was man wie warum betreibt. Es geht darum, ein gelebtes Bild, das sich nach und nach herausschält, schrittweise zu komplettieren, indem man es wie durch ein Prisma in mehreren Brechungen zu sehen beginnt. Hinter bzw. neben einer Version, die man sich selbst und anderen gern erzählt, leuchten weitere Perspektiven auf, die sich zu einem Gesamtbild runden. Abstinenz ist dabei insofern notwendig, als der Blick nicht durch anderes (Eigeninteressen des Therapeuten; dem Erliegen der Versuchung, es in eine Liebes-Beziehung umzuwandeln; Machtspiele und Dominanz-Verhältnisse; Besserwisserei etc.) überlagert werden darf. Abstinenz bedeutet nicht, dass der Behandler lediglich eine kalte Reflexionsfläche sei, die nur ungerührt widerspiegelt, was Sache sei. Im Gemeinsamen Werk wird, wie bereits dargestellt, auch das einbezogen, was zwischen den Personen und zwischen den Zeilen mitschwingt, ohne dass dies allerdings ausagiert wird. Dieses sensible Wahrnehmen der Zwischentöne wird als wesentliches Instrument der Erkenntnis in die Deutungen mit einbezogen.

Um die unzähligen Facetten eines Fall-Bildes ins Ganze zu bringen, wird dabei immer wieder, mit kunstanalogen Methoden, gedreht und auf den Kopf gestellt, was sich zeigt. Dabei tritt die Mehrschichtigkeit und Überdetermination (Zusammenwirken mehrerer Determinanten) des Seelischen zutage.

Klare Festschreibungen werden auf diese Weise für mehrere gleich gültige "Wahrheiten" durchlässig. Dieses Spiegeln wird jedoch nicht bis in zerstörerische Auflösung hinein betrieben, sondern im dritten Behandlungsabschnitt der Konstruktion auf ein Märchen-Bild bezogen. Auf diese Weise ergänzt sich die Zerlegungsmethode mit der Rekonstruktion des Ganzen (Analyse und Synthese). Dass ewiges Verrücken allein sich nicht gerade als konstruktiv erweist, führt das Leiden der beschriebenen Schneewittchen-Fall-Geschichten vor Augen.

Perspektivenwechsel

Eine solche Umwertung leitete in einem anderen *Schneewittchen*-Fall einen Veränderungsprozess ein, als die festgeschriebene Auslegung einer Kindheitsszene in einer Behandlungssitzung aus einer anderen Warte betrachtet werden konnte. Diese 41-jährige Frau berichtete unter Tränen von einem typischen unvergesslichen Erlebnis, das nachweisen sollte, wie sehr sie schon als Kind allein auf sich gestellt gewesen sei, da die Mutter sich nicht kümmerte. In der zunächst erzählten Version musste die Elfjährige von einer Nachbarin zum Krankenhaus gebracht werden, als sie sich böse am Knie verletzte, da sie zu Hause allein gelassen worden war. Als die benachrichtigte Mutter zur Klinik gekommen sei, habe sie die Tochter getadelt und ihr sogar eine Ohrfeige gegeben, statt die Arme zu trösten. Grundsätzlich sind in den lange beharrlich konservierten Fassungen von Kindheitserlebnissen Täter-Opfer-Verhältnisse so aufgeteilt, dass eindeutig belegt wird, wie unschuldig man selbst gewesen ist, während andere in einem schuldhaften Licht erscheinen.

Nachdem die beschriebene Szene durch Nachfragen um bedeutende Nuancen vervollständigt wurde, indem immer mehr Einzelheiten einbezogen wurden, die bei der mit Vorliebe reproduzierten Schilderung weggelassen oder auch schlichtweg „vergessen" waren und erst nach und nach wieder einfielen, ergab sich folgendes Bild: Die Eltern hatten das Haus für Erledigungen verlassen, nachdem ihr Töchterchen zu den unmittelbaren Nachbarn auf die Geburtstagsfeier der gleichaltrigen Freundin gegangen war, die einige Stunden lang dauern sollte. Schon bald begann das Mädchen unübersehbar zu schmollen, weil sie sich bei Spielen, die stattfanden, als benachteiligt empfand. Ihre, wie sie fand, besonders schöne Bastelei, die im Rahmen des Festes unter Anleitung der Nachbarin angefertigt hatte, fand auch nicht genügend Würdigung.

Der Fall hatte die Nachbarin besonders ins Herz geschlossen und sie wie eine zweite Mutter lieb und litt sehr darunter, dass das Geburtstagskind, die Tochter der Nachbarin, an ihrem Ehrentag besonders herausgehoben wurde, während sie selbst nur zweite Geige spielte. Die „Wahl-Schwester" war die Hauptperson, was die Geschwisterrivalität anfeuerte. Ihr Dauer-Quengeln wurde jedoch nicht weiter beachtet, sodass sie wutentbrannt das Fest verließ und heimging. Dort stellte sie sich auf eine Balkonbrüstung, um das Treiben nebenan aus überlegener Position zu beobachten. Sie hatte rutschige Schuhe an und war sich durchaus im Klaren darüber, wie sie einräumen musste, dass diese Aktion sehr gewagt und kippelig war, doch überwog die Neugier auf das Festtagsgeschehen, aus dem sie sich selbst ausgeschlossen hatte. Was sie „befürchtete", blieb nicht aus: Sie stürzte bald aus dieser Höhe auf das Nachbargrundstück und brachte sich dadurch gleichsam wieder aufs Fest, wo sie gerne wieder mitwirken wollte, doch suchte sie die Schmach, wieder bettelnd an der Tür zu stehen und erneut Einlass zu erbitten, unbedingt zu meiden. Außerdem erwirkte sie durch ihre Verletzung, dass die neidvoll beäugte Feier augenblicklich abgebrochen wurde, weil die Nachbarin sie sofort zum Krankenhaus bringen musste, um die Platzwunde zu versorgen.

Die herbeigerufene Mutter, die den Hergang des Geschehens erfuhr, war zwar erschrocken und besorgt, aber auch wütend darüber, dass ihre Tochter aufgrund früherer Kletteraktionen eingeschärfte Verbote, auf das Geländer zu klettern, missachtet hatte. Nicht lange vorher hatte es einige andere Ereignisse gegeben, in denen das Mädchen durch riskante Manöver in Lebensgefahr gekommen war. So hatte sie u. a. den zwei Jahre älteren Bruder in einem Ski-Wettrennen, zu dem sie ihn herausgefordert hatte, dadurch schlagen wollen, dass sie eine Abkürzung über eine für sie ausdrücklich verbotene schwarze Piste nahm. Sie traute sich genügend Können zu, um auch diese Herausforderung zu meistern, doch hatte sie sich im Bestreben, alle mit ihren Fahrkünsten staunen zu machen, übernommen. Ihr Sturz war zwar glimpflich abgegangen, aber es hätte auch viel schlimmer ausgehen können. Den Bruder, den sie in Angst um sie zwang, ihr auf die schwarze Piste zu folgen, hatte sie dabei ebenso in Gefahr gebracht. In ihrem jungen Leben trug sie schon manche Narbe nach selbstverschuldeten Unglücken und schien dennoch, trotz eindringlicher Mahnungen der Eltern, nicht zu bremsen zu sein. In Übermut und Selbstüberschätzung gepaart mit selbstschädigenden Neigungen häuften sich die Pleiten und Pannen mit nicht selten schmerzhaften Folgen, ohne dass sie dies zu größerer Vorsicht gemahnt hätte. In der Ohrfeige steckte auch ein Stück der Ohnmacht, welche die Mutter bei ihren Erziehungsmaßnahmen verspürte.

Liebe/böse Mutter

Die erste Darstellung der Szene sollte den Eindruck erwecken, als emotional halb verwahrlostes Kind nur bei der Nachbarin Verständnis und Fürsorge zu finden. Mit der Zuneigung zu dieser Ersatzmutter war verbunden, dass sie sich tief im Inneren wie eine Verräterin fühlte und Angst hatte, die Mutter könne ihr diese Treulosigkeit übelnehmen. Auch wenn sie die Mutter energisch bekämpfte, mochte sie doch nicht deren Liebe ganz aufs Spiel setzen. So wenig wie möglich ließ sie deshalb die Mutter ihre große Sympathie für die Nachbarin sehen, was sie manches Mal zu Täuschungsmanövern und Verleugnung zwang. In diesem Konflikt zwischen Liebe und Hass sammelte sie Indizien, dass sie von ihrer „Rabenmutter" lieblos behandelt wurde und gleichsam aus Not in die Arme einer anderen Mutter flüchtete, um das schlechte Gewissen zu mildern. Was dem Bild fehlender Bemutterung widersprach, suchte sie auszublenden, um sich nicht selbst böse zu fühlen, weil sie eine liebe Mutter so fies behandelte. All diese Klimmzüge konnten die Ambivalenz allerdings nicht aus der Welt schaffen, obwohl Gut und Böse säuberlich voneinander getrennt gehalten werden sollten.

Glänzende Auftritte

Musste man sich eine Unterlegenheit eingestehen, bohrte dies jahrelang weiter oder wurde zum Triumph umgedeutet. Statt sich geschlagen zu geben, musste man es immer wieder versuchen. So hatte ein 30-jähriger Mann mit Schneewittchen-Konstruktion an acht Castings ohne Erfolg teilgenommen. Während andere vielleicht nach spätestens zwei oder drei Versuchen aufgegeben hätten, stellte er sich weiterhin einer öffentlichen Begutachtung, die Abweisung auf vielfältige Ursachen zurückführend, die er glaubte, nicht selbst verschuldet zu haben. Auf diese Weise konnte er nicht dazulernen und seine Präsentationen nicht maßgeblich verbessern, sondern ging jedes

Mal neu in den Ring, als hätte die Ablehnung nicht stattgefunden.

Es ist paradox, dass die ausgeprägten Selbstzweifel ein insgeheimes, überwältigend schönes und glanzvolles Selbst-Bild nicht ankratzen. Demonstrativ macht man sich zum Zwerg, um nicht sehen zu lassen, welche Größenphantasien verborgen schlummern. Wenn man bei Casting-Shows im Fernsehen in Zuspitzung erlebt, wie junge Menschen sich in Verkennung ihrer Einschränkungen bloßstellen, weil sie trotz kläglicher Stimme und mit nur wenig Star-Potenzial das Scheinwerferlicht suchen, ist dies auf einen derartigen Selbstbetrug zurückzuführen, der daraus resultiert, dass man Korrekturen der Wirklichkeit nicht zulässt.

In der psychotherapeutischen Behandlung wird durch zerdehnendes Beschreiben darauf hingearbeitet, den verborgenen Hochmut, von dem das Märchen spricht, das meist auch vor sich selbst versteckte Größen-Bild, zu sehen und die Maßlosigkeit auf ein lebbares Maß zu reduzieren. Man beginnt, sich auch mit weniger zufriedenzugeben und wahrzunehmen, dass das Absolute eh nicht zu haben ist. Die Zwergenwelt im Märchen versinnlicht solch eine Realitätsprüfung, die hinschaut, was passt und was nicht. Groß und Klein werden beim Probieren, ob man in das Bett passt, zueinander in Beziehung gesetzt. Indem man das Große in kleine Portionen aufteilt, kann man sich angestrebten Ganzen eher annähern. Bescheidenheit relativiert das Aufgeblasene. Weniger ist mehr.

Hochgeschraubte Ansprüche können einen zwar zu Höchstleistungen anspornen und als Motor dienen, um voranzukommen, was sicherlich in vielen Kontexten sehr hilfreich ist, doch kann sich dieses Anpeitschen auch in Selbstquälerei und rastlose Unruhe verkehren, wenn ausnahmslos alles nicht mehr genügt.

Die Maßlosigkeit kann sich auch darin ausdrücken, dass man den anderen mit Haut und Haaren verschlingen mag, wie es das Bild des kannibalistischen Verschlingenwollens von Lunge und Leber, die der Jäger als Beweis für den Tod Schneewittchens abliefern soll, im Märchen zum Ausdruck bringt. Derartige Vereinnahmungstendenzen treiben nicht selten andere in die Flucht. In allen Handlungen geht's aufs Ganze. Da kann einem angst und bange werden.

Vergiftungsphantasien

Wenn Ängste bestehen, von schleichendem Gift bedroht zu werden, wie dies z.B. bei einer 28-jährigen Bankkauffrau der Fall war, die u. a. fürchtete, das Essen, das ihr ihre Mutter anbot, sei vergiftet und könne ihr ernsthaft schaden, so wird darin eine innere zerstörerische Wirkung als äußere Gefahr behandelt. Der Spieß wird durch den Projektionsmechanismus umgedreht. Sie vergiftete sich selbst ihr Leben, schob dies jedoch der Mutter zu. Eine zugespitzte Feindseligkeit der Mutter gegenüber, die sie sich jedoch nicht eingestand, sondern in autoaggressiver Weise gegen sich selber richtete, setzte ihr zu.

Sie verurteilte sich dafür und gab sich umso mehr Mühe, besonders liebevoll zu ihr zu sein. Nach außen sichtbar wurde ein ständiges Kümmern und bange Sorge um die Mutter. Wenn es dieser einmal nicht gut ging, musste die junge Frau bitterlich weinen. Sie war als Sensibelchen bekannt, dem mehrmals täglich die Tränen kamen, weil ihr vieles scheinbar sehr zu Herzen ging, doch hatte diese Gefühligkeit etwas Demonstratives. Was wie ein sentimentales Mitfühlen wirkte, dem die kleinste traurige Begebenheit im Umfeld nahe ging, rührte sie in ihrem tiefsten Inneren gar nicht wirklich an. Das überdick aufgetragene Mitgefühl tarnte Schadenfreude und Gehässigkeit, wie ein besonders eindringlicher Traum, der in der Behandlung zerdehnt wurde, sie selbst erkennen ließ.

Vieles, was sie in permanenter Wiederholung tat, war ihr in seinem Stellenwert nicht bewusst, und musste deshalb immer wieder getan werden. Die Wiederholung betoniert einerseits das Beweismuster und ist dadurch entwicklungsfeindlich, andererseits birgt sie auch den Ansatz für Veränderung in sich, indem sie die Möglichkeit gibt, sich irgendwann endlich einmal selbst oder mit Hilfe anderer, die die Zeichen zu deuten wissen, auf die Schliche zu kommen.

Dass es ihr unübersehbar, mit dramatischen Steigerungen, schlecht und immer schlechter ging, war das Werk der Mutter – so erklärte sie es sich. Durch wiederholte Zusammenbrüche forderte sie die Nähe der Mutter ein, die auch mitten in der Nacht kommen musste, wenn die junge Frau ganz am Ende war, um an ihrer Seite zu sein. Als dies auch in der Behandlung in Übertragung in dem Anspruch, die Therapeutin müsse rund um die Uhr verfügbar sein, sowie im Grundgefühl, eh unverstanden zu bleiben, wiederholt wurde, konnte es gedeutet und in seinem geheimen Sinn verstanden werden. Was sie forderte, war nicht einzulösen, wurde aber uneingeschränkt in der Klage aufrechterhalten.

Erschwerte Loslösung

Die Mutter sollte am Elend ihrer Tochter mit eigenen Augen sehen, was sie verschuldete. Als lebenden Vorwurf gestaltete die junge Frau ihr Leben und schädigte sich dadurch selbst. Obwohl sie sich gerne unabhängig machen und auf eigene Füße stellen wollte, tat sie das Gegenteil. Sie lebte zwar inzwischen in einer eigenen Wohnung, doch war sie der Mutter immer noch äußerst eng verbunden; die Flucht hinter sieben

Berge hatte nichts daran geändert. In häufigen Telefonaten und Besuchen sowie in ständigen Gedanken an sie blieb die Mutter Dreh- und Angelpunkt ihres Lebens; darüber konnte sie sich mit der räumlichen Distanz nicht hinwegtäuschen.

Dass die Mutter zunehmend unwillig wurde und nicht mehr augenblicklich auf dringlich gemachte Hilferufe reagierte, nährte den Groll der jungen Frau und diente ihr als Nachweis, dass sie der Mutter nicht wichtig genug sei. Indem sie es mit der demonstrativen Bedürftigkeit übertrieb, erzeugte sie sogar, worunter sie scheinbar litt, denn die Mutter verweigerte schließlich ein promptes Herbeieilen.

Die Mutter sei eben „nicht wirklich für sie da". In ständig aufgerufenen Erinnerungen an Kindheits-Szenen fand sie die mangelnde Fürsorge bestätigt: So egoistisch und lieblos sei die Mutter schon immer gewesen. Diese Schuldzuweisungen sollten ihr ein Loslösen erleichtern. Wenn sie sich auf diese Weise in Rage gebracht hatte, wütend genug und abgrundtief enttäuscht war, zog sie sich auch kurzzeitig von der Mutter zurück – um jedoch voller Schuldgefühle bald darauf wieder intensiv die Nähe der Mutter zu suchen. Aus dieser Spirale kam sie nicht heraus.

Die Mutter diente als eine Art Sündenbock. Trank die junge Frau zuviel Alkohol, war die Mutter das schlechte Vorbild gewesen, das ihre Exzesse zwangsläufig gebahnt hatte. Dass keine dauerhafte Liebesbeziehung zustande kam, konnte nur mit den verwirrenden Amouren der Mutter zusammenhängen. Sie handelte und erklärte sich ihr Handeln so, als könne sie wie eine Marionette nur nachahmen, ohne eigene Möglichkeit einer Wahl.

Insgeheim „wusste" sie, dass ihre Anklagen in dieser Pauschalität nicht berechtigt waren und Vorwandcharakter hatten. Im Seelischen ist es paradoxerweise möglich, etwas zu wissen und es zugleich nicht zu wissen. Das Leugnen psychischer Realität gelingt allerdings nie vollkommen. Gleichsam im tiefsten Inneren verspürt man, dass man sich die Wirklichkeit zurechtmacht. Dieses geheime Wissen kann sich die Behandlung zunutze machen. Es sind besonders berührende Momente im Behandlungsprozess, wenn ein unwillkürliches Auflachen mit befreiender Note den Wahrheitsgehalt einer Deutung beglaubigt. Touché!

Ess-Störungen

Bevorzugtes Feld, auf dem der zugrundeliegende Konflikt bei dieser jungen Frau zum Ausdruck kam, war die Nahrungsaufnahme. In der Anorexie (Magersucht), unter der die junge Frau bis vor wenigen Jahren in lebensbedrohlicher Form gelitten hatte und die sich inzwischen in eine Bulimie (Essbrechsucht) gewandelt hatte, kulminierte die Drohung, auszuhungern und ums Leben zu kommen, ohne dass die Mutter dies zu verhindern verstünde. Hilflose Bemühungen der Mutter, sie zu päppeln, hatte sie jahrelang raffiniert sabotiert. All ihre Gedanken kreisten ums Essen, um Kalorien und um Manöver, darum herumzukommen, Nahrung zu sich zu nehmen, ohne dass dies bemerkt würde. Wenn solch ein Mogeln in Anwesenheit anderer kaum möglich gewesen war, suchte sie durch baldiges Erbrechen zu erreichen, so wenig wie nur irgend möglich zuzunehmen.

Besorgniserregende Webseiten Pro-Ana und Pro-Mia geben in Foren Tipps und Tricks weiter, wie man die Essstörung geschickt vor anderen verheimlichen kann[35]. Diese Webseiten

---

[35] Einige Internetserver haben Webseiten, die Essstörungen verherrlichen, inzwischen vom Netz genommen. Gesetzesentwürfe in Frankreich stellen die Anstiftung zur Magersucht unter Strafe. In Deutschland wurde 2008 ein einschlägiger Blog auf den Index gesetzt. Diese Maßnahmen könnten die Websi-

suchen sich, dieser Logik entsprechend, gegen Eindringlinge, die nicht zu dieser verschworenen Gruppierung gehören, abzuschotten. Geheimhalten soll einen eigenen Bereich abtrennen, in den niemand Einblick erhalten soll. Es ist immer wieder erstaunlich, wie lange Betroffene vor Familie und Lebenspartnern ihr Hungern und Erbrechen verbergen können. In der Kindheit ist es wichtig, dass Kinder einen ureigenen Raum haben, der den Eltern verschlossen bleibt. Sie grenzen sich im Rahmen der Identitätsbildung ab. Auch Tagebücher und Geheimschriften erfüllen diese Funktion, etwas für sich abzutrennen, das anderen vorenthalten bleibt. In der Geheimnisbildung ist insofern ein Ansatz zu erkennen, sich aus der Bemutterung zu befreien. Dieser Selbstheilungsversuch kann jedoch nicht fruchten, solange Schuldgefühle aufgrund feindseliger Tendenzen ein Abnabeln unmöglich machen.

Selbst unter Klinikaufsicht hatte die junge Frau sich bemüht, Infusionen und andere Maßnahmen, die mehr Substanz ansetzen lassen sollten, unwirksam zu machen. Es ging bei jedem kleinsten Bissen ums Ganze; ward er heruntergeschluckt, so sah sie sich schon tonnenrund und alle Bemühungen, ihren Körper einem Ideal anzunähern, zunichte gemacht. Es ging nicht mehr jeweils um einen kleinen Happen, dessen Wirkungen sich im überschaubaren Rahmen hielten, sondern alles stand auf dem Spiel.

„Body-Building"

Mit besessenem Sport suchte sie sicherzustellen, dass keinerlei Rundungen ihren Körper missstalteten, wie sie es erlebte.

---

tes als subversive Zufluchtsorte besonders interessant machen und die Tendenz verstärken, sich mit sogenannten sacred texts, Zehn Geboten, Glaubensbekenntnis und Psalmen eine pseudoreligiöse Struktur zu geben.

Sie mutete sich einiges zu und war erstaunlich diszipliniert am Werk. Mit harten Trainingsprogrammen und eiskalten Duschen arbeitete sie gegen ein vermeintliches Verweichlichen an. Diese Zielstrebigkeit könnte, auf andere Ziele gelenkt, Berge versetzen, doch rieb sie sich in einem aussichtlosen Kampf auf, denn nie stellte sich Zufriedenheit ein.

Jegliches Nachlassen der Bemühungen nahm sie sich ziemlich übel. Jede Art von Sucht wird durch den verschärften inneren Kampf und die Gnadenlosigkeit, mit der man ein Schwachwerden ahndet, eigentümlicherweise in Gang gehalten. Bei Adipositas (Fettsucht) scheitern Diäten umso eher bzw. es tritt ein seelischer Jojo-Effekt ein, je unnachgiebiger man kleine Vergehen als unverzeihliche Übertretung verfolgt. Eine unbewusste Bestrafung sucht alle Anstrengungen zunichte zu machen und den Erfolg der Diät letztendlich zu konterkarieren.

Im Wettkampf mit der schlanken Figur der attraktiven Mutter hatte die junge Frau schließlich ein Maß verloren und konnte ihren Körper beim Blick in den Spiegel nicht mehr so dürr sehen, wie er tatsächlich war. Sie wähnte sich immer noch unglaublich dick und sah Schwimmringe und Pölsterchen, wo kein Gramm Fett zu erkennen war. Es lässt an Pygmalion[36] denken, wie die junge Frau sich selbst nach einem bestimmten Bild zu formen suchte, das ihr ganzes Sinnen und Streben bestimmte, jedoch in ihrem Selbstbild stets unerreichbar blieb. Das Feilen am eigenen Körper absorbierte jegliche seelische Kraft. Dass plastische Chirurgen großen Zulauf erfahren, hängt mit dieser Neigung zusammen, Gegebenheiten nicht anerkennen und sich nicht mit ihnen arrangieren zu wollen. Alles soll machbar und veränderbar sein.

---

[36] Publius Ovidius Naso: Metamorphosen (1 n. Chr.). Übersetzt und herausgegeben von Hermann Breitenbach. Buch 10. Vers 243-297. Stuttgart 1980, S. 324-326

Befremdlich ist, dass die Magersucht auf der einen Seite ein Schönheitsideal verfolgt, getrieben von dem Anspruch, im Vergleich mit anderen weiblichen Personen die Attraktivste zu sein, die alle anderen aussticht, auf der anderen Seite aber in letzter Konsequenz einen schockierend mageren Körper erzeugt, der nur schwerlich männliches Begehren weckt. Als Kompromissbildung mehrerer widerstreitender Tendenzen wird nämlich paradoxerweise alles getan, um sich letztlich unweiblich zu machen. Busen und feminine Kurven werden wegmodelliert, die Periode bleibt infolge der Ausmergelung meistens auch aus. Während andere in der Pubertät mit ersten Lieben und einem Erkunden der Sexualität beschäftigt waren, kreiste die junge Frau pausenlos um sich selbst und um ihren Körper. Fixiert an die Zeit als Drei- bis Fünfjährige, in der die Kinder mit aller Verführungskunst um den gegengeschlechtlichen Elternteil werben, hielt sie weit über diese Phase hinaus die inzestuöse Liebe zum Vater aufrecht. Es hatte sie mit Stolz erfüllt, wenn sie bei gemeinsamen Auftritten als Partnerin des Vaters angesehen worden war. Junge Männer hatten lange gar keine Chance, ihr Herz zu gewinnen. In dem Maße, in dem im Verlauf der Behandlung diese Zusammenhänge schrittweise bearbeitet wurden, konnte sie es zulassen, Nahrung bei sich zu behalten, sich über entstehende weibliche Rundungen freuen und sich nach und nach für die Liebe öffnen.

Dass sie sich im Beisein des Vaters jahrelang ausgesprochen scheu verhalten hatte, ihn nicht ansehen mochte und es ihr auch nicht möglich gewesen war, ihn zu umarmen oder zu küssen, war ein Indiz für die abgewehrte Anziehung. In der Pubertät, der Zeit, in der die ödipale Konfliktlage nach der weniger heftigen Zeit der Latenz mit aller Wucht wiederkehrt, zeigt sich die ungewandelte Liebes-Bindung an den Vater häufig mit negativen Vorzeichen. Man wehrt und weist den Vater ab, gerät ständig mit ihm in heftige Auseinandersetzungen oder ekelt sich gar vor ihm.

Mutter = Essen = Gift

In ihrer erschreckenden Magerheit sollte zudem aller Welt sichtbar werden, welch schlechte Ernährerin die Mutter war. Stellvertretend für die Mutter wird in der Symptomatik das Essen als Bild für ihre Versorgung abgelehnt. Mütter nehmen diese Abweisung auch leicht persönlich, ahnend, dass Hass und Abscheu gegen ihre Person auf die Nahrung verschoben wurden. Das Erbrechen in der Bulimie spuckt symbolisch Mütterliches aus und bringt darin sowohl einen Widerwillen als auch einen Trennungsakt zum Ausdruck. Essen ist die elementarste Form der Aneignung. Sinnbildlich wird die Mutter zunächst gierig verschlungen, sodass man mit ihr gleichsam zu einem Ganzen verschmilzt, und dann möglichst umgehend wieder ausgeschieden. Dieser Sinnzusammenhang klingt beim Ausspeien des festsitzenden Apfelstücks im Märchen u. a. an. Wenn man in der unentwegten Wiederholung dieser symbolischen Dynamik (einverleiben – ausscheiden) festsitzt, statt wirklich eine Loslösung vom originären mütterlichen Objekt, dem diese symbolische Stellvertretung eigentlich gilt, zu vollziehen, legt man sich dauerhaft lahm (Sarg-Motiv).

Auch Mütter können ihre Ambivalenz den Kindern gegenüber über das Füttern zum Ausdruck bringen, z.B. indem sie diese offen oder versteckt damit schikanieren, dass sie sie zum Essen auch ungeliebter Speisen nötigen, die als besonders gesund und gut angepriesen werden, oder indem sie die Gier ihrer Kinder anstacheln, um den eigenen maßlosen Hunger ebenso ungehemmt stillen zu können. Im opulenten Kochen für andere wird nicht selten sozusagen eine gigantische Selbstfütterung[37] betrieben, die neben Phantasien, alle hingen von der eigenen nie versiegenden Quelle (Brust) ab, einen Überfluss des Gebens inszeniert. Ein Hadern mit der eigenen Figur lässt sich dann dadurch verlagern, dass, anstatt sich selbst zu bemäkeln, das dick-gemästete Kind mehr oder minder versteckt `gehänselt` und zu Abspeckmaßnahmen aufgefordert wird.

Dies mag furchtbar grausam klingen, und jede Mutter – bzw. jede andere versorgende Person, denn mit Mutter ist das mütterliche Prinzip gemeint, gleichgültig von wem es verkörpert wird – würde solche unbewussten Absichten natürlich weit von sich weisen, doch ist es in der Behandlung wichtig, auch derartige Feindseligkeiten vorurteilsfrei anzuschauen. Je mehr Väter sich intensiv in die Betreuung ihrer Kinder einbringen, umso stärker entzünden sich auch an ihnen die beschriebenen Konflikte, die dadurch verschärft werden, dass man seine Sache besonders gut machen will. In der Behandlung von Kindern hat man regelmäßig damit zu kämpfen, dass Eltern ständig fürchten, ihnen könnten grobe Erziehungsfehler mit lebenslanger verheerender Wirkung nachgewiesen werden. Wenn ihnen einmal im Eifer des Gefechts, überfordert und hilflos – eine Erfahrung, die im Umgang mit Kindern nicht ausbleibt –, eine Gemeinheit oder Ungerechtigkeit widerfährt, fühlen sie sich als abgrundtief schlechte Eltern und geißeln sich dafür. Statt hinzugucken, was im Einzelnen geschehen ist und was man vielleicht hätte anders machen können, blockieren Selbstvorwürfe ein Verstehen dessen, was vor sich gegangen ist. Die Wiederholung ist quasi vorprogrammiert.

Die Erfahrung, hin und wieder ungerecht behandelt zu werden, ist nicht zu vermeiden und wird einem auch im Schul- und später im Arbeitsleben nicht erspart werden. Sie kann inso-

---

[37] S. Remmler, Renate: Psychologie des Kochens. UDA Köln 1989

fern sogar hilfreich sein, als sie den Kindern erlaubt, den geliebten Eltern auch einmal in berechtigtem Gefühl böse zu sein und
zu erkennen, dass diese auch keine Engel sind. Kinder verzeihen
sich dann umso leichter eigene Boshaftigkeiten. Außerdem hilft
es ihnen, sich im Verlauf der Entwicklung ein Stück weit von
den Eltern zu entfernen.

Schuld als kaum lösliches Band

Die Bindung zwischen Mutter und Kind wird bei Ess-
Störungen durch wechselseitige Schuldgefühle extrem eng. Angesichts der zunehmend unübersehbaren Lebensbedrohung
beim magersüchtigen Abnehmen, die unbewusste Todeswünsche bei der Mutter anspricht, wird dies noch zugespitzt. In der
Pubertät hatte die Mutter der jungen Frau, von einem schlech-
ten Gewissen gepeinigt, die besten Lebensmittel besorgt, das
Lieblingsessen gekocht und eine Extrawurst gebraten, doch
hatte die Tochter Wege gefunden, diese Speisen trickreich verschwinden zu lassen, ohne sie hinunterschlucken zu müssen.

Die Verhältnisse bei Ess-Störungen[38] sind ziemlich verwickelt und schwer aufzulösen. Hauptquelle der empfundenen
Schuld ist eine exzessive Rivalität zu Mutter und Schwestern,
die Todeswünsche aus der ödipalen Phase über diese Phase
hinaus aufrechterhält, die man mit der Liebe zu diesen Personen nicht zu vereinbaren vermag. In nicht aufgegebener kindli-
cher Selbstüberschätzung wähnt man sich mit allmächtigen
Kräften ausgestattet und dadurch in der Lage, die störenden
Rivalinnen zu vernichten. Böse Gedanken gegen sie gilt es des-

---

[38] Magersucht und Bulimie treten zwar meist bei weiblichen Personen auf,
doch hat die Zahl der jungen Männer, die unter Essstörungen leiden, stark
zugenommen. Auf spezifische Ausprägungsformen männlicher Essstörungen
kann an dieser Stelle nicht eingegangen werden. Im Kern ist die psychische
Struktur vergleichbar.

wegen auszuschalten, denn sie müssten diesem magischen Denken gemäß zwangsläufig real tödlich sein. Daraus entwickelt sich ein Klammern, das sich als Schutzengel der Konkurrentinnen vor den eigenen bösen Wünschen in Sorge und Fürsorge überschlägt. Niemand, auch die Handelnden selbst nicht, käme in dieser Zugewandtheit auf die Idee, dass sie diesen Personen im Grunde zugleich nichts Gutes wollen. Wie im Märchen ist die Beschäftigung mit Nebenbuhlerinnen davon bestimmt, diese insgeheim auslöschen zu wollen. Vor diesen eigenen Abgründen, die sich ausnahmslos jedem Kind in dieser frühen Lebensphase auftun, erschrickt man zutiefst, da man die bloßen Gedanken mit Taten gleichsetzt. In der Behandlung muss die Deutung dieser Todeswünsche sehr vorsichtig und zu einem angemessenen Zeitpunkt erfolgen, da massive Widerstände aktiviert werden können. Die stiefmütterlichen Seiten des Märchens mag man nur mit Mühe bei sich selbst erkennen. Dass man selbst wie der Apfel im Märchen zwei Seiten hat, will man sich nicht eingestehen. Mit der „Schokoladen"seite handelt man sich aber immer zugleich eine giftige Seite ein.

Ideal und Wirklichkeit

Diesen Kehrseiten des Seelischen ins Auge zu blicken, bedeutet allerdings nicht, die Welt nur noch argwöhnisch zu betrachten und allerorten Aggressives und Gemeines zu entlarven. Die Folge einer solchen Nah-Sicht ist nicht eine Rundum-Ent-Täuschung und die durchgängige Demaskierung von vermeintlich Gutem. Es hilft vielmehr, milder zu werden und die kleinen Gehässigkeiten, die in unserem Alltag nun einmal eine Rolle spielen, weniger schwer zu nehmen. Der Erfolg von gut gemachten Sitcoms basiert auf der selbstironischen Zurschaustel-

lung all unserer „Fehler" und Bösartigkeiten, über die sich nämlich auch herzhaft lachen lässt[39].

Problematisch ist, dass sich Menschen diese menschlich-
allzumenschlichen Seiten nicht zubilligen mögen und am ungetrübten Bild einer idealen guten Mutter oder des braven Kindes
mit aller Kraft festzuhalten suchen. Sähen sie ihrer Ambivalenz
ins Gesicht, könnten sie sich damit aussöhnen. Das Boshafte
wird, gebunden durch die Zuneigung, entschärft und bricht
nicht mehr so unverfügbar durch. Der Anspruch, der an sich
und andere gestellt wird, mindert sich auf ein lebbares Maß.
Selbstvorwürfe und der Versuch, das Feindselige zu leugnen,
verkomplizieren die Lage, schaffen die Aggression aber nicht
aus der Welt. Wenn man die „niederen" Beweggründe in der
Behandlung ausspart, wird die Symptomatik nicht dauerhaft
überwunden werden können.

Schneewittchen im Film:

**Mittwoch zwischen 5 und 7 – Cléo de 5 à 7
(Agnès Varda Frankreich 1961)**

Kaum ein Spielfilm offenbart seinen psychologischen
Märchen-Gehalt so deutlich wie dieser Film von Agnès Varda.
Darin bewegt sich eine schöne junge Frau namens Florence, die
sich als Chansonsängerin den Künstlernamen Cléo zugelegt hat,
im Realtempo durch Paris. Während sie angstvoll auf den Be-
fund einer Krebsuntersuchung wartet, begleiten wir sie auf ihren Wegen und langen Fahrten durch die Stadt. Das Leitmotiv

---

[39] Dass man über sich selbst im Verlauf der Behandlung lachen kann, stellt
sich bei zunehmender Selbsterkenntnis gleichsam von selbst ein. Es handelt
sich dabei nicht um ein verordnetes Lachen, wie es heute als heilbringend
therapeutisch eingesetzt wird.

des Märchens *Schneewittchen* zieht sich unübersehbar durch den Film. Wir werden Zeuge, wie sich die Protagonistin permanent im Spiegel anschaut und dabei selbstkritisch immer wieder etwas Störendes findet. Im Hut-Salon probiert sie einen Hut nach dem anderen, auf der Suche nach dem Perfekten – immer wieder ist irgendetwas auszusetzen. An ihrer Seite steht eine mütterliche Kammerzofe, die die Handlungen der jungen Frau mit tadelndem Blick bewertet und der unentschiedenen Schönen, die als „verwöhntes Kind" ihrer Umwelt zusetzt, eine Richtung zu weisen sucht. Deren abergläubische Unterlassensregeln fordern Cléo jedoch zur Überschreitung der Gebote regelrecht heraus. Obwohl sie davor gewarnt wird, den schwarzen neu erstandenen Hut an einem Mittwoch aufzusetzen, da dies Unglück bringe, provoziert sie das Schicksal und handelt entgegen dieser Setzung, wie *Schneewittchen*, das sich auf die böse Stiefmutter und ihre Gaben einlässt, obwohl die Zwerge sie wiederholt eindringlich zur Vorsicht mahnen.

Cléo lebt in einem stilisierten, aber leblosen Traumreich, in dem alles dem schönen Schein zu dienen hat. Das Leben zwischen Spiegel, Frisiertischchen, riesigem Bett, einer großen Schaukel mitten im Wohnraum und dem Schmusen mit dem Liebhaber hat etwas Kulissenhaftes und wirkt durch und durch inszeniert. Eine Prinzessin mit Diva-Allüren hält Hof. In dieser sargähnlichen Klausur ist ein kleiner herumspringender Hund das lebendigste Wesen. Der Stillstand und die Langeweile kann auch durch die Clownereien von Besuchern nicht durchbrochen werden. Als Cléo mit dem Komponisten und dem komödiantischen Texter ihrer Chansons in eine ausgelassene Stimmung mit hineingezogen wird und voller Hingabe ein Lied singt, bricht sie dieses Versinken unvermittelt ab, kritisiert das Lied heftig und flieht die fröhliche Atmosphäre. Der Zuschauer bedauert diesen unvermittelten Cut.

Es kennzeichnet die Struktur von *Schneewittchen*, dass nur kurzzeitig etwas ungebrochen genossen wird. Im endlosen Spiegeln spürt man in allem Kehrseiten auf, lässt nichts unhinterfragt stehen, sondern zerstört es, sobald es sich ganz runden will. Bei den ausgedehnt gezeigten Autofahrten, die im Erlebensverlauf als überlanges Unterwegssein ermüden, obwohl man die Alltagsnähe schätzt (ja, so ist es tatsächlich, wenn man sich in der Stadt von Ort zu Ort bewegt), beginnt Cléo, beunruhigt durch die Todesdrohung aufgrund des Verdachts, das sie an Krebs erkrankt sei, die anderen mit einem anderen Blick wahrzunehmen. Dennoch bleiben die Menschen, die nahe herankommen, auf Distanz. Auch der Trost einer Freundin scheint nicht wirklich durchzudringen. Erst die Zufallsbegegnung mit einem Soldaten, der kurz davor steht, nach Algerien in den Krieg zu ziehen, bringt etwas in Bewegung. Er wirkt wie der Prinz im Märchen. Er bindet sich an die junge Frau und bietet an, sie zur Klinik zu begleiten. Statt passiv auf den Anruf des Arztes zu warten, solle sie diesen selbst aufsuchen und ihrem Schicksal aktiv entgegengehen. Dieses Tätigwerden wird im Märchen durch die sieben Zwerge repräsentiert, die in kleinen banalen Alltagshandlungen den riesigen Anspruch modifizieren und regelrecht erden. Trotz der niederschmetternden Krebsdiagnose, die der jungen Frau mitgeteilt wird, endet der Film aufgrund der sich anbahnenden Liebesbindung hoffnungsfroh.

Agnès Varda gilt als „Mutter der Nouvelle Vague", da sie als Pionierin des französischen Autorenkinos mit einer neuen erzählerischen Freiheit den Alltag dokumentierte, indem sie in einer Mischung aus Fiktion und Wirklichkeit Geschichten des Lebens und der Wirklichkeit ins Kino brachte. Das Werk dieser stillen Beobachtcrin des Lebens wurde 2009/10 mit Retrospektiven in Berlin und Köln geehrt[40].

---

[40] In ihrem Film *Vogelfrei* (1985) begleitete Agnès Varda Sandrine Bonnaire in der Rolle einer Obdachlosen auf ihrer Reise durch Frankreich. Der Film be-

1975 portraitierte sie die Menschen, die in ihrer Straße lebten und arbeiteten, im Film *Daguerréotypes*. In einem meditativen Tempo begleitete sie sie in dem Rhythmus ihres Tagewerks, beim Öffnen und Schließen ihres Tante-Emma-Ladens, beim Warten auf Kunden, beim sorgsamen Bearbeiten des Fleisches in der Metzgerei, beim Klatsch und Tratsch, beim Friseur, beim Amusement im Stammlokal. Die Kamera verweilt auf den Gesichtern, den Händen, ihre Verrichtungen dokumentierend, und lässt den Zauber des Alltags sehen. Die Aufführung eines Magiers, die in diese Szenen kunstvoll montiert ist, legt die Bilder aus. Die Menschen berichten, wie sie ihre Liebe fanden, wie sie voller Hoffnung vom Land nach Paris kamen und sich eine Existenz aufbauten. Der Film berührt, indem er Menschen zeigt, die nicht mit ihrem Leben zu hadern scheinen. Eine alte demente Frau wird in das Leben integriert; ihr Mann und andere Menschen gehen mit ihrer Sonderlichkeit wie selbstverständlich um. Ein Heimleben bleibt ihr erspart. Seit Jahrzehnten arbeitet man hart als Bäcker und trägt deutlich die Spuren seiner Tätigkeit, doch nimmt man dies als seine Aufgabe an. Auch die Wahl des Partners wird nicht infragegestellt. Dieser Film bebildert das Leben der Zwerge aus dem Märchen, die ohne Klage ihr Berg-Tagewerk tun und Schneewittchen in den Alltagstätigkeiten in das Hier und Jetzt einbinden. Auf dem Hintergrund der heutigen Anspruchshaltung wirkt diese Genügsamkeit wie eine fast nicht getrübte Idylle, trotz des Einerleis, der Plackerei

---

ginnt mit dem Tod der freiheitssuchenden Vagabundin in einer kalten Winternacht und zeichnet den Weg der Protagonistin vor ihrem Sterben nach. 1990 drehte sie einen Film über Kindheit und Jugend ihres sterbenskranken Mannes, den Filmemacher Jacques Demy (*Jacquot de Nantes*). Seine frühe Leidenschaft für den Film bis zur Verwirklichung seines Traums wird rekonstruiert. *Der Sammler und die Sammlerin* (2000) schildert den Alltag von Abfallsuchern und Restesammlern. In *Die Witwen von Noirmoutier* (Frankreich 2006) beschreiben Witwen auf der kleinen französischen Atlantik-Insel ihre Gefühle und Erinnerungen. Einfühlsam und voller Respekt und Zärtlichkeit zeigt Agnès Varda Einblicke in das Leben der Menschen.

und des eingeschränkten Spielraums, den Agnès Varda in einer Szene auch als solchen anspricht.

Im Erleben werden nostalgische Empfindungen geweckt, auch wenn man einräumt, dass einiges früher auch nicht schöner war. So anheimelnd der vollgestopfte Laden eines alten Paares mit Kosmetika, selbst hergestellten Parfüms und allerlei Krimskrams auch anmutet, man zweifelt an der Haltbarkeit der seit ewigen Zeiten gelagerten Objekte. Ein annäherendes, stets neu auszulotendes Gleichgewicht zwischen Riesenanspruch und Bescheidenheit, zwischen Fraglosem und ewigem Zweifel, zwischen Beharrendem und Veränderung, zwischen dem Ganzen und den Teilen gilt es bei diesem Märchenbild zu entwickeln.

Auch der aktuelle autobiographische Film von Agnès Varda *Die Stände von Agnès* (Frankreich 2008) weist Anklänge an das Märchen *Schneewittchen* auf. Gleich in der Eingangssequenz stellt Varda am Strand von Noirmoutier, wo sie mit der Familie ihre Ferien verbrachte, Spiegel auf. Darin brechen sich die Wellen, der Sand, der Himmel, die Köpfe ihrer Mitarbeiter und sie selbst. In einem Interview[41] zitiert sie Stendhal, der davon sprach, dass eine Romanfigur wie ein wandelnder Spiegel sei; der Spiegel sei das Werkzeug des Selbstportraits. In diesem Film wird sie selbst zu einem Spiegel der Kinobilder, der Menschen, denen sie in ihrem Leben begegnete, der Geschichten, die sie schuf, und der Kulturepoche, in der sie filmisch gestaltete. Wie in einem Kaleidoskop fügen sich Bilder, Orte, Erinnerungen zu einem vielschichtigen Bild ihres Lebens.

---

[41] Nicodemus, Katja: Schmetterlinge sammeln. Ein Besuch bei Agnès Varda, der Strandliebhaberin, Fotografin, legendären Filmemacherin, Pionierin des französischen Autorenkinos und Mutter der Nouvelle Vague. In: Die ZEIT, Nr. 37 vom 3. September 2009, S. 60

4. *Die goldene Gans* – Klebrige Gemeinschaft

Die Märchenerzählung[42]

Die Märchenerzählung handelt von einem als Dummling verspotteten jüngsten Sohn, der verachtet und bei jeder Gelegenheit zurückgesetzt wird. Als die beiden älteren Brüder in den Wald gehen, um Holz zu hacken, gibt die Mutter ihnen feinen Eierkuchen und eine Flasche Wein mit auf den Weg. Nachdem die beiden älteren Brüder im Wald einem alten grauen Männlein, das sie um etwas zu essen und zu trinken bittet, mitleidslos nichts abgeben, da sie alles für sich selber haben wollen, verletzen sie sich, als sie beim Holzhacken fehlschlagen, zur Strafe mit der Axt den Arm oder das Bein. Beide können das Holzhacken nicht fortsetzen. Der eine muss heimgehen und sich verbinden lassen. Der andere muss sogar nach Haus getragen werden. Der Vater will den jüngsten Sohn, der darum bettelt, auch einmal hinausgehen und Holz hauen zu dürfen, zuerst nicht gehen lassen. „Deine Brüder haben sich Schaden dabei getan, lass dich davon, du verstehst nichts davon." Der Dummling aber bittet so lange, bis der Vater endlich sagt: „Geh nur hin, durch Schaden wirst du klug werden." Die Mutter gibt ihm jedoch nur einen mit Wasser in der Asche gebackenen Kuchen und eine Flasche saures Bier mit in den Wald. Der Jüngste will bereitwillig mit dem alten Männchen teilen, als es ihn darum bittet. Als er seinen Aschenkuchen herausholt, verwandelt sich dieser ebenfalls in einen feinen Eierkuchen und das saure Bier wird zu gutem Wein. Nach der gemeinsamen Mahlzeit erhält der Dummling zur Belohnung für seine Freigebigkeit vom Männchen den

---

[42] Brüder Grimm: Die goldene Gans. KHM 64. In: Kinder- und Hausmärchen (1812). Herausgegeben und mit einem Nachwort versehen von Carl Helbling. 1. Bd. Zürich ¹²1986, S. 466-471

Hinweis, einen alten Baum zu fällen, in dessen Wurzeln er etwas finden werde. Als der Dummling den Baum schlägt, findet er in den Wurzeln eine Gans mit Federn von reinem Gold. Drei Töchter eines Wirts, bei dem er übernachten will, werden neugierig, was das für ein wunderlicher Vogel sei, und wollen gern eine goldene Gänsefeder haben. Beherrscht von diesem Begehren, fasst die älteste Tochter, als der Dummling einmal hinausgegangen ist, die goldene Gans beim Flügel an und bleibt fest daran hängen. Die zweite Tochter, die auch keinen anderen Gedanken hat, als sich eine goldene Feder zu holen, rührt ihre Schwester an und bleibt ebenfalls fest daran hängen. Die dritte Tochter beherzigt ob ihrer Gier selbst die Warnung nicht, um Himmels Willen wegzubleiben, und erleidet das gleiche Schicksal, da sie nicht begreift, warum sie wegbleiben soll und auch unbedingt dabei sein will, wo die anderen sind. So muss sie die Nacht bei der Gans zubringen. Als der Dummling seinen Weg, die Gans im Arm, fortsetzt, ohne sich um die drei Mädchen zu kümmern, müssen die drei, die an der Gans festkleben, immer hinter ihm drein laufen, links und rechts, wie´s ihm in die Beine kommt. Sie werden deswegen von einem Pfarrer, dem sie auf dem Felde begegnen, getadelt. „Schämt euch, ihr garstigen Mädchen, was lauft ihr dem jungen Bursch durchs Feld nach, schickt sich das?" Als er eine von ihnen zurückziehen will, bleibt er ebenfalls daran hängen und muss hinterdrein laufen. Ein daherkommender Küster wundert sich und fasst den Pfarrer am Ärmel, sodass er ebenso kleben bleibt. Auch zwei Bauern, die des Weges kommen, schließen sich der Reihe an, als sie den Küster losmachen wollen. So sind es schon siebene, die dem Dummling mit der Gans nachlaufen. Dieser eigentümliche Zug bringt eine ernsthafte Prinzessin endlich zum Lachen. Als sie die Menschen immer hintereinander her laufen sieht, fängt sie überlaut an zu lachen und will gar nicht mehr aufhören. Der König weigert sich jedoch zunächst, dem Dummling die Hand seiner Tochter zu geben, wie er es demjenigen per Gesetz versprochen hat, der sie zum Lachen zu bringen vermöge. Ihm gefällt der Schwiegersohn nicht, den jedermann einen Dummling nennt, und er macht allerlei Einwendungen. Er soll erst einen Mann herbeibringen, der den ganzen Weinkeller des Königs leer trinken soll. Dann gilt es, einen ungeheuren Berg voll Brot aufzuessen. Zuletzt soll er ein Schiff besorgen, das zu Wasser und zu Lande fährt. Diese scheinbar unlösbaren Aufgaben vermag der Dummling mit Hilfe des grauen Männchens zu lösen. Auf der Suche nach diesem Männchen findet er im Wald einen betrübten Mann mit unstillbarem Durst, der den ganzen Weinkeller des Königs austrinkt. Ein sich grämender Mann mit unbändigem Hunger löst die weitere Aufgabe und isst sich satt. Weil der Dummling barmherzig gewesen ist, gibt ihm das alte Männchen ein Schiff, das vermag, was der König fordert. Nun kann der König dem Dummling nicht länger seine Tochter vorenthalten. Er feiert mit der Königstochter Hochzeit und erbt nach dem Tod des Königs das Königsreich.

Der psychologische Kern des Märchens

Dieses Märchen handelt von einer unauflöslichen Einheit, die in einer Art Reigen Menschen aneinander kettet: Ob Mädchen, Pfarrer, Küster oder Bauer – alle werden einbezogen und kleben aneinander und an der goldenen Gans fest. Ohne nach Geschlecht, Beruf oder gesellschaftlichem Stand zu differenzieren, wird jeder in eine Gemeinschaft eingegliedert. Bereits in den Gaben, die der Dummling mit auf den Weg in den Wald bekommt, wird das Einheitsprinzip thematisiert. Im zauberhaften Tausch seiner Speisen handelt er sich nicht eine im Vergleich deutlich bessere Speise ein, sondern kann „lediglich" gleichziehen und erhält auf magische Weise wie die Brüder feinen Eierkuchen und Wein statt des Aschenkuchens und des sauren Biers, welche die Mutter ihm mit in den Wald gegeben hatte. Ungerechtigkeiten und Unterschiede werden auf diesem Weg nivelliert.

Kommunion

Die Wandlung der Speisen im Märchen erinnert an das Gleichmachende der christlichen Heilslehre, wie es auch im Sakrament der Kommunion rituell inszeniert wird. Das Wort „Kommunion" umfasst diesen Prozess der Bildung einer Gemeinschaft – communio. Der „kommunistische" Grundzug im Märchen macht gleich, was zunächst nicht einheitlich, sondern anders ist. Dass diese umfassende symbolische Einheitsbildung in einem Mahl vollzogen wird, macht seelisch Sinn. Essen ist die elementarste Form, sich Wirklichkeit anzueignen, indem man sich anderes einverleibt.

Gier, wie sie im Märchen im unstillbaren Durst (einen ganzen Weinkeller austrinken), in der Gefräßigkeit (einen Berg von Brot aufessen) und in der Verlockung des Goldes anklingt, beansprucht, alles haben zu wollen, sich ohne Einschränkungen alles aneignen zu können. Was Dein ist, soll Mein sein, bis Mein und Dein identisch ist. *Die goldene Gans* vermittelt den starken Sog, den der Wunsch nach Teilhabe ausübt: Man will unbedingt dabei sein, wo all die anderen sind. „Sind die dabei, so kann ich auch dabei sein."

Die komischen Seiten dieser Sucht nach Vereinheitlichung

Im Märchen wird der unbedingte Einheitsdrang schließlich in seiner absurden Seite vor Augen geführt: Die Königstochter muss lachen und kann gar nicht mehr aufhören, als sie sieht, wie alle immer hintereinander hinter dem Dummling herlaufen, der als führende Gestalt den Weg vorzeichnet. „Alle mussten hinter ihm drein laufen, links und rechts, wie`s ihm in die Beine kam." Es bedeutet den Verlust des eigenen Weges, sich so mitziehen zu lassen und der Gans und dem Dummling zu folgen. Zum Lachen reizt die willenlose „dumme" Nachfolge. Bei einer derartigen Gestalt darf niemand aus der Reihe tanzen. Jeder muss mit an einem Strang ziehen, ob er will oder nicht.

Das Teilen

Wer nicht teilt, was er hat, wer keine gemeinsame Mahlzeit zustandekommen lässt, wie die beiden älteren Brüder, wird bestraft. Wenn man das Märchen psychologisch analysiert, zeigt sich, dass sich hinter der christlichen Moralforderung, Barmherzigkeit zu üben und sein Gut brüderlich zu teilen, noch ein tieferer Sinn verbirgt. Teilen hat eine doppelte Bedeutung. Im Widerspruch zur scheinbaren „Moral" der Märchenerzählung, die das Nichtteilen mit Selbstverletzungen bestraft, muss das Sträuben gegen gemeinschaftliches Handeln nicht eindeutig verteufelt werden. Die psychologische Analyse erkennt im Beharren auf einem Anderssein durch trotziges Neinsagen auch einen entwicklungsfördernden Zug. Es kann ebenso Sinn machen, sich aus dem großen Ganzen auszugliedern und sich nicht zum Gefolge des Dummlings zu gesellen. Teilen ist nicht nur ein Bild für ein Miteinander, sondern steht zugleich für solch ein separierendes Scheiden mehrerer Untereinheiten – als unterschiedliche Teile – voneinander, das der Einheit Vielfalt gegenüberstellt.

Wider die Einheit

Die rigide Einheitsbildung, die im Märchen im Aneinanderkleben versinnlicht ist, ruft nämlich seelisch unwillkürlich den Drang nach einem Durchkreuzen solch einer Gleichmacherei auf den Plan, die dann nicht mehr erwünscht, sondern nur noch aufdiktiert erscheint. Sich von anderem abzuheben und Einheitsforderungen zu widerstehen, erscheint vor diesem Hintergrund auch als verlockend. Der König, der Einwendungen macht und sein Versprechen zunächst nicht einlösen mag, sondern dem Dummling seine Tochter und sein Reich verweigert, da er diesen nicht in seine Welt eindringen lassen möchte, sowie die Brüder, die sich nicht mit dem grauen Männchen an einen Tisch setzen mögen, stehen für diese sperrige Haltung, die nicht einfach mitläuft. Das Scheitern des real existierenden Sozialismus geht u. a. auf diese Problematik zurück. Teilen bedeutet auf diesem Hintergrund, doch mehr als eine Einheit zuzulassen und das Ganze in verschiedene Bestandteile aufzufächern, die nebeneinander bestehen dürfen, ohne dass eins das andere zu verschlingen droht.

Neben der Bewegung hinein in die Einheit wird im Märchen auch beschrieben, wie man daraus fortstrebt. Man warnt vor dem Festhängen, versucht vergeblich, die anderen wegzuziehen und aus der Runde loszueisen. Klebriges hat im Seelischen eine unangenehme Qualität, von der man sich befreien will. Schon kleine Kinder schreien lauthals, wenn sie so schmierige Finger haben, dass die Finger aneinander oder die Hände an anderem haften bleiben.

Ein Entwicklungs-Maß als Regulativ

Maß-Verhältnisse entscheiden darüber, welche Form sich als so hemmend erweist, dass man wie in der Märchenerzählung sein Tun nicht mehr fortsetzen kann, sondern sich dermaßen hilfsbedürftig macht, dass man zu den Eltern zurückkehren und sich sogar wieder tragen lassen muss, oder welcher Weg einen weiterbringt. Es besteht die Gefahr, dass man handlungsunfähig wird und sich zum Kind zurückentwickelt, das sinnbildlich an die Hand (die Gänsefeder) genommen werden muss. Das Zusammenfassen zu Einheiten und Gemeinschaften ergänzt sich mit einer gegensätzlichen Mannigfaltigkeit. Beide Prinzipien wirken zusammen. Im Extrem können beide eine Weiterentwicklung blockieren: Zu viel teilen führt ebenso wie zu viel einen zu wollen in seelische Engpässe hinein. In diesem paradoxen Verhältnis liegt der psychische Kern des Märchens *Die goldene Gans*.

Symbiose und Entzweiung

Der Begriff Symbiose wurde ursprünglich in der Biologie verwandt, um das Zusammenleben zweier unterschiedlicher Organismen mit wechselseitiger Abhängigkeit zu beschreiben. Der Grad, in dem beide von dieser Verbindung profitieren, kann differieren. In der Psychologie werden mit diesem Begriff innige Zweierbeziehungen charakterisiert, die so eng miteinander verwoben sind, dass sich die einzelnen Glieder dieser Einheit kaum voneinander abheben lassen. In gegenseitiger Anpassung wird angestrebt, einander so gleich zu werden, als sei man nicht zwei, sondern nur ein Wesen.

In der frühen normalen Entwicklung wird solch eine Phase durchlaufen, wenn der Säugling in der unmittelbaren körperlichen Nähe zur Mutter noch nicht wahrnimmt, dass es sich um zwei getrennte Körper handelt. Eine Sehnsucht danach, solche Verschmelzungszustände wieder zu erleben, wirkt auch in unserem Erwachsenenleben weiter. In innigen Momenten können wir dieses elementare Empfinden wiedergewinnen, doch lassen sich symbiotische Zustände nicht auf Dauer halten.

Aus der Entwicklungspsychologie ist vertraut, dass Symbiose des Verrats bedarf, um seelisches Wachstum zu ermöglichen. Eine Anderes ausschließende Innigkeit macht auch Angst, da sie Stillstand bedeutet. Symbiotische Zustände fordern gleichsam von selbst Uneinheitliches heraus, das wieder auf Verwandlung drängt. Würden wir in der ersten symbiotischen Einheit zwischen Mutter und Kind hängen bleiben, kämen wir unser Leben lang gleichsam nicht aus dem „Säuglingsstadium" heraus. Um individuelle Wesen mit eigener Identität zu werden, müssen wir uns auch gegen die Einheit mit „Mütterlichem" stellen und unseren Eigensinn behaupten. Von diesem komplexen Prozess handelt Tintorettos Bild des Letzten Abendmahles, das im Folgenden psychologisch untersucht wird.

Kunst erleben

In der Regel verfügen die Betrachter von Kunstwerken nicht über ein umfangreiches Hintergrundwissen, das zudem zum Verstehen dessen, was sich seelisch abspielt, ohnehin kaum von Belang ist. Entscheidend ist, ob man bereit ist, vor dem Bild länger zu verweilen und sich auf ein ausgedehntes Gespräch mit dem Gemälde einzulassen. Nur so können sich faszinierende Prozesse entfalten, die an den seelischen Gehalt des Bildes heranführen. Man muss sich für die Bildsprache öffnen, genauer hinschauen, aber den Blick auch ungerichtet schweifen lassen und ihn auch hin und wieder sogar abwenden, um das seelische

Geheimnis des Bildes zu erschließen. Die meisten Museumsbesucher kürzen die Betrachtung so stark ab, dass ein derartiger vertiefter Prozess gar nicht in Gang kommen kann. Ein hoher Publikumsandrang mit wiederholten Störungen kann diesen Prozess gefährden und gar zunichte machen. Auch professionelle Führungen bringen nicht unbedingt dem Bild nahe, eher ist sogar das Gegenteil der Fall, wenn Anekdoten und unzusammenhängende „Fakten" um das Bild ein unvoreingenommenes Einlassen verhindern.

Kommt ein ausgedehnter Prozess in Gang, ist dies auch mit spürbarer Anstrengung verbunden. Es ist dann kaum möglich, Dutzende oder gar Hunderte von Bildern bei einem Museumsbesuch zu verkraften. Sinnvoll erscheint es deshalb, sich auf einige wenige Kunstwerke zu beschränken, statt der Gier, alles wenigstens einmal flüchtig gesehen zu haben, nachzugeben. Begibt man sich auf eine solche Entdeckungs-Reise, kann man sicher sein, eine nachhaltige bewegende Erfahrung zu machen.

Die Begegnung mit Kunst kann demjenigen, der sich dem nicht verschließt, zentrale allgemeine Züge des Seelischen, die unser Leben bestimmen, in einer eindringlichen Form nahebringen. Zugleich kann sie aufstören, was man als feste Gewissheit halten mag, und den Blick für anderes öffnen. Dass man sich dabei auch selbst erkennen kann, auf blinde Flecken aufmerksam wird und sich neue Wege zu erschließen vermag, ermöglicht es, auch beim Coaching Kunsterlebensprozesse anzustoßen, die Krisen bewältigen helfen und Potenziale sichtbar machen[43]. Probleme, die mit Führung zusammenhängen, werden z.B. im Umgang mit Kunstwerken wie dem Reiterstandbild des Bartolomeo Colleoni[44] in Venedig oder mit dem Moses von

---

[43] S. das Coaching-Konzept mit Kunsterleben von Hans-Christian Heiling. www.hc-heiling.com
[44] Andrea del Verrochio. *Reiterdenkmal des Bartolomeo Colleoni* (1479/80-88). Colleoni war ein italienischer Condottiere, ein Söldnerführer. Sein Denkmal steht in Venedig auf dem Campo Santi Giovanni e Paolo.

Michelangelo[45] in Rom (s. S. 129-131) unmittelbar einsichtig gemacht.

Kunst-Kennzeichen[46]

Dass Kunst wirkt, liegt in dem Zusammenspiel mehrerer grundlegender Züge begründet. Diese müssen im seelischen Umgang mit dem Kunstwerk (als „Ding in Entwicklung", das alle Einzelzüge vereint) als Ganzes anklingen. Einzelne Züge spielen u. a. auch im Filmerleben, im Erleben von Literatur und Theater und in klinischer Behandlung eine wesentliche Rolle.

Konstruktionserfahrung

Wir erleben, dass alles, was es gibt, nicht nur gegeben, sondern auch gemacht ist, hergestellt und konstruiert, dass es eine Entwicklungsgeschichte hat. Es ist geworden, was es ist. Diese Erfahrung schließt ein, dass es nicht unumstößlich, nicht auf ewig nur in dieser Form existieren muss. Veränderung wird überhaupt erst möglich, wenn bemerkt wird, dass es sich potenziell auch umkonstruieren ließe. Der Glauben an eine feste Realität gerät ins Schwanken, was als verstörend erlebt werden kann. Ein selbstverständlicher Halt löst sich auf, um einen neuen Blick zu bahnen. In der psychotherapeutischen Behandlung kommt dieser Zug besonders zum Tragen, wenn man betroffen wahrnimmt, dass sich ändern lässt, was man jahre- und jahrzehntelang als unumstößlich gehandhabt hat. Um diesen Schritt

---

[45] Michelangelo Buonarotti: *Moses* (1506). (Höhe 252 cm) Marmor-Skulptur im Grabmonument Julius II, Rom, San Pietro in Vincoli
[46] Salber, Wilhelm: Kunst – Psychologie – Behandlung. Bonn 1977, S. 95-109 und ders.: Konstruktion psychologischer Behandlung. Bonn 1980, S. 147

zu vollziehen, muss man erkennen, dass man nicht das unschuldige Opfer ist, das nichts dafür kann, dass die Dinge so sind, wie sie sind. Konstruktionserfahrung kann den Weg bahnen, die eigene Täterschaft anzuerkennen, was impliziert, dass man auch andere Wege beschreiten kann.

Durchlässigkeit

Dies bedeutet, dass in dem, was wir sehen, anderes aufleuchtet. Wir nehmen wahr, dass verschiedene Ebenen gleichzeitig gegeben sind. Alles ist mehrfach determiniert, nicht eindimensional. Vieles wirkt in einem zusammen. Dieses Kunst-Kennzeichen greift auf, dass transparent, also durchscheinend wird, was alles noch am Werk ist, hinter/neben/in dem, was wir wahrnehmen. Verspürt wird, was zwischen den Zeilen mitschwingt, was im vermeintlich Einfachen komplex verdichtet ist; die Sinne werden für Randständiges und für Nebentöne im undifferenzierten Weißen Rauschen[47] geschärft. Symbol und Metapher stellen diese Mehrdeutigkeit besonders heraus.

Expansion

Kunst spitzt zu und extremisiert, sodass durch Vergrößerung oder mikroskopische Verkleinerung sichtbarer wird, was Sache ist. Über das im Alltag vertraute Maß hinaus wird übersteigert, wobei Grenzen überschritten werden, sodass diese als solche überhaupt erst sichtbar werden. Träume und Märchen

---

[47] Der amerikanische Schriftsteller Don DeLillo verwendet in seinem Roman *Weißes Rauschen* den Ausdruck als Metapher. Darin ist ein physikalischer Zustand mangelnder Differenzierung beschrieben, der die Wahrnehmung außer Kraft setzt. DeLillo, Don (1985): Weißes Rauschen. Köln 1987

operieren mit diesem Mittel, indem sie ins Große und Kleine (Riesige und Zwergenhafte) und ins Magische verrücken. Das Verzerren von Proportionen, das Dehnen und Stauchen beunruhigt durch Verfremdung das Selbstverständliche. Dies geht im Umgang mit Kunst besonders unter die Haut und ist in seiner Drastik und Monstrosität manchmal schwer auszuhalten, was sich auch im Widerstand gegen ein Einlassen ausdrücken kann. Der experimentelle Charakter von Kunst tritt darin deutlich zutage. Karikaturhaft werden prägnante Züge durch Überfrachtung und Überbetonung besonders deutlich herausgestellt, die sonst leicht übersehen werden.

Realitätsbewegung

Kunst bezieht sich stets auf unsere Wirklichkeit, auf die Verhältnisse, in denen wir leben. Der Zug der Expansion, der stark verunsichern kann, wird durch die Realitätsbewegung auf den Boden der Wirklichkeit gestellt. Kunst setzt sich mit dem Alltag und der Kultur auseinander, auch dann, wenn sie dies nicht ausdrücklich tut; sie agiert nicht im luftleeren Raum. Sie sucht etwas anzustoßen, sodass es in einen Umsatz gerät, der im Alltag weiter wirkt. Kunst ist in diesem Sinne nicht nur Selbstzweck, denn sie erregt Anstoß, um Anstöße zu geben. In Staunen, Betroffenheit, Gebanntsein und Faszination wirkt Kunst in unser Leben hinein. Die Erfahrungen im Umgang mit Kunstwerken setzen sich im Alltag fort, wenn wir mit anderen Augen zu sehen beginnen, uns mit dem auseinandersetzen und es hinterfragen, was uns gottgegeben schien, wenn wir Gleichnishaftes wahrnehmen, wenn wir Veränderungen wagen, die uns als bedrohlich ängstigten.

Störungsform

Bewusstsein setzt häufig erst bei einer Störung ein. Läuft alles reibungslos, bemerken wir gar nicht, wie es funktioniert. Ein Stolpern geht meist einem Innehalten voraus. Im Alltag machen wir diese Erfahrung, wenn ein Handicap auftritt, das gewohnte Lebenskreise behindert. Krankheit, Schmerz und Tod lehren die prinzipielle Gefährdung und Zerbrechlichkeit, die sonst leicht geleugnet wird, zu begreifen. Kunst führt an solche Grenzerfahrungen heran, indem sie das vermeintlich Sichere aufstört. Diese Irritation wird gestaltet, in eine Form gebracht, die auch Anhalte bietet, wie die Auseinandersetzung damit in Neues münden kann. Kunst, die zu Kitsch geworden ist, hat ihre verunsichernde Kraft verloren. Ein wesentlicher Zug der Kunst ist ihr provokativer Charakter. Wird Kunst alltäglich, verliert sie ihren Stachel. Beschränkt sich ein Werk wiederum lediglich auf eine affekthascherische aufwühlende Verstörung, verschenkt es die Chance, aus der Destruktion heraus konstruktiv zu werden.

Inkarnation

Dieser Zug ist nicht leicht zu vermitteln. In der Kunst tritt uns etwas als ein Objekt herausgehoben entgegen, in dem psychische Prozesse Fleisch und Blut werden, und dies geschieht, obwohl wir das Kunstwerk paradoxerweise als Bild vor uns haben und es meist nicht leibhaftig, als Objekt, greifen können. Seelisches wird zu einem Gegenstand, den man als Ding betrachten und mit dem man in einen lebendigen Austausch geraten kann. In der Auseinandersetzung mit diesem „Ding in Entwicklung" werden paradoxe seelische Grundverhältnisse erfahrbar, die im Alltag meist ohne unser Wissen am Werk sind.

In einer gegenständlichen Schöpfung wird Ungegenständliches und Unsagbares gleichsam kondensiert gegenübergestellt – als Gegen-Stand. Im materialen Symbol wird es fassbar, denn indem wir die materialen Qualitäten eines Kunstwerks mitvollziehen, be-greifen wir, wie unser Seelenleben beschaffen ist.

Was in der Begegnung mit einem Kunstwerk alles aufkommen und wie in diesem Erlebensprozess eine Märchenstruktur anklingen kann, wird nun beispielhaft vorgeführt.

Eine psychologische Kunstanalyse:

Tintoretto: *Das Letzte Abendmahl*[48] (1592-94)

Im Zentrum der Analyse steht der Erlebensprozess bei der ausgedehnten Betrachtung des Bildes. Das Untersuchungsmaterial wurde in Erlebensbeschreibungen und Tiefeninterviews erhoben. Kunsthistorische Gesichtspunkte treten dabei zurück. Wie sich zeigen wird, ist es für das Erleben nicht maßgeblich, ob die Interpretation dem entspricht, was der kunsthistorische Forschungsstand in der bildhaften Komposition wiedergegeben sieht. Scheinbare Fehldeutungen können dem psychischen Kern des Bildes sogar näher kommen als eine eindeutige ikonographische[49] Zuordnung.

Das Bild *Das Letzte Abendmahl* von 1592-94, das Tintoretto kurz vor seinem Tod vollendete und das als Höhepunkt

---

[48] Jacopo Tintoretto: *Das letzte Abendmahl* (1592-94) (365 x 568 cm) Venedig, San Giorgio Maggiore
[49] Das Wort leitet sich aus dem Griechischen ab (ikon bedeutet Bild, graphein heißt schreiben) und bezeichnet eine wissenschaftliche Methode, die sich mit der Bestimmung und Deutung von Motiven in den Werken der Bildenden Kunst beschäftigt.

Ein Reigen   Tintoretto, Letztes Abendmahl 1592-94

seines Spätwerkes gilt, wird von Zügen des Märchens *Die goldene Gans* her psychologisch aufgeschlüsselt.

Das große Gemälde befindet sich im Presbytorium der
Kirche San Giorgio Maggiore in Venedig auf der rechten Seite
des Altar-Raums. Der diagonale Tisch des Gemäldes kann
durch die Schrägsicht des Betrachters gleichsam als ideelle Verlängerung des Altars wahrgenommen werden. Bild und Wirklichkeit korrespondieren auf diese Weise miteinander. Auf der
gegenüberliegenden Seite ist das ebenfalls von Tintoretto gemalte Bild der alttestamentarischen Szene der *Manna-Lese* zu
sehen[50].

Jacopo Robusti, nach dem Beruf seines Vaters, der als
Tuchfärber tätig war, Tintoretto genannt, wurde 1518 in Vene-
dig in eine Zeit des Wandels in der Malerei hineingeboren.
Giorgone war bereits tot, bei dessen Schüler Tizian soll Tinto-

---

[50] Jacopo Tintoretto: *Die Israeliten in der Wüste* oder *Die Manna-Lese* (etwa
1593) (377 x 576 cm) Venedig, San Giorgio Maggiore

retto kurze Zeit gelernt haben, Veronese wurde zehn Jahre später geboren. El Greco war eine Zeitlang Tintorettos Schüler. Tizians Farbgebung sowie Michelangelos disegno[51] beeinflussten Tintorettos künstlerisches Schaffen.

Morphologie des Übergangs

Tintorettos Werk erscheint als Synthese der Ausdrucksformen seiner Zeit. Kunsthistoriker verglichen seine Malerei wegen dieser Vereinheitlichungskunst auch mit der polyphonen Musik der zweiten Hälfte des 16. Jahrhunderts[52]. Revolutionär erscheint Tintoretto nicht nur, weil er Kunststile transformierte und in erneuernder, über das Jahrhundert, in dem er lebte, hinaus weisender Manier in ein Ganzes fasste, sondern auch, weil er die Inhalte seiner Zeit, religiöse Motive aus Altem und Neuem Testament, auf neuartige und bis heute einzigartige Weise behandelte. Form und Inhalt sind deshalb nicht voneinander zu trennen, sondern bringen in einem Tintorettos zentrales Thema zum Ausdruck: Sie handeln stets vom Übergang.

Basierte die Kunst der Renaissance nach Baumgart[53] auf vier Grundzügen (Naturnachahmung, Schönheit, Größe und Ordnung) sowie auf der Verschmelzung von Antike und Christentum, so war die Kunst des Manierismus nach Hauser[54] vor

---

[51] Unter disegno, dem zentralen Begriff der bildenden Kunst in der Renaissance, wird als Entwurf verstanden, der die Urgestalt oder das Urbild jeder Naturerscheinung in der Kunst zu erfassen sucht. Das Wort leitet sich aus dem Lateinischen ab und bezeichnet eine Zeichnung im Sinne einer künstlerischen Idee, eines geistigen Konzepts im religiösen Sinne (s. Burioni, Matteo (Hg.): Giorgio Vasari. Einführung in die Künste der Architektur, Bildhauerei und Malerei. Die künstlerischen Techniken der Renaissance als Medium des disegno. Berlin o.J., S. 7.)

[52] s. Secomska, Krystyna: Jacopo Tintoretto. Berlin 1984, S. 9

[53] Baumgart, Fritz: Renaissance und Kunst des Manierismus. Köln 1963, S. 43

[54] Hauser, Arnold: Der Manierismus. Die Krise der Renaissance und der Ursprung der modernen Kunst. München 1964, S. 12

allem durch den Begriff der Paradoxie charakterisiert. Die Wirklichkeit wurde als doppelbödig empfunden, sodass man bemüht war, sie in ihrer ganzen Komplexität und Vielfalt zu erfassen. Dies schloss die Darstellung von ins Visionäre gesteigerten religiösen Erfahrungen mit dem Charakter des Unwirklichen ein. Verzerrungen von Proportionen und Perspektive mit dramatischen Licht-Schatten-Gegensätzen und in sich verdrehten Körpern bewirken eine intensive Steigerung und eine ekstatische innere Bewegtheit. Tintoretto wird als Vertreter des Spätmanierismus und als Vorreiter des Barocks betrachtet. Seine Kunst sprengte die Tradition seiner Zeit. Er kann insofern als prototypisch für die morphologische Kunstauffassung angeführt werden, als elementare psychische Prozesse in seinen Bildern einen plastischen Ausdruck finden. Im Kunsterlebensprozess bringen sie dem Betrachter leibhaftig und eindringlich nahe, wie Seelisches beschaffen ist. Paradoxes wird in Form von Ausdrucksgeometrien[55] ins Bild gebracht. Darunter werden bildhafte Strukturen nach Art geometrischer Muster mit jeweils typischer Bewegungsdynamik in Form von Kreisen, Spiralen, Dreiecken, Sechsecken usw. verstanden, in denen komplexe Beziehungsgefüge des Erlebens und ihre Entwicklung in der Zeit aufscheinen. Paradoxe Grundverhältnisse werden auf diese Weise unmittelbar erfahrbar.

Spannungsvolle Verhältnisse in Entwicklung

Das Sujet des Abendmahls hat Tintoretto jahrzehntelang gefesselt. Da es ausdrücklich Verwandlung – als Transformation und Verlebendigung von Materialem im religiösen Ritual der Kommunion (Transsubstantiation) – thematisiert, eignet

---

[55] Salber, Wilhelm u. Conrad, Marc: Goethe zum Film. Morphologische Markt- und Medienpsychologie. Bonn 2006, S. 76 u. S. 150

sich dieses Werk in besonderer Weise sowohl zur Veranschaulichung der Morphologie Tintorettos als auch zur Bebilderung der psychologischen Konstruktion des Märchens *Die goldene Gans.*

Wie auch andere seiner Abendmahl-Bilder inszeniert dieses Bild eine spannungsvolle Einheit, in der etwas quer dazwischen steht und die Einheit aufbricht. Eine Schräge wird verspürt, die in diesem Werk noch pointierter als in früheren Bildern zu diesem Thema erscheint. Man kann im Vergleich verschiedener Abendmahl-Gemälde beobachten, wie Tintoretto in seinem Spätwerk zunehmend die innere Dramatik paradoxer seelischer Konstellationen mit all ihrer bewegenden Wucht ins Bild fasst. In diesem Bild hält er den Augenblick fest, als Christus die Eucharistie einführt und sich gleichzeitig der Verrat durch einen seiner Jünger andeutet. Wie dicht dieser Moment ist, wird sichtbar, wenn man sich anschaut, was beim Betrachten des Bildes seelisch vor sich geht.

Der Betrachter ist zunächst durch die Fülle der Gestalten, die auf dem Bild zu sehen sind, und durch die Dunkelheit verwirrt und sucht nach einer Orientierung. Tintoretto leitet den Erlebensprozess und erschließt dabei schrittweise den zugrunde liegenden seelischen Komplex. Ein Fesseln des Betrachters, ein psychologisch geschicktes Führen des Blicks macht Tintorettos besondere Kunst aus. Mit einem tiefen, instinktiven Verständnis für seelische Vorgänge lotst er durch seine Gemälde. Auch Stolperstellen werden eingebaut, um die Komplexität des Gehaltes eines Bildes nahezubringen. Dabei schreitet er verschiedene Seiten eines psychologischen Grundproblems regelrecht ab und macht auf Kehrseiten aufmerksam.

Jesus als Zentrum, dem alle nachfolgen

Jesus hebt sich auf dem Gemälde anhand der farblich besonders aufscheinenden Kleidung und der strahlendsten Aureole heraus. In seiner Position im Zentrum eines Achsenkreuzes des Bildes erscheint er als Dreh- und Angelpunkt des Erlebens. Hat man ihn als Kern-Figur wahrgenommen, wendet man sich bald den anderen Gestalten zu, um im weiteren Verlauf des Erlebens wiederholt auf ihn zurückzukommen.

Die transparenten Wesen in ihrer himmlischen Körperlosigkeit im oberen Bildteil versucht man als Engel in eine Bilderzählung einzugliedern. In ihrer ätherischen, kaum fassbaren Gestalt stehen sie den deutlich fassbareren Menschen im Bildvordergrund, die voll im Leben zu stehen scheinen, gegenüber. Diese dienenden Personen sind in das Bild integriert und nicht, wie auf früheren Gemälden Tintorettos, an den Rand gedrängt. Es scheint sich fast um ein Festmahl einfacher Leute zu handeln. Sakrales und Profanes sind kaum voneinander getrennt. Nur der Lichtkranz, der die einzelnen Köpfe umgibt, lässt unterscheiden, ob man einen Jünger oder einen Bediensteten vor sich hat.

Geschlossen und offen zugleich

Obwohl die Wände des Raumes nicht skizziert sind, sondern die Perspektive sowohl in einen dunklen, höhlenartigen, unbegrenzten Hintergrund geöffnet ist als auch die seitlichen Ränder dadurch, dass sie wie abgeschnitten wirken, gleichsam über sich hinausreichen, weist das Bild einen straffen inneren, in sich geschlossenen Zusammenhang auf. Tintorettos fast lebensgroß wirkende Darstellungen der Figuren erleichtern es, sich sozusagen in das Bild mit hineinzuprojizieren. Man steht unmittelbar an der Schwelle des Geschehens vor einer Szenerie, die fast zur Teilhabe einlädt.

Es wird so erlebt, als seien alle Protagonisten, auch wenn sie überall im Raum verteilt sind, gleichsam von einem inneren Band zusammengehalten. Daraus leitet sich, trotz nicht sichtbarer äußerer Begrenzungen, der Eindruck eines geschlossenen Raumes ab, zu dem einigen Betrachtern sogar klaustrophobische Assoziationen in den Sinn kommen. Es wird davon gesprochen, dass der Raum in seiner Düsterheit mit der drückenden Kassettendecke einerseits etwas Verliesartiges, „wie ein Gefängnis", habe, andererseits auch eine Art „Nichtort" sei, nicht umgrenzt, sich im endlosen Raum verlierend. Die durchsichtigen Wesen sowie das Licht der Heiligenscheine und der Lampe betonen eine überirdische Atmosphäre, die neben dem Irdisch-Alltäglichen des Mahles, der Dienerschaft und der Haustiere existiert. Diese konträren Welten sind im Bild vereint.

Wenn man den Blick schweifen lässt, erscheint es fraglich, ob ein Mann, der vor dem Tisch kniet oder sitzt, zu den Jüngern gehört, obwohl er ihnen sehr nahesteht. In diesem Suchprozess beginnt man gar die einzelnen Apostel abzuzählen, um sie als solche festzumachen. Ist er oder der Mann ganz unten links der zwölfte Apostel? Diese Ungewissheit lässt man im Erlebensprozess zunächst stehen, um anderes zu verfolgen.

Der Reigen – alle werden einbezogen

Unter den anderen Personen sticht vor allem eine kniende Frau, die in einen Korb greift und einem Diener eine Schale reicht, ins Auge. Von ihr ausgehend kann man zwei Wege verfolgen, die stets zu Christus hinführen. Entweder man folgt ihrer Hand im Korb, die über den Deckel des Korbes mit einer

Katze verbunden ist, die wiederum über ein Tischbein zu einem Hund unter der Tafel hinüberleitet, der über das ausgestreckte Bein eines Apostels zum Abendmahl und über die eng beieinander sitzenden Jünger zu Jesus führt. Oder man verfolgt im Gegenuhrzeigersinn einen Kreis, in dem wie bei einem Staffellauf jeweils weitergegeben wird, wie der Entwicklungsgang sich fortsetzt. Auch Limpert[56] spricht von einer „Kreisbewegung", bei der man „praktisch von einer Person zur anderen" geführt werde. Ein Tisch am Bildrand begrenzt einen kleineren und einen größeren Kreis, die beide zu Christus hinführen und von dort an der Tafel entlang wieder zum Korb leiten, aus dem die Magd etwas herauszuholen oder, je nach Blickrichtung, hineinzulegen scheint. Gegenstände und Menschen dienen in gleicher Weise als „Überleiter" – auch Tische, Körbe, Tiere übertragen den Spannungsbogen. Alles ist in den Kreis integriert. Eine offensichtliche Parallele zum Märchen mit der aneinandergeketteten Gefolgschaft der Goldenen Gans drängt sich in diesem Bild auf.

Andere kleinere Kreise folgen demselben Prinzip. Rechts im oberen Drittel ergibt sich ebenfalls eine Folge, die durch Hand- und Armbewegungen sowie durch Körperhaltungen bei Christus endet bzw. von ihm ausgeht. Auch eine zart angedeutete luftige Ellipse mit schemenhaften geflügelten Figuren im oberen Bildteil findet in der Christusfigur ihre Schließung. Engelsgestalten, die Deckenkonstruktion und Apostel werden dabei eingegliedert. Ebenso lenkt eine Rotation links oben um eine strahlende Lampe über zwei bedienende Frauen und andere Apostel den Blick des Betrachters zu Christus hin. Er erscheint dabei als Nahtstelle, in der die unterschiedlich großen, ovalen Kreise und Schleifen sich berühren.

---

[56] Limpert, Axel: Bildvergleich von Ereignisdarstellungen der italienischen Renaissance – „Das letzte Abendmahl" von Leonardo da Vinci, Jacopo Tintoretto und Tiziano Vecellio. GRIN-Verlag 2001, S. 9

Daumenkino – Bilder in Bewegung

Die Reihenfolge und die Richtung der Erkundung des Bildes können variieren, doch dem Kreisprinzip folgend, wird jeder, der sich länger auf das Bild einlässt, früher oder später auf die einzelnen Züge und immer wieder auf Christus im Zentrum des Prozesses stoßen. Faszinierend ist dabei, wie Tintoretto einerseits den Betrachter stringent an die Hand nimmt und ihm dennoch andererseits die Freiheit lässt, an irgendeiner Stelle des Bildes seine Erkundungsreise zu beginnen. Rudrauf[57] fühlte sich an eine Filmkamera erinnert, da Tintoretto – mit einem „statischen" Gemälde – eine Bewegung erzeugen kann, wie es auch die Bilderfolge des Films vermag. Seine Gemälde lassen an Daumenkino denken, bei dem man einen Bewegungsablauf durch Vor- oder Zurückblättern produziert. Selbst wenn man nicht beim ersten Bild der Folge einsetzt, kann man den Verlauf im Ganzen rekonstruieren. Eine einzigartige Synthese von Ruhe und Bewegung mit Wirkung von großer Intensität wird beschrieben.

Der Betrachter selbst trägt zur Bewegung wesentlich bei. Wie beim Filmerleben ist er Teil der Szene und gestaltet mit – ohne ihn leben das Bild wie auch der Film nicht. Die Kunst Tintorettos spricht die Menschen Jahrhunderte nach ihrer Entstehung noch dadurch an, dass sie im Erleben eine dramatische Mitbewegung erzeugt, die vergleichbar ist mit dem, was als Komplexentwicklung beim Betrachten von Spielfilmen aufkommen kann. Man gerät ins Staunen, welch ausgedehnten packenden Prozess ein einziges Bild – mit auf den ersten, gro-

---

[57] Rudrauf, Lucien: Vertiges, Chutes et ascensions dans l'espace pictural du Tintoret. In: Venezia e l' Europa. (XVIII Congresso Internazionale dell' Arte, Venedig 1955, S. 279-282, zitiert nach Secomska, Krystyna: Jacopo Tintoretto. Berlin 1984, S. 7

ben Blick von einigen zunächst als antiquiert beurteiltem Sujet – auch heute noch in Gang zu bringen vermag.

Rhythmisierende Spiegelungen

Im Gewand, das Jesus auf dem Bild trägt, klingt das Thema der ineinander übergehenden ovalen Strukturen im Kleinen noch einmal an. Seine Arme und das blaue Tuch, das kreisförmig die Arme umschließt, schließen wie Kettenglieder aneinander an. Der farbige Kontrast des rötlichen Gewandes und des tiefblauen Umhangs betont, dass es sich um einzelne Bögen handelt. Auch die Hände, die sich im Austeilen der Kommunion berühren, schließen einen Kreis. In der Haltung von Petrus erfährt dies eine seitenverkehrte Spiegelung.

Haben sich all diese verschiedenen Kreise erschlossen, spielt man diese Rotationen mehrmals durch und hat Freude daran, die einzelnen Kreise in ihren Überschneidungs- und Wendepunkten ineinander übergehen zu lassen. Sowohl im Uhrzeiger- als auch im Gegenuhrzeigersinn folgt man beschwingt den runden Formen und gleitet an den Schnittstellen in einen anderen Kreis hinüber. Diese Bewegung in mehreren Schleifen hat etwas Glattes, Widerstandsloses und wird erlebt als ein ewiger Fluss aus einem Guss mit berauschenden Qualitäten. Im Ganzen entsteht der Eindruck eines „Fluges", „eines Schwindel erregenden unendlichen Raumes"[58].

---

[58] Secomska in Anlehnung an Rudrauf. In: Secomska, Krystyna: A.a.O. S. 7

Schräge

Tintorettos bewegende Dynamik erschöpft sich jedoch nicht in dieser kreisenden Choreographie, die sich gleichsam wie ein perpetuum mobile endlos in sich drehen könnte. Er bringt gleichzeitig eine kraftvolle Brechung in das Bild, die den Betrachter packt und aufrüttelt. Im Erleben wird dies spürbar, indem die kreisförmigen Strukturen, die den Erlebensprozess in Schwung bringen und den Betrachter mitreißen, durch die schräg ins Bild hineinragende Tafel aufgestört und unterbrochen werden. Diese Diagonale wirkt insofern wie ein heftiger Kontrapunkt[59].

Einzeichnung in Tintoretto, Letztes Abendmahl 1592-94
Ausdrucksgeometrie

---

[59] Bereits in der Abendmahl-Darstellung von 1578-81 erzeugte Tintoretto durch die diagonal positionierte Tafel eine beeindruckende Tiefendimension, die den Raum im Hintergrund mit dem Geschehen vorne im Bild verbindet. Tintoretto *Das Letzte Abendmahl* (1578-81) (538 x 487 cm) Venedig, Scuola Grande di San Rocco

Sie durchschneidet den Raum und verstärkt auch durch die Aneinanderreihung der Flakons und angerichteten Speisen eine zweite Tiefendimension. Wie eine Art Keil teilt diese Schräge die runden in sich geschlossenen Formen und lenkt den Blick sowohl in den dunklen Hintergrund als auch auf die beiden Männer links unten, von denen insofern eine Beunruhigung ausgeht, als sie sich nicht ganz in den Reigen einfügen. Das Rätseln über den Stellenwert dieser Figuren und ihrer durch die Gesten angedeuteten Interaktion im Ganzen vertieft den angelaufenen Erlebensprozess.

Ein Konflikt

Ein außen stehender, gebeugter Mann wendet sich unten links einem Apostel zu, welcher die Hände in einer abweisenden Geste erhoben hat. Die Oberkörper- und Kopfhaltung dieses Apostels ist zwar der Tafel und Christus zugewandt, sein Bein steht jedoch außerhalb der Tafel und seine Hände tendieren deutlich in die entgegengesetzte Richtung. In seiner quasi in sich geschraubten Körperdrehung offenbart sich ein Hin- und Hergerissensein – so wird es ausgelegt. Er scheint in einem Konflikt zu stehen, indem er so wirkt, als schwanke er zwischen zwei konträren Tendenzen.

Dies lässt an Michelangelos *Moses*-Figur denken, die Freud[60] zu einer Analyse der eindrucksvollen psychischen Wirkung inspirierte.

Dieses bildhauerische Meisterwerk übt als kraftvolle Momentaufnahme eines spannungsvollen Prozesses eine ganz besondere Faszination aus. Moses wird als Mann dargestellt, der gerade im Begriff ist, etwas zu tun bzw. gerade eine Handlung

---

[60] Freud, Sigmund: Der Moses des Michelangelo (1914): In: Studienausgabe. Bd. X. Bildende Kunst und Literatur. A.a.O. Frankfurt a. M. 1969, S. 195-222

abschließt. Gebannt steht man vor der Statue und kann die Augen von diesem in Stein gehauenen entscheidenden Übergang kaum lassen. Ist eine Handlung gerade abgerundet worden oder steht sie noch bevor bzw. wird der Augenblick eingefangen, in dem sich gerade entscheidet, was man tun bzw. was man lassen wird?

Freuds Deutungsversuch kehrte sozusagen um, was die Forscher bis dahin herausgearbeitet hatten. Er sah darin im Gegensatz zu der Auslegung vieler Kunstwissenschaftler, die Moses unmittelbar vor der Tat, im Zögern als Ruhe *vor* dem Sturm dargestellt sahen – kurz bevor er die Gesetzestafeln zornentbrannt zu Boden schmettern würde –, Moses in der Ruhe *nach* dem Sturm.

Im Übergang   Michelangelo, Moses

Seine Rekonstruktion, bei der er Vorstadien dieses Moments entwarf, ging davon aus, dass Moses diesen Impuls zum wütenden Aufspringen letztlich gehemmt habe. Nach einem starken inneren Kampf sei es ihm gelungen, die Rage über die Anbetung des Goldenen

Kalbes zu bändigen. Die Statue bewege den Betrachter, da sie „das Niederringen der eigenen Leidenschaft zugunsten und im Auftrage einer Bestimmung, der man sich geweiht"[61] habe, abbilde. Gemeinsam ist beiden Deutungs-Versionen, dass es sich um einen entscheidenden, konflikthaften Moment handelt. In dem einen Fall wird dem drängenden Handlungsimpetus nachgegeben, in dem anderen Fall drückt der Verzicht auf das Agieren Rücksicht auf Kultivierungsforderungen aus, indem die Aggression unterdrückt wird. Selbst wenn man Freuds Interpretation, wie es viele Autoren getan haben, als falsche Auslegung zu entkräften sucht[62], kann man doch nicht leugnen, dass Freud treffend herausgestellt hat, wie die Wirkung, die diese einzigartige Skulptur entfaltet, mit dem zugespitzten Gegeneinander und Miteinander widersprüchlicher Tendenzen zusammenhängt.

„Judas" als Gegenprinzip

Das Verratsproblem als zentrales Thema des Abendmahl-Bildes von Tintoretto erschließt sich dem Betrachter über diese ambitendente Figur, die sich Jesus zu- und zugleich von ihm abwendet. In dieser Doppeldeutigkeit wird – in Ermangelung einer Geldbörse, wie sie häufig in Abendmahl-Darstellungen zur Identifikation des abtrünnigen Jüngers abgebildet ist, bzw.

---

[61] Ebda. S. 217
[62] S. auch Grubrich-Simitis, Ilse: Michelangelos Moses und Freuds ʿWagstückʾ. Eine Collage. Frankfurt a. M. 2004.
Grubrich-Simitis interpretiert die Hörner des Moses als Äquivalent einer Aureole. Sie sieht Moses in dem Augenblick abgebildet, als er nach der Begegnung mit Gott als Prophet vor sein Volk tritt, gezeichnet vom Schrecken über seinen bevorstehenden Tod, der ihn das Gelobte Land nur aus der Ferne sehen lassen wird.

eines dunklen oder ganz fehlenden Heiligenscheins – das charakteristische Judas-Merkmal gesehen.

Im Bild *Das letzte Abendmahl*[63] aus dem Jahre 1547, der ersten Abendmahl-Darstellung Tintorettos, ist Judas noch am Geldbeutel, den er hinter seinem Rücken versteckt, auszumachen[64]. Im Gemälde *Das letzte Abendmahl*[65] von 1559 fällt die zweifelsfreie Zuordnung der Judasfigur ebenfalls schwer. Ist die Figur, die an der Tischecke platziert ist und einen Stuhl umgeworfen hat, als Judasfigur zu identifizieren, oder muss die am rechten äußeren Rand gemalte Gestalt als Verräter angesehen werden? Ist die Isolierung von den anderen Jüngern ein unverkennbares Indiz? Die Kunsthistoriker kommen zu unterschiedlichen Befunden[66]. Für das Erleben des Kunstwerks ist die klare Zuordnung jedoch nicht von fundamentaler Bedeutung. Entscheidend ist der Mitvollzug des dynamischen Konflikts.

Auf der Abendmahl-Darstellung von 1592-94 ist keine Geldbörse zu erkennen, die als Anhalt dienen könnte. Es ist für

---

[63] Jacopo Tintoretto: *Das Letzte Abendmahl* (1547) (157 x 443 cm) Venedig, San Marcuola

[64] Obwohl die Abbildung von Tintorettos Gemälden gemeinfrei ist, da der Künstler länger als 70 Jahre tot ist, entstehen nicht unerhebliche Lizenzgebühren für die Abbildung einiger Gemälde, sodass leider nicht alle hier behandelten Kunstwerke abgebildet werden können.
Auf der Internetseite www.jacopotintoretto.org können die Bilder in guter Auflösung angeschaut werden.

[65] Jacopo Tintoretto: *Das letzte Abendmahl* (1559) (221 x 413 cm) Venedig, San Trovaso

[66] Bühler, Claudia: Ikonographie und Entwicklung der Abendmahlsdarstellung im Œuvre Tintorettos. Bergisch Gladbach 1989, S. 39. Swoboda, Dvořák und Thode tendieren dazu, in dem mit dem Rücken zum Betrachter gemalten Apostel, der in der Rechten ein Weinglas hält und mit seiner linken Hand eine Flasche Wein zu greifen versucht, Judas zu erkennen. Swoboda, Karl M.: Tintoretto. München/Wien 1982; Aurenhammer, Hans: Max Dvořák, Tintoretto und die Moderne. Kunstgeschichte vom Standpunkt unserer Kunstentwicklung betrachtet. Wiener Jb. f. Kunstgeschichte, Bd. 49, 1996, S. 9-39; Thode, Henry: Tintoretto, Bielefeld 1901. Limpert und Rosand sehen in der Figur am rechten Rand mit den roten Kniestrümpfen den Abtrünnigen. S. Limpert, Axel: Bildvergleich von Ereignisdarstellungen der italienischen Renaissance, A.a.O., S. 8-9. Rosand, David (1982): Painting in Sixteenth-Century Venice. Titian, Veronese, Tintoretto. Cambridge 1997

das Erleben des Bildes irrelevant, ob dem Betrachter bekannt ist, dass es in der Renaissance dem traditionellen Schema entsprach, Judas auf die Christus und den restlichen Jüngern gegenüberliegende Tischseite zu positionieren, sodass es als ungewöhnlich galt, dass Leonardo da Vinci in seinem berühmten Abendmahl-Gemälde alle Jünger neben Christus setzte. Das Prinzip, das in der Judasfigur verkörpert ist, wird in Tintorettos Abendmahl-Bild dennoch erlebt, auch wenn man nicht die Apostelgestalt, die an der Christus abgewandten Seite der Tafel sitzt und nicht von einem Strahlenkranz umgeben ist, Judas zuordnet, sondern dem Jünger, der am äußersten Rand des Tisches in der unteren linken Bildseite sitzt, den Treuebruch zuschreibt. Den seelischen Gehalt dieser Märchen-Figur(ation) versteht man, unabhängig davon, an welchem der Akteure man die fundamentale paradoxe Klemme festmacht.

Im Erlebensprozess bietet dieser unentschieden anmutende Mann in seinem Bezug zu dem ganz außen stehenden Knecht, in dem man eine Art Mittelsmann der Widersacher von Christus vermutet, einen Ausgang aus dem sich selbst bewegenden und endlos in sich kreisenden Gefüge. Aus diesem Sinnzusammenhang heraus wird in ihm seelenlogisch konsequent der Verräter gesehen. Die konspirativ erscheinende Pose des bei ihm stehenden Mannes wird als Versuchung ausgelegt, als wolle der Mann dem Apostel etwas einflüstern und ihn von der Tafel fortlocken. Der geschlossene Raum scheint an dieser Stelle einen Ausgang anzudeuten. Da die Linie, die unmittelbar am Betrachter vorbeiläuft, so undurchdringlich wirkt, als habe man eine Art Absperrung vor sich, erscheint diese Lücke im System als die einzige Möglichkeit, die Runde zu verlassen und aus der eng verflochtenen Gemeinschaft auszutreten. Judas hat insofern eine Schlüsselfunktion inne, als er zwar zu der Schar der Jünger gehört und das Mahl mit den anderen teilt, aber zugleich im Begriff ist, sich gegen die Einheit zu stellen.

Vergleichzeitigung

Tintoretto rückt auf diese Weise die Vereinigung der Jünger im gemeinsamen Abendmahl und den späteren Verrat von Judas zugleich in *ein* Bild und macht sichtbar, dass eine geschlossene Einheit stets die Störung der Einheitlichkeit auf den Plan ruft, um sich weiterentwickeln zu können. Diese Methode der Vergleichzeitigung kennzeichnet auch andere Bilder Tintorettos. Phasen, die sich im Nacheinander abspielen, werden in einer Simultan-Darstellung vereint.

Tintorettos *Kreuzigung*[67], die in riesigem Format über den Köpfen der Betrachter hängt, stellt mehrere Zwischenzustände des Errichtens eines Kreuzes dar.

Daumenkino   Tintoretto, Kreuzigung 1565

Das Daumenkino-Prinzip wird darin besonders anschaulich. Man wähnt sich am Kalvarienberg, als Zeuge des Prozesses der Kreuzigung in seinem ganzen chronologischen Ablauf. Es entsteht dabei gleichsam eine vierdimensionale (!) Tiefenwirkung, indem der Eindruck erweckt wird, als werde das Kreuz, an dem Christus hängt, gerade in diesem Augenblick in den

---

[67] Jacopo Tintoretto: *Kreuzigung* (1565) (536 x 1224 cm) Venedig, Scuola Grande di San Marco

Raum aufgerichtet, auf den Betrachter zu. Es erscheint so, als seien rechts und links von ihm zeitlich frühere Sequenzen abgebildet, Vorstufen des im Zentrum des Bildes in die Horizontale gebrachten Kreuzes. Man kann den gesamten Prozess parallel auch als Rewind, als eine Art Rücklauf, auffassen. Je nach Blickwinkel kann die dynamische Bewegung in diesem Fall als ein Abhängen vom Kreuz erlebt werden – auch wenn der Schächer, der erst auf dem liegenden Kruzifix festgemacht wird, noch am Leben ist, also die Kreuzigung nicht bereits hinter ihm liegen kann, was dieser Wahrnehmung widerspricht. Im Erleben schert man sich nicht unbedingt um logische Folgerichtigkeit. In einer psych-ästhetischen Logik können Widersprüche nebeneinander bestehen, ohne sich gegenseitig auszuschließen. Man tendiert dazu, zwischen Vor- und Rücklauf hin- und herzuswitchen und diese Doppelbewegung auszukosten. Ebenso werden im Bild *Die Fußwaschung*[68] parallel mehrere Stadien des Prozesses gleichzeitig abgebildet.

Vergleichzeitigung   Tintoretto, Die Fußwaschung 1548/49

---

[68] Jacopo Tintoretto: *Die Fußwaschung* (1548/49) (210 x 533 cm) Madrid, Museo Nacional del Prado

Auch im untersuchten Bild *Das Letzte Abendmahl* von 1592-94 kann sich die Bewegung vor- und rückwärts vollziehen, sodass es, wie bereits dargestellt, beispielsweise einmal so erscheint, als greife die Magd in den Korb und hole etwas heraus, während es zugleich so gedeutet werden kann, als lege sie etwas hinein. Was im Seelischen stets als paradoxes Verhältnis gleichzeitig wirksam ist, vermittelt sich dem Betrachter auf diese Weise simultan und chronologisch zugleich. Tintorettos spätes Abendmahl-Bild scheint dabei noch ausdrücklicher als frühere Gemälde das Thema der Einheitsbildung zu problematisieren, indem es auch die klebrige Kehrseite von Ein-Bindung ins Bild rückt.

Die vielleicht gewagte Vermutung, Tintorettos späte Darstellung des Letzten Abendmahls könne gar als kritische Stellungnahme gesehen werden, könnte durch die Auslegung von Roland Krischel[69], einem Tintoretto-Kenner, der auch dessen Biographie verfasst hat, indirekt unterstützt werden. Er interpretiert die Darstellung des Mannaregens oder der Manna-Lese auf dem dem *Letzten Abendmahl* in der Kirche San Giorgio Maggiore am Altar gegenüberliegend angebrachten Gemälde in Anlehnung an Ivanoff und Cope[70] als „Kritik gegenüber dem in Venedig zeitweise florierenden Protestantismus"[71]. Die unbeteiligt in allerlei Arbeiten vertieften Israeliten zeigen auf dieser Darstellung dem Himmelsbrot gegenüber eine „gewisse Gleichgültigkeit". Möglicherweise schwingt in dem beschriebenen Abendmahl-Bild ebenso eine kritische Note mit, indem angesichts des Gemäldes die Gefahr erlebt wird, den Einzelnen in die

---

[69] Krischel, Roland: Tintoretto. Reinbek b. Hamburg 1994 und ders.: Jacopo Robusti, genannt Tintoretto: 1519-1594. Köln 2000
[70] Ivanoff, Nicola: Il Ciclo Eucaristico di S. Giorgio Maggiore a Venezia. In: Notizie da Palazzo Albani 4 (1995), S. 50-57 u. Cope, Maurice Erwin: The Venetian Chapel of the Sacrament in the Sixteenth Century. A Study in the Iconography of the Early Counter-Reformation. Chicago/ New York/London 1979, S. 204-213
[71] Krischel, Roland: Tintoretto. A.a.O., S. 120

gläubige Gemeinschaft dermaßen einzubinden, dass sich dies zur entwicklungsfeindlichen Fesselung zu verkehren droht. „Kommunion" als verheißungsvolles Sinnbild einer einverleibenden gleichmachenden Einheit, die Unterschiede aufhebt, droht dann ein derartiges Maß an Verbundenheit einzufordern, dass es als Verrat erscheint, sich zu trennen: Bist du nicht für mich, so bist du gegen mich! Jede fraglose Nach-Folge einer Jüngerschaft muss psychologisch gesehen notgedrungen irgendwann einen Befreiungsschlag provozieren. Sekten, die einen Austritt fast unmöglich zu machen suchen, wissen um diese Zwangsläufigkeit und suchen ihr mit massiven Abwehr- und Abschreckungsmaßnahmen zu begegnen. Fundamentalismus erträgt keinen Zweifel, keine Ironie, keine Relativierung.[72]

Im Verlauf des Erlebensprozesses erhält die enge Verbindung der agierenden Personen eine dem Märchen entsprechende klebrige Qualität; es wirkt so, als komme man nicht voneinander los und müsse im Kreis mitmachen, ob man wolle oder nicht. Das Kreiseln beim erlebensmäßigen Verfolgen der ineinander übergehenden Kreise und Ovale der Ausdrucksgeometrie könnte wie in einem Karussell endlos weitergehen und sich in sich selbst erschöpfen. Was zunächst genussvoll in runden Schwüngen mitvollzogen wurde, kippt im Erleben, indem es in ein Auf-der-Stelle-Treten zu münden droht. Die eingangs zitierten Einfälle von Klaustrophobie und Gefängnis beziehen sich auf dieses Erleben von Geschlossenheit. Man sucht nach einem Ausgang und ortet im verräterischen Jünger die erleichternde Öffnung des „ewigen" Kreislaufes. An dieser Stelle ist der Reigen durchbrochen.

Die Spannung, die das Bild beim Betrachter erzeugt, hängt mit dem paradoxen Verhältnis zusammen, von dem das

---

[72] S. a. Safranski, Rüdiger: Heiße und kalte Religionen. In: Der Spiegel, Nr. 3 vom 18.1.10, S. 119-121

Märchen *Die goldene Gans* erzählt. Wenn man so will, entspricht das Paradoxon als prinzipiell unlösbare Aufgabe dem Bild eines Schiffes, das sowohl zu Wasser als auch zu Lande fährt, wie es im Märchen gefordert ist – auch wenn der technische Fortschritt im Amphibienfahrzeug oder im Wasserflugzeug dieses vermeintlich Unmögliche inzwischen doch realisierbar machte. Es gilt, die Tendenz zur unterschiedslosen Einheitlichkeit (alle hängen aneinander fest und müssen mitlaufen, egal, welchen Status etc. sie haben) mit seinem Gegensatz, der Abgrenzung und Separierung (im Wunsch, sich aus dem Klebrigen loszureißen, sowie im Märchen-Bild des Zerteilens beim Holzhacken) zu vereinbaren. Das Erleben des Gemäldes macht spürbar, dass ein ungebrochenes Einbinden in eine Einheit stets eine Gegenbewegung herausfordert.

Einer sogartigen Einheitssehnsucht wirkt sperrig der Wunsch entgegen, anderes zuzulassen, um der Gefahr eines rotierenden Stillstands in einer hermetischen Form zu begegnen. Dass in solchen engen Gemeinschaften zugleich die Neigung vorhanden ist, sich gegen Fremdes undurchdringlich abzuriegeln, wird ebenso erfahrbar. Im Erleben will man zugleich hinein und auch wieder heraus aus der Einheit. Dies äußert sich auch darin, dass man sich immer wieder von dem Bild abwenden muss, um erneut zu ihm zurückkommen zu können. Ein bewegendes Spiel zwischen diesen beiden Tendenzen findet im Umgang mit Tintorettos Abendmahl-Bild statt.

Bodenfestes hebt ab

Auch in anderen Bildern Tintorettos sticht das Nebeneinander von irdischer Schwere mit leichten, transzendenten Qualitäten ins Auge, in denen gebundene Starre mit freier Beweglichkeit eine ganz eigene Allianz eingeht, wenn auch nicht in einer derartigen Extremisierung, als Klebrigkeit, von der man sich freimachen mag, erlebt. Die Abendmahl-Darstellung von

Transzendenz (All-Tag und Alltag)   Tintoretto, Abendmahl 1547

1547 in der Kirche San Marcuola wird ebenfalls als durchbrochene Kreisstruktur mit kleinen Unter- und Nebenkreisen wahrgenommen. Der Betrachter steht unmittelbar vor der biblischen Tafel, quasi einbezogen in die plastisch reale Szene, so als könne er die Jünger im Vordergrund fast greifen und sei eingeladen, auf dem freien Hocker in der Mitte Platz zu nehmen, um den Kreis zu schließen. Zugleich scheint es so, als übertrete die in schwungvoller Bewegung in den Raum hinein schreitende Dienerin am linken Bildrand die Schwelle in das Hier und Jetzt; ihr Fuß ragt in den Zwischenraum hinein, über die betonte Grenze des Bildrandes der Fliesen hinaus, auf denen der Abendmahls-Tisch mit den rhythmisch akzentuierten hölzernen Hockern steht.

Einerseits rückt das biblische Treiben dadurch näher in eine menschlich-weltliche Sphäre, andererseits tritt Christus im Kontrast dazu gleichsam in der zweiten Reihe in eine zweidimensional scheinende unfassbare Ferne. So wirklich die Schemel wirken, so schwebend mutet die Tafel an. Der Betrachter sucht nach Tischbeinen, die Halt geben, da es den Eindruck einer magischen Illusion macht, wie sie Zauberer mit schwebenden Jungfrauen zu inszenieren pflegten. Das weiße Tischtuch hebt beide Ebenen voneinander ab und vermittelt zugleich den Übergang vom Konkreten ins Überirdische. Die Brote, die auf dem Tisch liegen, erscheinen zugleich sehr real, als könnte man in sie hinein beißen, und lassen durch ihre abgehobene Konturierung doch auch an Steine oder an unverrückbare und unantastbare Objekte denken[73]. Sie sind beides: leibhaftig und gleichsam zu „Brot an sich" transzendiertes Sinnbild. Katze und Karaffe im Vordergrund stehen fest verankert, statisch wie Stillleben, und umrahmen die wogende Bewegung der Apostel und Gewänder, bis im Hintergrund Christus als Ruhepol die Dramatik bindet. Ähnlich markiert der schmale helle Rand im Vordergrund nicht nur eine hauchdünne Grenze zum Betrachter, sondern weckt zugleich Assoziationen an eine Art Abgrund, der es so wirken lässt, als gleite die Szenerie wie auf einem fliegenden Teppich dahin.

Die eindringliche Präsenz wird zudem häufig durch die Distanz gebrochen, die dadurch entsteht, dass viele Gemälde Tintorettos meist hoch oben im Raum (oder gar an der Decke eines Raumes wie einige Gemälde in der Scuola Grande di San Rocco) bzw. im für die Gläubigen einst nicht direkt betretbaren Altar-Raum, wie das hier eingehend analysierte Gemälde von 1592-94, dem Betrachter entrückt werden.

Nähe und Ferne, Schweres und Leichtes, Bewegtes und Unbewegtes sind in kennzeichnender Weise wie durch ein Wunder miteinander verquickt. Die Verwandlung von saurem Bier in Wein und von einem in Asche mit Wasser gebackenen Kuchen in einen feinen Eierkuchen im Märchen, in der die Wandlung von banalem Brot und Wein in Leib und Blut Christi

---

[73] Salvador Dalis Gemälde *La cistella del pa – Der Brotkorb* (1945) (37 x 32 cm) im Dali-Museum in Figueras transzendiert ebenso eindrucksvoll das Alltägliche. Dies ist ein Stück Brot in einem Korb auf einem Tisch – und zugleich mehr und anders.

anklingt, beschreibt diesen Übergang von Sinnlichem und Übersinnlichem. Unsagbares und Unfassbares scheint im Alltäglichen auf. Im Bild der Gans sind im Märchen ebenso Qualitäten der Bodenhaftung und Schwere mit der Möglichkeit, sich fliegend über alles Irdische in die Luft zu erheben, verbunden.

Das Märchen kehrt zugleich auch komische Seiten dieses paradoxen psychischen Grundverhältnisses heraus. Es kann – bierernst genommen – die absurden Ausmaße einer lächerlichen Gestalt annehmen; ein Schicksal, das jede seelische Grundkonstellation erfährt, die verkehrtgehalten wird. Das Unbedingte ist humorlos. Es kann nicht über sich selbst und nicht über das in sich widersprüchliche Seelische lachen. Religiöser Fundamentalismus jeglicher Couleur, der das Karikaturhafte der eigenen Gestalt nicht ertragen kann und deshalb unerbittlich jegliche Infragestellung als Blasphemie verfolgt, zeugt davon. Hat man wie die Prinzessin im Märchen das Lachen verlernt, muss man erst wieder die Tragikomik wahrnehmen, die mit dem Klebenden (als grenzenlosem Wunsch nach Einheit) verbunden ist. Der Betrachter nimmt durch all diese schillernden Konnotationen, die sich im Erleben erschließen, Tintorettos Gemälde als besonders dynamisch und erstaunlich „modern" wahr.

5. *Der Eisenhans* –
Rebellion gegen Eingebundenwerden

Die Märchenerzählung[74]

Im großen Wald eines Königs verschwinden immer wieder Jäger spurlos. Auch eine Meute Hunde ist wie vom Erdboden verschluckt. Niemand will sich jahrelang mehr in diesen gefährlichen Wald wagen. Da meldet sich ein fremder Jäger, der eine Versorgung sucht, bei dem König und will es auf seine Gefahr hin wagen, in den Wald zu gehen, da er von Furcht nichts wisse. Im Wald stößt der Hund des Jägers auf einen tiefen Pfuhl, an dem er nicht weiter kann. Ein nackter Arm streckt sich aus dem Wasser, packt ihn und zieht ihn hinab. Da holt der Jäger drei Männer, die mit Eimern den Sumpf ausschöpfen. Als sie auf den Grund sehen, liegt da ein wilder Mann, der braun am Leib ist wie rostiges Eisen und dem Haare übers Gesicht bis zu den Knien herabhängen. Sie binden ihn mit Stricken und führen ihn in das Schloss. Der König lässt einen eisernen Käfig auf seinen Hof setzen und verbietet bei Lebensstrafe, die Tür des Käfigs zu öffnen. Die Königin muss den Schlüssel selbst in Verwahrung nehmen. Von nun an kann jeder wieder sicher in den Wald. Der König hat einen achtjährigen Sohn, dessen goldener Ball beim Spiel in den Käfig fällt. Als der Knabe den Ball wiederhaben will, spricht der wilde Mann: „Nicht eher, als bis du mir die Türe aufgemacht hast." „Nein", antwortet der Junge, „das hat der König verboten." Als der Knabe zum dritten Mal seinen Ball fordert, ist der König zur Jagd geritten. Der Knabe

---

[74] Brüder Grimm: Der Eisenhans. KHM 136. In: Kinder- und Hausmärchen (1815). Herausgegeben und mit einem Nachwort versehen von Carl Helbling. 2. Bd. Zürich [14]1991, S. 291-303

sagt: „Wenn ich auch wollte, ich kann die Türe nicht öffnen, ich habe den Schlüssel nicht." „Er liegt unter dem Kopfkissen deiner Mutter", spricht der wilde Mann. Da schlägt der Knabe alle Bedenken in den Wind, öffnet den Käfig und klemmt sich dabei den Finger an der schwer gängigen Türe. Da dem Knaben angst geworden ist, ruft er dem fortlaufenden wilden Mann hinterher: „Ach, wilder Mann, geh nicht fort, sonst bekomme ich Schläge." Der wilde Mann hebt ihn auf seinen Nacken und geht mit ihm in den Wald. Der heimgekehrte König schickt Leute aus, die den Knaben suchen sollen, aber sie finden ihn nicht. Da kann er leicht erraten, was geschehen ist, und es herrscht große Trauer am Hof. Der wilde Mann spricht zum Knaben: „Vater und Mutter siehst du nicht wieder, aber ich will dich bei mir behalten, denn du hast mich befreit und ich habe Mitleid mit dir. Wenn du alles tust, was ich dir sage, sollst du`s gut haben. Schätze und Gold habe ich genug und mehr als jemand in der Welt." Der Knabe soll bei einem Goldbrunnen sitzen und Acht haben, dass nichts hinein fällt, denn sonst sei der Brunnen verunehrt. Jeden Abend wolle der wilde Mann nachsehen, ob er sein Gebot befolgt habe. Der Knabe sieht im Wasser einen goldenen Fisch und eine goldene Schlange und achtet darauf, dass nichts in den Brunnen fällt. Da ihn sein Finger sehr schmerzt, steckt er diesen jedoch unwillkürlich in das Wasser. Er zieht ihn zwar schnell wieder heraus, doch ist dieser ganz vergoldet. Vergeblich versucht er, das Gold wieder abzuwischen. Als der Eisenhans kommt und ihn danach fragt, leugnet der Knabe alles und versteckt den Finger auf dem Rücken. Der Eisenhans weiß jedoch, dass er den Finger in das Wasser getaucht hat, und lässt es ihm noch einmal durchgehen. Als der Junge am nächsten Tag den Brunnen bewacht, schmerzt ihn wieder der Finger, und er fährt damit über den Kopf. Da fällt ein Haar in den Brunnen, und als er es wieder herausholt, ist es ganz golden. Der Eisenhans weiß wieder, was geschehen ist, und sieht es dem Knaben noch einmal nach, doch dürfe er nicht ein drittes Mal etwas hineinfallen lassen, sonst sei der Brunnen entehrt und der Knabe dürfe nicht mehr bei dem Eisenhans bleiben. Diesmal bewegt der Knabe den Finger nicht, wenn er ihm noch so weh tut. Als ihm die Zeit aber lang wird, betrachtet er sein Angesicht im Wasserspiegel. Und wie er sich dabei immer mehr beugt und sich in die Augen sehen will, fallen seine langen Haare herab ins Wasser und sind vergoldet. Der Knabe erschrickt, nimmt sein Taschentuch und bindet es um den Kopf. Der Eisenhans weiß aber alles und fordert ihn auf, das Tuch aufzubinden. Der Knabe mag sich entschuldigen, es hilft nichts. „Du hast die Probe nicht bestanden. Geh hinaus in die Welt und erfahre, wie die Armut tut. Aber weil du kein böses Herz hast und ich es gut mit dir meine, will ich dir eins erlauben: Wenn du in Not gerätst, rufe `Eisenhans`. Ich will kommen und dir helfen. Meine Macht ist groß, größer als du denkst, und Gold und Silber habe ich im Überfluss", spricht der wilde Mann. Der Königssohn geht über gebahnte und ungebahnte Wege bis in eine Stadt. Da er nichts gelernt hat, findet er keine Arbeit. Auch die Hofleute wissen nicht, wozu sie ihn brauchen sollen, doch finden sie Wohlgefallen an ihm und heißen ihn bleiben. Der Koch nimmt ihn in seinen Dienst, und er trägt Holz und Wasser und kehrt die Asche zusammen. Einmal soll er die Speisen zur königlichen Tafel tragen. Dabei behält er sein Hütchen auf, da er die goldenen Haare nicht sehen lassen will. Dem König ist so etwas noch nicht vorgekommen und er fordert ihn auf, den Hut abzuziehen. Der Knabe sagt: „Ach, Herr, ich hab einen bösen Grind auf dem Kopf." Der König will den Knaben fortjagen, doch hat der Koch Mitleid und tauscht ihn mit dem Gärtnerjungen aus. Da muss der Königssohn graben und pflanzen und Wind und böses Wetter über sich ergehen lassen. An einem heißen Sommertag nimmt er sein Hütchen ab. Die Strahlen des glitzernden Haares fallen in das Schlafzimmer der Königstochter, sodass sie aufspringt, um zu sehen, was das sei. Sie bittet den Knaben, ihr einen Blumenstrauß zu bringen. Er setzt rasch sein Hütchen auf und pflückt ihr wilde Feldblumen. Der Gärtner schilt ihn deswegen und fordert ihn auf, die schönsten und seltensten Blumen auszusuchen. Doch der Knabe meint, dass die wilden kräftiger riechen und ihr besser gefallen würden. Die Königstochter verlangt, dass er sein Hütchen abziehe, da es sich nicht zieme, dass er es vor ihr aufbehalte, doch er spricht wieder vom grindigen Kopf. Da zieht sie ihm das Hütchen ab, und seine goldenen Haare rollen auf die Schultern herab, dass es prächtig anzusehen ist. Er will fortspringen, doch sie hält ihn fest und gibt ihm eine Handvoll Dukaten. Der Königssohn achtet des Goldes nicht, sondern schenkt die Dukaten den Kindern des Gärtners als Spielzeug. Noch zweimal versucht die Königstochter vergeblich, ihm das Hütlein vom Kopf zu ziehen, und wieder will er ihr Gold nicht. Der König ist mit einem übermächtigen Feind im Krieg. Da bittet der herangewachsene Gärtnerjunge um ein Pferd, um auch in den Krieg zu ziehen. Die anderen lachen ihn aus und lassen ihm nur ein lahmes Pferd im Stall zurück, das hickelte hunkepuus, hunkepuus. Im Wald ruft er nach dem Eisenhans und verlangt ein starkes Ross. Hinter einem schnaubenden und kaum zu bändigenden Ross folgt eine große Schar Kriegsvolk, ganz in Eisen gerüstet mit blitzenden Schwertern. Der Jüngling tauscht sein dreibeiniges Pferd gegen das starke, fährt wie ein Wetter in den Feind, der das königliche Heer fast besiegt hat, und schlägt alles nieder, was sich ihm widersetzt. Er sitzt dem flüchtenden Feind im Nacken und lässt nicht ab, bis kein Mann mehr übrig ist. Dann tauscht er beim Eisenhans sein dreibeiniges Pferd wieder ein und kehrt unter Gespött heim. „Da kommt unser Hunkepuus wieder an. Hinter welcher Hecke hast du derweil gelegen und geschlafen?", ruft man ihm hinterher. Als er spricht: „Ich habe das Beste getan, und ohne mich wäre es schlecht gegangen", lachen sie noch mehr. Der König berichtet der Königstochter, dass ein fremder Ritter den Sieg davon getragen habe. Er veranstaltet ein dreitägiges Fest, bei dem die Königstochter einen goldenen Apfel werfen soll, und hofft so, den Unbekannten ausfindig zu machen. Der Jüngling bittet den Eisenhans darum, den goldenen Apfel der Königstochter fangen zu können. Dieser gibt ihm eine rote Rüstung und einen stolzen Fuchs. Unerkannt reitet der Jüngling zum Fest, fängt als Einziger den Apfel und jagt davon. Am zweiten Tag kommt er, vom Eisenhans als weißer Ritter mit einem Schimmel ausgestattet, fängt wieder als Einziger den Apfel und reitet davon. Der König wird böse und sagt: „Das ist nicht erlaubt, er muss vor mir erscheinen und seinen Namen nennen." Er gibt Befehl, beim nächsten Mal dem Ritter nachzusetzen, und, wenn er nicht gutwillig zurückkehre, auf ihn zu hauen und zu stechen. Am dritten Tag kommt er in schwarzer Rüstung auf einem Rappen, fängt den Apfel und jagt davon, von den Leuten des Königs verfolgt, von denen einer ihm so nahe kommt, dass er ihm mit der Spitze des Schwerts das Bein verwundet. Er entkommt ihnen, aber sein Helm fällt herab und lässt sein goldenes Haar sehen, was dem König gemeldet wird. Die Königstochter fragt nach dem Gärtnerjungen. Der Gärtner spricht: „Der wunderliche Kauz ist auch bei dem Fest gewesen und hat meinen Kindern drei goldene Äpfel gezeigt, die er gewonnen hat." Der König lässt ihn zu sich holen, und die Königstochter zieht ihm das Hütlein vom Kopf. „Bist du der Ritter gewesen, der die drei goldenen Äpfel gefangen hat?", fragt der König ihn. „Ja, und da sind die Äpfel. Und wenn ihr noch mehr Beweise verlangt, so könnt ihr die Wunde sehen, die mir eure Leute geschlagen haben. Aber ich bin auch der Ritter, der euch zum Sieg verholfen hat", gibt der Jüngling sich zu erkennen. Er sei der Sohn eines mächtigen Königs, habe Gold in Fülle und soviel er nur verlange. Er wolle die Königstochter als Dank zur Frau. Da lacht die Jungfrau und spricht: „Der macht keine Umstände, aber ich habe schon an seinen goldenen Haaren gesehen, dass er kein Gärtnerjunge ist", und küsst ihn. Zur Vermählung kommen die Eltern, die in großer Freude sind, da sie alle Hoffnung aufgegeben hatten, ihren lieben Sohn wieder zu sehen. Als sie an der Hochzeitstafel sitzen, schweigt auf einmal die Musik und ein stolzer König mit großem Gefolge tritt herein. Er umarmt den Jungen und spricht: „Ich bin der Eisenhans und war in einen wilden Mann verwünscht, aber du hast mich erlöst. Alle Schätze, die ich besitze, sollen dein Eigentum sein."

Der psychologische Kern des Märchens

Auf den ersten Blick fallen bei diesem Märchen Qualitäten auf, die entgegengesetzten Charakter haben: das Wilde steht dem Kultivierten, Wohlerzogenen gegenüber. Der wilde Mann, der dichte Morast, die derben Feldblumen, das unbändige, schnaubende Pferd, der Königssohn, der nicht tut, was sich ziemt, und sein Hütchen im Beisein hierarchisch übergeordneter Personen nicht abziehen mag: Es geht ein ungeheurer Reiz von dem Ungehobelten aus, das sich nicht um Festlegungen schert. Zugleich fürchtet man es aber auch, da es in einen unheimlichen Sumpf mit archaischen Zügen hinabzuziehen droht. Der Morast ist das Bild einer dichten Einheit, breiig, konturlos und ungegliedert – dies wirkt im Seelischen in seiner klebrigen, alles einverleibenden Qualität auch beängstigend. Die Hand, die den Hund packt und in die Tiefe zieht, symbolisiert die abgrundtiefe Angst vor dem groben Ungeformten, das einen verschlingen kann.

Revolte

Das Unerzogene erregt den Zorn des Königs, denn es scheint einer Revolte nahe zu kommen, sich gegen die Bestimmungen und ungeschriebenen Gesetze des Umgangs mit Autoritäten aufzulehnen. Nicht nur die Anweisung der Eltern wird nach einigem Zögern nicht befolgt, auch gegen die Auflagen des Eisenhans wird verstoßen, auf eine Art und Weise, die das Unterlaufen der Vorgaben allerdings als unbedachte Übertretung erscheinen lässt. Auch die Anregung des Gärtners, in dessen Dienst der Königssohn steht, andere Blumen für die Königstochter zu pflücken, wird ignoriert. Als „König" erkennt man niemanden als übergeordnet an. Selbstbestimmung wird über alles gestellt. Dies kann sich in ein abwehrendes Bocken verrennen, das ohne genaueres Anschauen der jeweiligen Lage kategorisch „aus Prinzip dagegen" ist. Die Notwendigkeit, anderes zuzulassen, wirkt dem entgegen.

Menschen mit dieser Märchenkonstruktion begehren gegen jegliche Art von Zwang innerlich auf. Ihr Denken und Handeln ist davon gekennzeichnet, solche festen Regeln und Tabus aufzuspüren und infrage zu stellen. Sie möchten die Türen von Käfigen öffnen und erkennen Beschneidungen ihrer Freiheit nicht an. Dies kann mit feinem Gespür abschnürende Beschränkungen aufdecken und brandmarken, um Verkrustetes aufzubrechen und innovativ wirksam zu werden. Gesellschaftliche Umstürze fußen auf einem solchen Widerspruchsgeist, der traditionell Gegebenes nicht einfach hinnimmt.

Dies kann sich aber auch als unentwegtes Anrennen gegen Anordnungen äußern, das zum Selbstzweck werden kann und tendenziell, ohne differenzierte Anschauung der Gegebenheiten, verneint. Alles dreht sich dann nur noch um die Übertretung von Geboten und Verboten. Dies mündet nicht unbedingt in offene Revolten, sondern kann auch lediglich mit dem

Aufstand liebäugeln und als Faust in der Tasche in schmollendem, untergründigem Protest eine Auseinandersetzung scheuen, die eine Relativierung dieser Ansprüche zur Folge haben könnte. Allergisch gegen jegliche Form der Unterwerfung werden alltägliche Begebenheiten als Erziehungsmaßnahmen mit demütigendem Beigeschmack empfunden, gegen die man eine uneingeschränkte Macht wie die des Eisenhans setzen möchte, die sich nicht brechen lassen will. Es kann sich daraus ein störrisches, unbeugsames Gehabe entwickeln, das stur Einwirkungsmöglichkeiten anderer boykottiert. Das mutet dann seltsam eigen an.

Unschuldig schuldig

Zugleich wird geschickt versucht, einen mutwilligen Regelbruch zu kaschieren, um eine harte Konfrontation zu umgehen, die mit Konsequenzen verbunden wäre. Es geht um den Nachweis, unschuldig schuldig geworden zu sein, um nicht zur Rechenschaft gezogen zu werden. Im Märchen hat man nur kurz den schmerzenden Finger kühlen wollen, nicht ernsthaft gegen Eisenhans` "Befehl" gehandelt. Man kann nichts dafür, denn der Finger tat weh, und das Haar fiel ebenso unwillkürlich in den Brunnen. Auch beim Herunterbeugen zur spiegelnden Wasserfläche ist scheinbar kein Vorsatz zu erkennen. Zuwiderhandlungen werden als Fauxpas hingestellt, die ohne bösen Willen unterliefen. Fehlleistungen ermöglichen es, ein bewusstes Agieren in einem Bereich der Unschärfe zu belassen – war es gewollt oder bloß eine Art „Unfall", für den man nicht belangt werden kann?

Materiale Qualitäten dieser Verwandlungssorte

Die *Eisenhans*-Konstruktion zeichnet sich sowohl durch eine ausgeprägte Härte und Beharrlichkeit, als auch durch eine unfassbare morastige Schlüpfrigkeit aus. Deutungen, die klar beim Namen nennen, werden in der Behandlung als ein Festnageln erlebt und nicht gern gelitten, wenn auch insgeheim erwünscht. Mit einem kategorischen widersprechenden Nein oder einem wendigen Relativieren bis zur Beliebigkeit wird einem Erkanntwerden entgegengearbeitet. Das gleichzeitige Nebeneinander von Knallhartem und Sumpfig-Beweglichem verblüfft immer wieder, wenn es darum geht, einem empfindlichen Kern nahezukommen.

Dieser Unbeugsamkeit entspricht auch, dass man nicht käuflich ist – weder mit Geld noch mit guten Worten ist man von seinem Weg abzubringen. Gegen Verlockungen des Goldes ist der Jüngling immun – mit goldenen Äpfeln ist er nicht zu ködern, sondern er gibt sie leichten Herzens weg, da ihm Belohnungssysteme nichts bedeuten. Auch Hohn und Spott prallen an ihm ab. Er repräsentiert eine Gestalt, die scheinbar autark nur ihren eigenen Setzungen folgt und dadurch ungreifbar für andere ist.

Das ausgeprägt Bockige und Unzugängliche des Märchens fordert regelrecht zu Überrumpelungsversuchen heraus, wie sie die Königstochter betreibt, die wiederholt das Hütchen, den Schutz-Helm, vom Kopf zu ziehen versucht, um das Wesen des Gärtnerjungen bloßzulegen. Dieses Motiv, das in vielen Märchen variiert wird, bringt zum Ausdruck, dass viel Kraft aufgewendet wird, um sich nicht wirklich packen zu lassen. Der abwehrende Panzer kann eisenhart und fast undurchdringlich sein. Vielfältige Maßnahmen sind notwendig, um zu erreichen, dass der Königssohn seine Identität offenbart und dadurch fassbar wird. Als fremder Ritter versucht er anonym zu bleiben, um sich unerkannt nicht bestimmten Gesetzen unterwerfen zu müssen.

Das narzisstische Sich-selbst-Bespiegeln, das auch in diesem Märchen eine Rolle spielt, wenn auch in milderer Form, kommt zum Ausdruck, als die Haare in den Brunnen fallen, während der Knabe sich im reflektierenden Brunnenwasser betrachtet. Darin deutet sich die Gefahr an, kein anderes Maß als das eigene anerkennen zu wollen und sich dadurch aus Bindungen zu anderen zu entfernen. Dann dreht sich alles in grenzenloser Selbstbezogenheit nur noch um sich selbst (s. S. 16-23 zum Narzissmus). Aus dieser Selbstgenügsamkeit hofft man zugleich auch, durch andere erlöst zu werden, da man insgeheim darum weiß, dass eine derartige Rotation um sich selbst Wachstum und Wandlung behindert.

Gibt es ein Drittes zwischen zwei Alternativen?

Im dreimaligen Auffordern, den Käfig des Eisenhans᾿ zu öffnen, wird sichtbar, wie Regelwerke und Übertretungen miteinander ringen. Das klare Nein wandelt sich zu einem „wenn ich auch wollte, ich kann nicht, ich habe den Schlüssel nicht". Diese Äußerung löst bereits die strikte Abwehr auf und wird durchlässig für das verführerische Andere, indem ein Mittel angegeben wird, den Panzer zu durchbrechen: Ein Schlüssel muss her! Bei diesem Märchen gerät man zwischen die Fronten: Hilft man dem Eisenhans, verrät man seine Eltern und kann nicht mehr zurück. Aus Angst vor den Konsequenzen des Verrats schließt sich der Jüngling dem wilden Mann an. Dass aus solch einem „Verrat", bei dem man zeitweise zwischen den Stühlen sitzt, etwas werden kann, das einen weiterbringt, gehört zu den bewegenden Erfahrungen dieser Märchen-Konstruktion. Wenn das Entweder-Oder aufweicht, wird sichtbar, dass es auch ein „Drittes" jenseits der Dualität gibt, das vermittelnd Entwicklung fördert.

Bei den Rebellionsversuchen hat ein reumütiges Umkehren vor einer endgültigen Abwendung manchmal Züge der Heimkehr des verlorenen Sohnes, wie sie in der Bibel gleichnishaft erzählt wird. Man hofft darauf, dass Übertretungen verziehen werden, so wie der Eisenhans zweimal großzügig über den Bruch der Vereinbarung hinwegsieht. In den Lebensgeschichten stößt man regelmäßig auf schmerzhafte Erlebnisse, in denen man, vor die Wahl gestellt, entschieden hat, etwas, das man liebte, aufzugeben, um sich auf etwas Fremdes einzulassen. Leidvoll erfuhr man dann zunächst, dass man zu weit gegangen war und nicht mehr rückgängig machen konnte, was man getan hatte. Wenn es dann doch Vergebung gab, waren dies Momente besonderer Rührung im Leben dieser Menschen. Man erlebt manche Situation als eine Probe, in der man Farbe bekennen und zu seinen Taten stehen muss, obwohl man lange versucht hat, sich wie der Königssohn darum herumzulavieren.

Der Eisenhans im Film:

Sieben Jahre in Tibet (Jean-Jacques Annaud USA 1997)

Dieser Film basiert auf der gleichnamigen Autobiographie von Heinrich Harrer, einem Bergsteiger, der lange im Himalaya lebte und den 14. Dalai Lama auf seiner Flucht nach Indien begleitete. Während dieser im Buch die Lebensgewohnheiten der Tibeter und die spannungsvolle politische Situation eingehend schildert, werden im Film Momente der Wandlung des Protagonisten ins Zentrum gestellt. In künstlerischer Freiheit wurden einige Details, die das Erleben des Films vertiefen, umgedichtet und erfunden.

Der Erlebensprozess des Films weist die Struktur des Märchens *Der Eisenhans* auf. Die ersten Bilder führen mitten in den märchenhaften Stoff hinein. Wir sind staunender Gast in einer fernen „königlichen" Welt mit goldenem Prunk. Einem „Königssohn", dem kleinen Dalai Lama, wird gehuldigt, indem man ihm wertvolle Geschenke darbietet. Man fühlt sich an die Gaben der Heiligen Drei Könige erinnert. Als sich der kleine Junge sichtlich über eine Spieldose freut, wird von ihm verlangt, der Etikette folgend, als angehendes buddhistisches Oberhaupt Contenance zu wahren und seine Begeisterung nicht sehen zu lassen.

Ein Übergangsobjekt

In dieser Spieldose, die im Verlauf des Films mehrmals an bedeutsamer Stelle auftaucht, verdichtet sich das Erleben zu einem materialen Symbol, das den Prozess im Ganzen trägt. Wie der goldene Ball im Märchen hat dieses Spielzeug den Charakter eines Übergangsobjekts, indem es verbindet, was getrennt ist, und in dem Sinne, wie dieser Begriff in der Entwicklungspsychologie gebräuchlich ist, über Trennungen hinwegtröstet wie eine Kuscheldecke oder ein Plüschtier. Im weiteren Verlauf des Films stellt dieses Ding Verbindungen her (zwischen Heinrich Harrer und dem Dalai Lama, zwischen Harrer und seinem Sohn Rolf) und überbrückt wiederholt eine sich auftuende Kluft. Zugleich ist es ein künstlerisch entwickeltes Kulturgut, das einfachen kindlichen Freuden dient, und insofern zwischen beidem, zwischen Kindlichem und Kultiviertem, vermittelt.

Der Kleine soll in seine bedeutende Aufgabe hineinwachsen, was den Verzicht auf „Kindliches" bedeutet. Wie im Märchen grenzen Verbote den Spielraum des Ungehobelten (*Eisenhans*-Bild) in einem Käfig ein. Kultivierungsanforderungen schneiden das Spontane, das undomestiziert Wilde ein und erwarten „Wohlerzogenheit" und Bändigung gemäß der am Hofe definierten Normen. Die Eltern fordern ihren auserwählten Sohn mit wortlosen Gesten zum Schweigen auf, doch er kann sich dennoch eine „ungebührliche" Geste nicht verkneifen. Kess blitzt seine kleine Zunge auf, und ein verschmitztes Lächeln lässt sein Gesicht strahlen. Die Pflicht seines Amtes verlangt ihm die im Erleben unmenschlich erscheinende Härte ab, getrennt von seiner Familie aufzuwachsen. Einem starken Formzwang unterliegt auch die auf Abstand gehaltene Zuwendung der Eltern. Sie können ihr Kind, wenn sie ihm begegnen, nicht einfach einmal knuddeln und drücken. Die Schranke der auferlegten Distanz wird spürbar – etwas steht zwischen ihnen. Der Zuschauer erlebt dies als grausame Bürde, die der Kleine mit seiner Fröhlichkeit jedoch tapfer zu tragen scheint.

Bindungen und Entbindungen

Zentral ist im Märchen das Thema von Bindungen und Trennungen. Gleich zu Beginn des Films wird eine andere Trennungsszene als Abschied am Bahnhof ausgestaltet. Der Zuschauer, der selbst schon einige schmerzhafte Abschiede auf Bahnhöfen oder Flughäfen durchlitten hat, nimmt wahr, wie teilnahmslos der Protagonist diese letzten Augenblicke vor einem längeren Getrenntsein von seiner schwangeren Frau Ingrid gestaltet. Ihre Tränen und die Aussicht, Vater zu werden, während er im Himalaya über 8000 km entfernt den Nanga Parbat, das Symbol für den Willen zum Sieg, erklimmt, hindern Heinrich Harrer (Brad Pitt) nicht daran, aufzubrechen. Die Spannungen zwischen den Eheleuten sind unübersehbar. Harrer reißt rüde den Arm seiner Frau für die Fotografen hoch. Sie sucht Trost bei Horst Immendorf, einem Freund Harrers; eine Umarmung dieser beiden deutet an, dass die Trennung des Ehepaars nicht nur vorübergehend, sondern wohl von Dauer sein wird, weil sich die Liebe zwischen der Ehefrau und dem Freund anzubahnen scheint.

Wie ein Getriebener muss Harrer hohe Berge besteigen; er scheint durch nichts aufzuhalten. Bereits in den ersten Szenen wird er als Quergeist vorgestellt, der sich energisch seinen Weg durch die Menge bahnt und der Vereinnahmung durch NS-politische Propaganda trotzt, indem er betont, dass er Österreicher und kein Deutscher sei. Bewusst sondert er sich von den anderen Bergsteigern ab und lässt den Leiter der Expedition, Peter Aufschnaiter (David Thewlis), links liegen. Sinnbildlich sucht er ein Abteil, in dem er alleine reisen kann. Nach wenigen Minuten haben wir das Portrait eines schwierigen Menschen klar vor Augen, der viel Wert auf Selbstbestimmung legt. Jean-Jacques Annaud gelingt es im Verlauf des Films, das psychische Geschehen in eindrucksvollen schlichten Bildern immer wieder auf den Punkt zu bringen.

Beim melancholischen Blick aus dem Zugfenster wird der Abschied von der heimischen und der Übergang in eine vollkommen andere Welt spürbar. Furchtlos sucht er die Gefahr, wie es auch im Märchen in dem Jäger, der sich in den verwunschenen Wald wagt, sowie in dem Königssohn als mutigem Ritter thematisiert wird. Die Reise des Helden[75] beginnt, dem

---

[75] Rank, Otto: Der Mythos von der Geburt des Helden – Versuch einer psychologischen Mythendeutung (1909, 2. erweiterte Auflage 1922). Wien/Berlin ^{2}2009 u. Campbell, Joseph: Der Heros in tausend Gestalten (1949). Frankfurt 1999

Mythos entsprechend, stets mit einer Trennung, wo es gilt, seine Wurzeln hinter sich zu lassen, um eigene Wege gehen zu können. Alte Bindungen werden gekappt – „Vater und Mutter siehst du nicht wieder", lautet es im Märchen beim Aufbruch in die Fremde.

Ein Rebell

Diese rebellische Linie wird fortgesetzt, als Harrer bei der riskanten Besteigung des Bergs eine schmerzhafte Verletzung, die Zähne zusammenbeißend, ignoriert und sie vor den anderen verschweigt. Wie im Märchen leugnet er, was offensichtlich ist. Dadurch bringt er Aufschnaiter in tödliche Gefahr. Der Film führt unmittelbar vor Augen, wie das Leben des einen vom anderen abhängt. Über einem schwindelnden Abgrund mit einem Seil wie durch eine Art Nabelschnur miteinander verbunden, geht es um einen lebensnotwendigen Halt. Man braucht einander, wie der Eisenhans auf den kleinen Jungen, der Junge auf den Eisenhans und der König auf den fremden Ritter angewiesen ist, der sein Reich vor dem Feind rettet. Im Erleben wird einsehbar, dass man stets eingebettet ist in Bindungen, ob man will oder nicht. Sprichwörtlich aneinander gekettet ist man auch dann bzw. sogar gerade dann, wenn man sich als Einzelkämpfer beweisen will. Die Unabhängigkeit hat etwas Demonstratives, als müsse man sich gewaltsam losreißen.

Während Peter als „Chef" betont, dass es nicht Heinrichs Sache sei, ob er etwas verberge oder nicht, und ihm droht, dass er aus der Mannschaft ausgeschlossen werde, wenn er sich weiter so selbstsüchtig und wenig teambereit verhalte, scheint dieser wenig beeindruckt. Mit seiner Rücksichtslosigkeit, Sturheit und Geheimniskrämerei riskiert er eine weitere Trennung. Er mag sich nichts von anderen sagen lassen, erkennt keinerlei

Oberbefehl an, sondern will selbst die Führung übernehmen. In seiner Revolte isoliert er sich weiterhin von den anderen, die er als Dummköpfe verachtet, und macht sich, trotz aller Mahnungen, allein auf den Weg zum Gipfel. Er scheint in sich gefangen zu sein. Der Zuschauer vermutet, dass er noch einige brenzlige Erfahrungen wird machen müssen, bevor er seine Lektion gelernt habe und aus seiner arroganten Haut könne.

Im Gefängnis

Parallel erhalten wir Einblick in eine andere Gefangenschaft. Der Dalai Lama lebt als Kind in seinem prachtvollen Tempel wie in einem goldenen Käfig. Einprägsame Bilder zeigen seine Einsamkeit. Fenster und Vorhänge, durch die er einen Blick ins Freie sucht, werden geschlossen oder verhangen. Nur sein Fernrohr bietet ihm einen verbotenen Ausguck in die faszinierende Welt draußen. Dafür muss er sich später zurechtweisen lassen – es zieme sich nicht für seine Heiligkeit, Menschen heimlich zu beobachten – so wie im Märchen die Königstochter den Gärtnerjungen aus ihrem Fenster betrachtet. Doch auch er ist scheinbar ein kleiner Rebell und findet Wege, das strenge Reglement zu unterlaufen. Rasch vermag er sich zu verstecken, wenn seine unerlaubten Spiele mit einem selbstgebauten Kino entdeckt werden.

Die ersten Bilder des Films bebildern den Beginn des Märchens: Die Freude an einem goldenen Spielzeug (der Ball des Königssohns) und der Verlust d(ies)es Liebgewonnenen, eine gefährliche Expedition, vor der gewarnt wird und in der man untergehen kann, sowie das Eingesperrtsein des „Wilden".

Stringent wird im Film dieses Bild weiter auserzählt, als sich Harrer bei seiner Rückkehr von seinem Alleingang unverhofft mit den anderen Bergsteigern als Kriegsgefangener in einem Lager wiederfindet. Wirksame Filme bewegen eine seelische Grundkonstellation über den gesamten Film hinweg in wechselnden Szenerien und mit verschiedenen Protagonisten. Wir erfahren, was es bedeutet, eingesperrt zu sein. Dieser rote Faden wird in mehreren Spielarten durchgespielt: Heinrich Harrer als In-Sich-Gefangener, der zudem noch in Ketten gelegt wird; der Dalai Lama in seiner festungsähnlichen Eremitage und später das von China fremdbesetzte Land Tibet. Ein Handlungsstrang führt den anderen fort und zeigt auf, wie man in solch einen Zustand hinein-, und auch wieder herauskommt.

Harrer bäumt sich mit aller Kraft gegen die Internierung auf, doch seine wiederholten Fluchtversuche scheitern. Wütend beschimpft er die Wächter, die ihn jedes Mal wieder einfangen und gefesselt hinter sich herschleifen. Wir sehen den wilden Mann des Märchens anschaulich vor uns, mit Stricken gebunden und in einen insofern „eisernen", als unentrinnbaren Käfig gesperrt. Seine Mitgefangenen beklagen sich, da seine Ausbrüche das Sicherungssystem immer strenger machen – die Wachen werden verdoppelt und verdreifacht. Als verzweifelter Ausbrecherkönig ist er im Lager bekannt. In seinem Gefängnis klammert er sich an Erinnerungen an seine Frau, als er die Nachricht bekommt, dass diese die Scheidung beantragt, um seinen Freund zu heiraten, der sich des inzwischen zwei Jahre alten Sohnes des Paares angenommen hat. Bitter kündigt sie ihm an, dem Jungen erzählen zu wollen, dass sein leiblicher Vater verschollen sei. Auch im Märchen werden eingangs Reisen ohne Wiederkehr beschrieben. Man verschwindet unauffindbar in einem tiefen Sumpf. Selbst die letzte Bindung, die Bindung zu seinem Kind, scheint nun zerrissen.

Während zunächst das egoistische Verhalten den Protagonisten nicht gerade zum Sympathieträger macht, beginnt man nun Mitleid mit dem Sturkopf zu haben. Wie er, „ich habe keine Angst vor euch" rufend, verzweifelt gegen den Maschendrahtzaun anrennt und sich in seinem Furor blutige Hände holt, nimmt einen zunehmend für ihn ein. Wie ein Häuflein Elend liegt er in der Zelle. Dies scheint der Preis für seine Unnachgiebigkeit zu sein. Man ersehnt für ihn die Freiheit, da er nun reichlich genug gebeutelt zu sein scheint.

Trickreicher Ausbruch

Wie im Märchen wird dann nach hartnäckigen vergeblichen Versuchen doch noch die Freiheit erwirkt. Der Eisenhans lässt nicht locker, um den Jungen zur Mithilfe zu bewegen, und auch gegen den Feind muss man dreimal zu Feld ziehen. Ebenso braucht die Identifizierung des Königssohns mehrere Anläufe. Obwohl Harrer darauf beharrte, alleine fliehen zu wollen, schließt er sich doch im letzten Augenblick den anderen an, als sie ihren lange vorbereiteten Fluchtplan umsetzen. Darin weicht er zum ersten Mal von seinen Autonomie-Prinzipien ab.

Man bangt mit den Ausbrechern mit, ob ihre Maskerade in Uniformen erfolgreich sein wird. Wenn man sich dem Fremden angleicht, so tut, als sei man ein Teil dieser Welt, kann man eher weiterkommen. Das sture Anrennen gegen Mauern verhärtet die Fronten nur. Der Zuschauer frohlockt mit über den gelungenen cleveren Plan, wenn er auch bangt, dass die Freiheit möglicherweise nur kurz währen könne. Der Gang durch mehrere sich öffnende Tore versinnlicht diese Befreiung. Der Zuschauer geht gleichsam mit durch diese Türen hindurch.

Jedoch muss sich der Protagonist danach wieder zwanghaft von der Gruppe trennen, um sich alleine durchzukämpfen. Nach seiner mühsamen, einsamen Odyssee „über gebahnte und ungebahnte Wege", wie es im Märchen heißt, bietet er ein Bild des Jammers. Ausgehungert muss er sich über Opfergaben in einem Tempel hermachen – so tief ist er gesunken. Auch optisch nähert er sich dem rostigen rauen Eisenhans in seinem langhaarigen ungepflegten Aussehen an. Als er Aufschnaiter in Indien wiedertrifft und erfährt, dass die anderen es nicht geschafft haben, dauerhaft zu entkommen, wirft dieser ihm seine Rohheit vor: „Ja, es bricht dir das Herz!", kommentiert er ironisch dessen mangelnde Anteilnahme.

Eine gemeinsame Reise

Beide machen sich nun gemeinsam auf den Weg, da Harrer nicht zurück in seine Heimat möchte. Die gemeinsame Reise des Eisenhans und des kleinen Königssohns, der auf der Schulter des großen Mannes mit fortzieht, hat ein Äquivalent in dem Missverhältnis zwischen den beiden Männern. Harrer hat nur spärliche Speise zur Verfügung, während Aufschnaiter aus dem Vollen schöpfen kann. Im Folgenden ist Harrer bemüht, diese Abhängigkeit umzudrehen. Er bietet eine Wette an, um den reichhaltigen Proviant zu ertauschen.

Im Umgang mit zwei tibetanischen Grenzwächtern, welche die Fremden abweisen, glaubt er sich den Kommunikationsversuchen des anderen überlegen, obwohl Aufschnaiter ein paar Brocken der fremden Sprache spricht. Statt mit einem mühsamen Dialog versucht er es mit Hieben und energischer Durchsetzung. Er nimmt einem der Wachposten seine Gerte ab und drischt auf diesen ein. Der Zuschauer schmunzelt über diesen geradlinigen Weg, bei dem man nicht lange fackelt, sondern Hindernisse tatkräftig aus dem Weg räumt, auch wenn er ihn nicht gerade als politisch korrekt gutheißen mag. Kindliche direkte Lösungsstrategien scheinen manchmal der hohen Diplomatie überlegen. Wie im Märchen setzt sich Harrer einfach frech über Grenzen und Autoritäten hinweg. Was zunächst erfolgreich scheint, da es den beiden auf diese Weise gelingt, nach Tibet zu gelangen, wird bald zum peinlichen Ereignis, als sich herausstellt, dass Harrer den Provinz-Gouverneur so respektlos behandelt hatte. Mit dem Geschenk, das er bei seiner Expedition zum Nanga Parbat von Sherpas als Schutzgabe erhalten hatte, einer Fotografie des Dalai Lama, vermag er den Erbosten dann doch noch zu besänftigen. In dieser Wiedergutmachungsszene wird zum ersten Mal ein Hauch von Reue erkennbar, der eine Brücke zum Fremden zu schlagen vermag.

Verstoßen

Dennoch werden die beiden wieder ausgewiesen, und man warnt sie davor, dass man sie erschießen würde, sollten sie erneut versuchen, in Tibet, das keinem Ausländer die Einreise gestattet, einzudringen. Im Märchen droht ebenso wiederholt eine Verstoßung. Sie werden von den Menschen, denen sie begegnen, als Teufel beschimpft und abweisend behandelt, was Harrer zunächst gar als Wohlwollen fehldeutet. Doch märchenanalog lässt er immer noch nicht locker. Auf einem Markt bewegt er Aufschnaiter dazu, die Uhr, die dieser als Geschenk seines Vaters hoch in Ehren hält, zu verkaufen, um sich Nahrung zu besorgen. Harrer beteuert, wenn er selbst eine Uhr hätte, würde er sich selbstverständlich davon trennen, um sie einzutauschen. Mit Hilfe einer Posse, in der er einen militärischen Marsch vormacht, gelingt es, den Bewachern zu entkommen. Alleine schlagen sich die beiden in der weiten, unwirtlichen Landschaft durch. Als Aufschnaiter entdeckt, dass Harrer gelogen hat und nicht nur eine, sondern gar drei Uhren dabei hat, ist er empört. Es sei kein Wunder, dass Harrer immer alleine gehe. Kein Mensch halte es mit ihm aus!

Ein Wendepunkt

In dieser Szene tritt eine entscheidende Wende ein. Wie der Eisenhans im Märchen scheint Aufschnaiter intuitiv zu verstehen, wie es um Harrer bestellt ist. Der Zuschauer hofft schon bald, die spätere Entwicklung vorwegnehmend, dass dieser ihm gehörig den Kopf waschen werde und ihn zu einem anderen Menschen machen könne. Man setzt auf eine heilsame Bindung der beiden, die Verhärtungen aufweicht. In einem heftigen Wortgefecht konfrontiert Aufschnaiter Harrer nach seiner Entdeckung mit dessen Egoismus und den Lügen und lässt ihn alleine zurück. Dieses Verlassenwerden bewirkt einen deutlichen Ruck. Harrer sieht, dass er den Bogen überspannt hat. Der stolze Einzelkämpfer läuft flehend hinter seinem Kameraden her, entschuldigt sich aufrichtig und schenkt ihm seine Uhren und sogar seinen Ehering zur Versöhnung. So nähern sich die beiden einander an und werden schließlich Freunde. Die Hoffnung des Zuschauers erfüllt sich.

Der Freund Peter rät ihm in seinem Schmerz um den verlorenen Sohn Rolf, diesem zu schreiben. In seinen Briefen öffnet sich Heinrich und lässt seinen Seelenzustand sehen. Er berichtet von seiner beschwerlichen Irr-Reise, auf der er nicht wisse, wohin er gehe, die wie eine Art Reinigung für ihn sei, und wagt es, seinem Sohn zu gestehen, wie sehr er ihn liebe. Seine grundlegende Wandlung wird auch darin sichtbar, dass er dem Freund, dessen Füße wund sind, selbstlos seine Schuhe gibt, auch wenn er selbst dann keine mehr zur Verfügung hat. Gemeinsam überstehen sie einen lebensbedrohlichen Überfall und werden auf ihrem Weg durch die Einöde immer mehr zu wilden bärtigen Männern, die sich in ihrer Not von rohem Pferdefleisch ernähren müssen.

Eine geschickte Täuschung bringt sie schließlich doch ans Ziel – sie geben ein Rotes-Kreuz-Formular für eine Sonderer-

laubnis aus und gelangen so erneut nach Lhasa. Aus Angst vor
Entdeckung, wie der Königssohn im Märchen, der seine wahre
Gestalt immer wieder unter seinem Hütchen verbirgt, bewegen
sie sich vermummt durch die heilige Stadt und sehen sich in
ihrem unbändigen Hunger sogar gezwungen, Hunden ihren
Fraß zu stehlen. Im Märchen kehrt sich das Machtvolle eines
Königssohns in die Dienerschaft eines Küchengehilfen, Gärt-
nerjungen und verspotteten Hunkepuus-Reiters um.

Zum wiederholten Mal wird das Mitgefühl des Zuschauers geweckt. Die beiden scheinen an einem Tiefpunkt angelangt
zu sein. Ein Mitleiden zieht sich durch das gesamte Märchen
und wirkt dem rücksichtslosen Egozentrismus entgegen, indem
man sich dabei in ein anderes Wesen einzufühlen vermag. Das
Erleben spiegelt diesen Zug des Märchens, indem es ihn empa-
thisch nachvollzieht. In diesem erbärmlichen Aufzug lernen die
beiden die Gastfreundschaft der Tibeter kennen. Durch ein Bad
und neue Kleider verwandeln sie sich von stinkenden Streunern
wieder zu stattlichen Gestalten. Ein tibetischer Sekretär, Nga-
wang Jigme (Bradley D. Wong), der sich später von Paulus zu
Saulus wandelt, beschenkt die beiden heruntergekommenen
„Bettler" mit Maßanzügen. Nun sind sie wieder wer.

Anderswerden

Beim Maßnehmen für die neue Kleidung wird der Unru-
hegeist Heinrich wiederholt aufgefordert, stillzustehen, seine
Rastlosigkeit aufzugeben und sich in Geduld zu üben. Dies fällt
ihm, der stets das Tempo diktieren will, schwer. Befangen bewegt er sich in der Gegenwart der schönen jungen Schneiderin
Pema (Lhakpa Tsamchoe), in die er sich sogleich verliebt. Ver-
legen wie ein Pubertierender lässt er eine bisher unbekannte
Scheu sehen. Pema lehrt ihn die andere Sicht des Buddhismus

auf die Wirklichkeit. Als er die junge Frau in flirtender Konkurrenz mit Peter beeindrucken will und seine Triumphe herzeigt, erfährt er, dass Olympisches Gold ihr nichts bedeutet. Das Erklimmen eines Gipfels, was ihn bis dahin in seinem Leben obsessiv angetrieben hatte, ist in ihren Augen „Unsinn". Erstrebenswert erscheint im Gegenteil, sein Ich zu überwinden, um von derartigem Ehrgeiz ganz frei zu werden.

Als er seinen Anzug kaputt reißt, um Grund zu haben, Pema aufzusuchen, muss er feststellen, dass sein Freund ihm zuvorgekommen ist. Auch als Schlittschuhlehrer kommt er bei der begehrten jungen Frau nicht zum Zuge, sondern muss ohnmächtig zusehen, wie sie und Peter sich näher kommen. Er lässt dies jedoch geschehen, auch wenn es wehtut, ohne in einen verstärkten werbenden Aktionismus verfallen zu müssen. Dass er diesmal seine Hartnäckigkeit aufgibt, wird als Indiz erlebt, dass er gelassener akzeptieren kann, was eh nicht zu ändern ist. Bei einem Besuch bei dem Paar in ihrem einsam gelegenen Haus fünf Monate später kann er sich allerdings eine bissige Bemerkung nicht verkneifen, sodass Pema meint, dass er sehr einsam und traurig sein müsse, da er ihnen ihr Glück neide. Erst gegen Ende des Films vermag er, den beiden Liebenden ganz ohne Groll zu begegnen.

Peter hat sich offensichtlich in das Leben in der Fremde integriert und betet mit seiner buddhistischen Frau. Die beiden scheinen glücklich miteinander zu sein. Darin kommt die Sehnsucht, ganz in einer anderen Welt aufzugehen, zum Ausdruck, der im Märchen-Bild zugleich ein unnachgiebiger Widerstand gegen jegliche Form von Vereinnahmung entgegengesetzt wird. Eine solche Einheitlichkeit wird als verschlingender Sumpf, der eigene Konturen auflöst, abgewehrt. In seiner unbestechlichen Bindungslosigkeit ist man durch nichts zu gewinnen – das Gold wird verschmäht –, doch ist eine beliebige Unverbindlichkeit Folge dieser Methode.

Haltlos

Da ihn nichts mehr in Tibet hält, will Harrer unmittelbar zurück in die Heimat aufbrechen, als er erfährt, dass der Zweite Weltkrieg beendet ist. Er bricht seine Tätigkeit als Landvermesser augenblicklich ab und verabschiedet sich. Ein niederschmetternder Brief seines Sohnes, der ihn auffordert, ihm nicht mehr zu schreiben, da er nicht sein Vater sei, und der mit dem Namen Rolf Immendorf, dem Namen des Stiefvaters, unterschrieben ist, lässt ihn seine Pläne begraben. Deprimiert liegt Harrer tatenlos herum. Im Märchen gerät der Königssohn ebenfalls in eine Krise, als er bewegungslos erstarrt, nicht einmal mehr den schmerzenden Finger rührend, am Brunnen sitzt. In narzisstischer Selbstbewegung schaut er sich selbst im spiegelnden Wasser an.

In dieser festgefahrenen Lage kommt der Dalai Lama ins Spiel. Er beobachtet Harrer von seinem Aussichtspunkt aus und ruft ihn zu sich. Bevor er seiner Heiligkeit gegenübertreten darf, muss Harrer jedoch Protokollregeln der Demut lernen. Auch im Märchen wird mehrfach darauf verwiesen, was sich gehört und was nicht – „wenn du zur königlichen Tafel kommst, musst du deinen Hut abziehen". Der gesetzlose Eigenbrötler muss sich auf fremde Anordnungen einlassen, um anders werden zu können. Er soll stets tiefer sitzen, darf dem Dalai Lama nicht in die Augen sehen und ihn nicht berühren. Analog zu den Geboten am Brunnen im Märchen gilt es strenge Auflagen zu beachten. In der unbeholfenen Niederwerfung zu Füßen des kindlichen Würdenträgers wird offenbar, wie er die Rituale zunächst noch mit innerem Widerstand halbherzig und demonstrativ ungeschickt befolgt – so wird es jedenfalls erlebt.

Das goldene Haar

Als der Dalai Lama in das „goldene Haar" von Harrer greift, findet im Erlebensprozess ein weiterer bedeutender Einschnitt statt. Im Märchen sind dies entscheidende Stellen, wenn sich der Königssohn an seinem goldenen Zeichen zu erkennen geben muss – als ihn der Eisenhans, der ihn schon längst durchschaut hat, demaskiert, als die Königstochter ihm wiederholt sein Hütchen vom Kopfe zieht oder als er seinen Ritterhelm verliert, wird sein Haar und damit seine Identität (!) sichtbar.

Das Gold markiert mehrfach im *Eisenhans*-Märchen etwas Doppeltes: Es dient als Nachweis einer Gebotsübertretung und zeichnet seinen Träger zugleich als jemand Besonderen aus. Gerade in dem, was der Königssohn beharrlich zu verbergen sucht, da es einen Beweis für seine Eigenwilligkeit darstellt, besteht jedoch eine ihn charakterisierende glanzvolle Auszeichnung. Da der Königssohn dies als Verbotenes mit einem Zeigetabu belegt, beschneidet er sich selbst seiner glänzenden Möglichkeiten. Allmächtige Wünsche, sich in die ganze Welt auszubreiten, gleichsam Zentrum des Universums zu sein (Egozentrismus), die im kindlichen Exhibitionismus zum Ausdruck kommen (Welt schau her, wie toll ich bin!), werden insgeheim aufrechterhalten und zugleich in der Ausführung gehemmt.

Ausgeprägte Schüchternheit geht auf diesen Zusammenhang zurück. Man möchte am liebsten zehn Klafter unter der Erde verschwinden, wenn man im Zentrum der Aufmerksamkeit zu stehen meint, und wünscht sich im tiefsten unbewussten Inneren doch nichts sehnlicher. Indem man sich ausmalt, wie jeder beispielsweise in der Straßenbahn auf einen winzigen Pickel auf der Stirn blickt, lebt man in der Illusion, alle Blicke auf sich zu ziehen, ohne wahrzunehmen, dass die Mitreisenden mit sich selbst beschäftigt sind und das kleine Mal gar nicht beachten. Es wäre zu kränkend, sich zu vergegenwärtigen, dass niemand guckt, weil man gar nicht von so bedeutendem Interesse ist, wie man denkt. Eine fünfzigjährige Frau, die seit der frühen Kindheit davon träumte, als berühmte Tänzerin auf den Weltbühnen zu stehen, ohne jedoch die Mühen dieses Berufes auf sich nehmen zu wollen, produzierte mehrfach während großer Aufführungen, die sie als Zuschauerin besuchte, derartige Panikattacken, dass sie auffällig den Saal verlassen musste, gestützt von anderen, sodass sie auf diesem Umweg ihren großen „Auftritt" im Scheinwerferlicht vor über Tausend Menschen „inszenierte". Paradoxerweise dient die Selbstblockade dazu, diesen unermesslichen Anspruch ungewandelt zu erhalten, um ihn nicht in Auseinandersetzung mit der Wirklichkeit modifizieren und realitätsgerecht beschränken zu müssen.

Austausch

Im Umgang mit dem Dalai Lama kommt das Entwicklungsversprechen auf, dass Harrer aus seiner selbstbehindernden Selbstsucht und seiner trotzigen Verschlossenheit, in der er sich selbst eingekerkert hat, erlöst werden könnte. Mit den Augen des neugierigen Kindes belebt sich seine Welt. Durch ihn wird er mit seinem eigenen Bestreben, „alles wissen" zu wollen, sogar alles über Jack The Ripper, konfrontiert. In einem Austausch befruchten sich beide und lernen, vieles mit anderen Augen zu sehen. So muss Harrer die Erfahrung machen, dass der Bau des Kinos, das sich der Dalai Lama wünscht, daran zu scheitern droht, dass Regenwürmer dabei ihr Leben lassen könnten. Er lässt sich auf die andere Welt ein und sorgt dafür, dass die Regenwürmer sorgfältig eingesammelt werden, um den nach buddhistischem Glauben wiedergeborenen Wesen Respekt entgegenzubringen.

In dieser Annäherung wird es nach und nach möglich, dass die trennenden Grenzen der Etikette gelockert werden, sodass die beiden auf einer Ebene sitzen, einander berühren und in einen engen Dialog miteinander treten können. Lehrmeister und Schüler sind beide zugleich. Harrer muss seine Begrenztheit anerkennen und einräumen, dass er auch nicht immer eine Antwort weiß. Er wird durch die Fragen des Kindes auf sich selbst zurückgeworfen und öffnet sich, indem er ihm anvertraut, dass er sich heimatlos fühlt und dass er einen Sohn hat, den er vermisst. Später schildert er ihm seine intensiven Erlebnisse beim Bergsteigen, Momente, in denen er erfüllt sei von einem Reichtum sinnlicher Eindrücke und die mächtige Gegenwart des Lebens spüre, etwas, das er nun auch in der Gegenwart des Dalai Lama zu empfinden vermöge. Solche besonderen Augenblicke des Glücks, die er einst ausschließlich in der Einsamkeit erleben zu können meinte, kann er nun in einer Bindung an einen Menschen erfahren.

Die getrennten Welten berühren sich

Als Heinrich seinem Freund Peter zu Weihnachten die mühsam wieder erstandene Uhr, das Erbstück des Vaters, das er auf ihrer Flucht weggeben musste, schenkt und beide einander für die Freundschaft und die Rettung des Lebens danken, schwingt das Erleben in der harmonischen Feierstimmung mit. Alles scheint im Lot. Statt sich selbst endlos im Brunnenwasser zu spiegeln, gerät der Königssohn im Märchen am Hof in einen lebendigen Umsatz mit der Welt. Die Mischung der Kulturen wird auch dadurch sichtbar, dass das Weihnachtsfest in dieser buddhistischen Welt mit Sternen-Lichterkette und westlicher Musik gefeiert wird. Dies wird vor dem Hintergrund der Globalisierung mit leicht gemischten Gefühlen erlebt. Gibt man seine

169

Eigenart auf, wenn man anderes bereitwillig adaptiert? Werden Traditionen und Charakteristika verwässert? Lässt sich andererseits solch eine Angleichung überhaupt vermeiden?

In diese freundschaftliche Eintracht bricht eine fremde Macht ein, die vor Augen führt, wie man das Andersartige im wahrsten Sinne des Wortes mit Füßen treten kann. Die in allen Ehren empfangene chinesische Delegation zerstört das kunstvoll gestaltete Sand-Mandala mutwillig, in diesem barbarisch-ungehobelten Akt die andere Kultur offenkundig verachtend. Das Grobe und das Kultivierte des Märchens prallen in dieser rüden Geste aufeinander. Hierarchie-Regeln werden ebenso bewusst missachtet. Man mag sich nicht zu Füßen des Dalai Lama setzen. Kompromissbereit steigt dieser von seinem Thron herab. Das Wilde des Märchens wird nun durch die chinesischen Aggressoren vertreten.

Verrat

Eine bereits in Ansätzen angelaufene Verratsgeschichte wird durch einen Traum des Dalai Lama, in dem er das Dorf, in dem er geboren wurde, vernichtet sieht, und die nun breiteren Raum einnehmenden Besetzungsbilder durch die Chinesen vertieft. Der tibetische Sekretär, der zunächst seinem Land treu zu dienen versprach, wechselt nun nach und nach unübersehbar die Fronten und liefert seine Landsleute ans Messer. Mit Pfeil und Bogen versucht das friedliche Volk vergeblich, dem etwas entgegenzusetzen. Dies wühlt die Zuschauer auf.

Auch wenn es durch Andeutungen geahnt werden konnte, war doch lange nicht eindeutig klar, auf welcher Seite der Überläufer stand. Während Bestechungsversuche und unterschwellige Drohungen der Chinesen zuerst noch ins Leere laufen, lässt sein Widerstand zunehmend nach. Als er den „Feind" umarmt, fragt man sich noch, ob er nur eine diplomatische Vermittlung zwischen den so unterschiedlichen Staatsformen sucht oder ob er aus Berechnung handelt, um sich eine machtvolle Position zu sichern. Der Zuschauer beschäftigt sich mit der Frage, wie man sich selbst in solch einer Situation verhalten würde. Die Grenze zwischen offenen Gesprächen und Kollaboration scheint dünn. Wann ist es sinnvoll, das Fremde abzuwehren; wann, sich darauf einzulassen? Welches Maß wäre wünschenswert? Das sanfte Vorgehen des Dalai Lama verfehlt seine versöhnliche Wirkung. Wenn das Entgegenkommen fehlt, weil die andere Seite das Fremde nicht verwandelnd an sich heranlassen will, muss dieses wirkungslos bleiben. Diese unbewegliche Front, die das Fremde überrollt, belebt die andere Seite des Umgangs mit dem Unbekannten. Man kann einen Austausch beginnen, indem man sich von seinen Positionen fortbewegt, oder man sucht durch Okkupation stur das Andere fremdzubesetzen, um nicht in diesem Wandlungsprozess selbst auch etwas aufgeben zu müssen.

In einer aussichtslosen Schlacht mit einer erdrückenden Überlegenheit der chinesischen Streitkräfte – eine Million chinesische Soldaten stehen 8.000 Tibetern gegenüber – schwächt der Verräter sein eigenes Volk, indem er hilft, das tibetische Munitionslager in die Luft zu sprengen. Die Feuersäule und das fliehende Pferd des Sekretärs werden zum Inbild dieses Umgangs mit dem Fremden. Als Harrer dem Sekretär das Sakko, das dieser für ihn anfertigen ließ, voller Verachtung ins Gesicht schleudert, blitzt sein feuriges Temperament wieder auf. Damit trifft er den Sekretär bis ins Mark, denn es ist unverzeihlich für einen Tibeter, ein Geschenk zurückzuerhalten. Lebenslang solle der Verrat ihn quälen, spricht Harrer in einer fluchartigen Beschimpfung überdeutlich das Erleben aus. Indem er ihm dabei körperlich ganz nahe rückt, verstärkt sich die Kränkung dieser Geste.

Lässt sich das Entweder-Oder vermitteln?

Einerseits teilt man im Erleben seine Wut und Enttäuschung, andererseits stört man sich auch an dem klaren Freund-Feind-Schema, auch wenn die aktuelle politische Haltung Pekings zu Tibet und zum Dalai Lama eine solche Sichtweise abstützt. Eine zu eindeutige Schwarz-Weiß-Zeichnung kann den Effekt erzielen, dass man sich im Erleben davon distanziert, diese Gegenüberstellung mitzutragen, und dass Bestrebungen aufkommen, ein Für und Wider zu erwägen, das eine simple Zuordnung zu „Heiligem" und „Bösem" wieder erschwert.

Dieser Gegenbewegung entsprechend, spart der Film nicht aus, wie diesem gewaltsamen Akt wiederum die Ausweisung der Chinesen durch die Tibeter vorausgegangen war. Zwar friedlich – in einem Akt mit Zeremonienschals –, aber doch bestimmt, hatten sie dieses Volk des Landes verwiesen und mit dieser Verstoßung die Feindseligkeit verstärkt. Durch die unheilvolle Prophezeiung Buddhas und eine kometenhafte Erscheinung, die als Omen ausgelegt wird, in großer Angst, dass Ausländer einmal den Untergang Tibets einleiten würden, suchte sich das Land abzuschotten, was Harrer und Aufschnaiter bei ihren Einreiseversuchen bereits am eigenen Leibe gespürt hatten. Der Kernkomplex des Märchens kommt darin zum Ausdruck: Indem man das Fremde abstößt und unter sich bleiben möchte, bringt man einen Prozess in Gang, der letzten Endes dazu führen kann, dass genau das eintritt, was man krampfhaft zu verhindern sucht. Alle Bemühungen, etwas unbedingt zu vermeiden, führen geradewegs zwangsläufig dazu, dass es sich ereignet. Von dieser seelischen Gesetzmäßigkeit handelt auch das Ödipus-Drama.

Fluchten

Der Film zeigt Fluchtbewegungen als weiteren Versuch, mit diesem Dilemma umzugehen. Viele Tibetaner packen ihre Siebensachen und verlassen das Land. Man muss dabei auch schweren Herzens seinen blühenden Garten zurücklassen, den man mit Hingabe gepflegt hat. Der Dalai Lama mag Harrers Rat, ins Exil zu gehen, noch nicht befolgen, obwohl er sich in dieser Lage überfordert fühlt und sich einen Tag vor der Welt versteckt, als könne er dem Konflikt durch Verleugnen entkommen. Beim Reparieren seiner Spieldose sucht er eine Auszeit. Der Weise, der viele Wahrheiten formuliert, ist doch auch noch ein Kind. Jahre später wird er doch den empfohlenen Weg wählen und mit Harrer den Himalaya Richtung Indien überqueren. In einer feierlichen Inthronisation „krönt" man ihn nun jedoch vor der in Überlieferungen festgelegten Zeit, vor seinem 18. Lebensjahr, zum Oberhaupt der Buddhisten.

Noch einmal: Bindung und Entbindung

Auch Harrer bricht auf. Er möchte zurück nach Österreich, um seinem Sohn, den er so vermisst, dass ihm Tränen kommen, wenn er an ihn denkt, nahe zu sein. Im Gespräch mit dem Dalai Lama wird ihm bewusst, dass dieser nicht seinen Sohn ersetzen kann. Beim Abschied von Peter und Pema macht ihm eine Tasse Buttertee, die bis zu seiner Rückkehr unangerührt stehen gelassen wird, die Zuneigung des Paares und ihre gegenseitige Verbundenheit über die Trennung hinaus deutlich. Das Bild dieser Teeschale bleibt bei den Zuschauern als Versinnlichung dieses seelischen Problems besonders haften.

Auch im Abschied vom Dalai Lama kommt zum Ausdruck, dass Trennung nicht das Ende bedeutet, sondern in ihr die Vorfreude auf eine mögliche Wiedervereinigung und die Verheißung von Neuem enthalten ist. Das Bild dieser Umarmung, das als Titelfoto des Filmes dient, zeigt die Verbundenheit der gegensätzlichen Welten. Kind und Mann, Würdenträger und Normal-Sterblicher, westlicher und östlicher Kulturkreis berühren sich. Das Päckchen mit der Spieldose, das der Dalai Lama Heinrich als Geschenk mitgibt, fungiert wieder als ein Bindeglied, das hilft, einen Übergang zu bewältigen. Der Dalai Lama trennt sich aus freien Stücken von etwas Liebgewordenem, um die Freundschaft symbolisch weiterleben zu lassen.

Die letzten Bilder des Films nehmen das zentrale Thema noch einmal auf. Als Harrer vor der Tür steht und seine Ex-Frau ihm öffnet, achtet der Zuschauer, durch den Erlebensverlauf dafür sensibilisiert, darauf, ob er willkommen geheißen oder abweisend behandelt wird. Dieser bange Moment wird als mutiger Schritt empfunden. Nachdem ihm Einlass gewährt wurde, stößt er bei seinem Sohn auf eine eisige Wand der Ablehnung. Rolf mag seinen Vater nicht begrüßen, der sich jedoch davon nicht abschrecken lässt, sondern die Spieldose für sich werben lässt. Langsam öffnet sich einen Spalt breit die Tür und lässt sehen, wie der Junge, angelockt durch die Musik, aus seinem Versteck kommt. Als Harrer nun nicht vorpresch und seinen Sohn nicht bedrängt, sondern scheu einen Blick durch den Türritz auf sein unbekanntes Kind wagt und sich stumm zurückzieht, wird dies im Erleben als Beweis einer durchgreifenden Wandlung verstanden. Zu Anfang des Films wäre diese behutsame Vorgehensweise undenkbar gewesen. Dass er auf diese Weise das Herz des Jungen für sich gewinnt und die beiden Jahre später auf einem hohen Berg, mit einem Seil verbunden, die besondere Erfahrung des Bergsteigens teilen, wird vom Zuschauer als „Lohn" für den mühsamen Prozess des Anderswerdens gerührt aufgenommen. Die Annäherung an das Fremde lässt sich nicht erzwingen.

Dieses „Happy End" wird durch die Information über die furchtbare Zerstörung, die das Aufeinanderprallen der Kulturen in Tibet anrichtete, indem es das Leben von über einer Million Menschen kostete und zur Zerstörung von Tausenden von Klöstern führte, erschüttert. Betreten verlässt man den Kinosaal. Wie vernichtend es sein kann, wenn man sich nicht auf etwas Drittes zwischen zwei einander fremden Welten einlassen will, wird im Erleben des Films über die Dauer von mehr als zwei Stunden hautnah nachvollziehbar.

6. *Das Wasser des Lebens* – Zwischen Anarchie und Diktat

Die Märchenerzählung[76]

Ein König ist so sterbenskrank, dass niemand mehr glaubt, dass er mit dem Leben davonkomme. Er hat drei Söhne, die darüber sehr betrübt sind und weinen. Ein alter Mann, der sie in ihrem Kummer sieht, erzählt ihnen vom Wasser des Lebens, einem schwer zu findenden Mittel, den Vater wieder gesund zu machen. Der Älteste macht sich gegen Bedenken des Vaters wegen der großen Gefahr auf den Weg, dieses Wasser zu suchen, da er dem Vater der Liebste sein und das Reich erben will. Einem Zwerg, dem er begegnet, gibt er keine Auskunft, als dieser ihn nach seinem Ziel fragt. „Das musst du nicht wissen", antwortet er und reitet weiter. Darüber wird das Männchen zornig und spricht einen bösen Wunsch aus. Daraufhin gerät der Prinz in eine so enge Schlucht, dass er keinen Schritt mehr tun, das Pferd nicht mehr wenden und auch nicht aus dem Sattel steigen kann. Er sitzt da wie eingesperrt. Als er nicht mehr zurückkommt, denkt der zweite Sohn sich, dass ihm das Reich zufiele, wenn der Bruder tot sei. Er zieht ebenfalls los, das Wasser des Lebens zu suchen. Ihm ergeht es wegen seines Hochmuts, da er dem Zwerg nicht Rede und Antwort steht, wie seinem älteren Bruder. Er kann ebenfalls nicht vorwärts und nicht rückwärts. Der jüngste Sohn, der dann auf die Suche geht, gibt dem Männlein Auskunft. Weil er nicht übermütig wie seine falschen Brüder sei, beschreibt der Zwerg ihm, wie er zum Wasser des Lebens gelangen kann. Er gibt ihm auch eine eiserne Rute und zwei Laiberchen Brot, mit deren Hilfe er in das ver-

---

[76] Brüder Grimm: Das Wasser des Lebens. KHM 97. In: Kinder- und Hausmärchen (1815). Herausgegeben und mit einem Nachwort versehen von Carl Helbling. 2. Bd. Zürich [14]1991, S. 59-68

wunschene Schloss eindringen könne, in dessen Brunnen das Wasser des Lebens zu finden sei. Mit der Rute solle er dreimal an das eiserne Tor des Schlosses schlagen, woraufhin das Tor aufspränge. Mit dem Brot solle er im Hof des Schlosses zwei Löwen mit aufgesperrten Rachen füttern, damit sie still seien. Dann solle er rasch das Wasser aus dem Brunnen holen, denn um Zwölf schlage das Tor wieder zu und sperre ihn ein. Er tut, wie ihn der Zwerg geheißen hat, und findet in einem Saal des Schlosses verwünschte Prinzen, denen er die Ringe vom Finger zieht. Er nimmt auch Schwert und Brot, die dort liegen. Dann kommt er in ein Zimmer, in dem eine schöne Jungfrau steht, die sich freut und ihn küsst. Sie sagt, er hätte sie erlöst und solle ihr ganzes Reich haben, wenn er in einem Jahr wiederkäme, um Hochzeit mit ihr zu feiern. Sie sagt ihm auch, wo der Brunnen mit dem Lebenswasser ist, und rät ihm zur Eile. Als er in ein Zimmer kommt, in dem ein frisch gedecktes Bett steht, will er sich jedoch erst ein wenig ausruhen, weil er müde ist, und schläft ein. Als er erwacht, schlägt es Dreiviertel auf Zwölf. Da springt er erschrocken auf, schöpft mit einem bereitstehenden Becher das Wasser und will zum Tor hinaus. Dieses schlägt gerade, weil es Zwölfe war, heftig zu und nimmt ihm ein Stück von der Ferse weg. Der Zwerg, an dem er auf dem Heimweg vorbeikommt, sagt ihm, dass er mit dem Schwert aus dem Schloss ganze Heere schlagen könne und dass das Brot niemals alle würde. Der Prinz bittet den Zwerg, seine Brüder freizulassen, vor deren bösem Herzen ihn der Zwerg warnt, und zieht mit ihnen zum Vater. Er erzählt ihnen, wie es ihm ergangen war, und dass er das Wasser des Lebens gefunden habe und eine Prinzessin auf ihn warte. Unterwegs geraten sie in ein Land, wo Hunger und Krieg herrscht. Mit seinem Brot speist er das Not leidende Volk und hilft dem König, die Feinde zu besiegen. In zwei weiteren Ländern vermag er auf diese Weise ebenfalls Ruhe und Frieden herzustellen, sodass er drei Reiche rettet. Als sie in einem Schiff übers Meer fahren, verabreden die beiden älteren rachsüchtigen Brüder miteinander, dass sie ihn verderben wollen, da er ihnen das Reich des Vaters und ihr Glück wegnehmen werde. Als er eingeschlafen ist, nehmen sie ihm das Wasser des Lebens fort und gießen ihm bitteres Meereswasser in seinen Becher. Der Vater, der nach der Rückkehr davon trinkt, wird kränker als zuvor. Da klagen die Brüder den Jüngsten an, dass er den Vater habe vergiften wollen, und reichen dem Vater das Wasser des Lebens. Dieser wird davon stark und gesund wie in seinen jungen Tagen. Die älteren Brüder verspotten den Jüngsten: „Du hast die Mühe gehabt und wir den Lohn; du hättest klüger sein und die Augen aufbehalten sollen." Sie erzählen ihm, wie sie, während er schlief, das Wasser ausgetauscht hätten, und dass einer von ihnen sich die Prinzessin holen werde. Sie verbieten ihm, über ihre Tat zu reden, und drohen ihm mit dem Tod. Der König, der glaubt, dass der Jüngste ihm nach dem Leben getrachtet habe, verurteilt ihn dazu, erschossen zu werden, und beauftragt in seinem Zorn einen Jäger damit, den Jüngsten heimlich zu töten. Der Jäger jedoch ist traurig darüber und offenbart dem Prinzen seinen Auftrag, als dieser nach dem Grund für seine Traurigkeit fragt. Er bringt es nicht übers Herz, seinen Auftrag auszuführen. Beide tauschen ihre Kleidung und der Jüngste geht in den Wald hinein. Der König, der reiche Gaben der dankbaren geretteten Herrscher erhält, fragt sich, ob sein Sohn wohl unschuldig gewesen sei, und bereut seinen Mord-Befehl. Der Jäger gesteht, den Prinzen am Leben gelassen zu haben. Man lässt verkünden, dass der Jüngste wiederkommen dürfe und in Gnaden aufgenommen werden solle. Als das Jahr herum ist, lässt die Königstochter den Weg zu ihrem Schloss vergolden und gibt Anweisung, nur denjenigen zu ihr zu lassen, der das Gold nicht schone. Wer geradeaus auf der goldenen Straße zu ihr geritten käme, wäre der Rechte, den sollte man einlassen, wer aber daneben ritte, wäre der Rechte nicht. Die beiden älteren Brüder reiten neben dem Weg, um das Gold nicht abzutreten, der Jüngste jedoch, der in sehnsuchtsvollen Gedanken an die Prinzessin nicht auf das Gold Acht gibt, reitet geradeaus auf dem Weg zu ihr und wird mit Freuden als Bräutigam empfangen. Nach der Hochzeit reitet er zu seinem Vater und erzählt ihm alles. Als der König seine Ältesten bestrafen will, sind sie schon übers Meer geflohen und kommen ihr Lebtag nicht wieder.

Der psychologische Kern des Märchens

Das Märchen *Das Wasser des Lebens* erzählt von einer Wieder- bzw. Neu-Geburt. Der Menschheitstraum, den Tod besiegen und ewig jung bleiben zu können, ist Dreh- und Angelpunkt des Ganzen. Ausschließlich schön ist dieser Traum nicht, im Gegenteil, er führt auch in Erschreckendes hinein.

Panische Reisen

In den Geschichten von Menschen, die dieses Märchen leben, lässt sich eine extreme Dramatik und Pseudobewegtheit beobachten. Getrieben befinden sie sich permanent auf Reisen, in panischer Furcht davor, irgendwo Wurzeln zu schlagen und fest hängen zu bleiben. Der Tod als definitives Ende jeglicher Entwicklungsmöglichkeiten wird zum Schreckgespenst. Alles Streben ist darauf aus, ihm zu entkommen, als könne man stets wieder neu anfangen, ohne zu altern. Das Märchen ist durch einen heftigen rastlosen Gestaltwandel gekennzeichnet. Unentwegt ist man auf der Flucht vor einem Festgelegtsein und vor einschneidenden Konsequenzen.

Im Hochmut, selbst die absolute Grenze des Todes überwinden zu können, lebt die kindliche Allmacht fort. Alles
scheint möglich – man meint über grenzenlose Zauberkraft
verfügen zu können. Niemandem mag man Frage und Antwort
zu stehen und Rechenschaft ablegen zu müssen, wie die älteren
Brüder, als sie dem Zwerg begegnen. Eine enorme Ausbrei-
tungstendenz beansprucht, ohne Ausnahme alles einbeziehen
zu können und gleichzeitig durch nichts beeinträchtigt zu werden. Mit riesigen Heeren kann man es aufnehmen, den großen
Hunger kann man stillen.

Wenn es keine Grenzen und Gebote geben soll, weiß man
jedoch nicht, woran man sich halten soll. Ist man gut oder böse?
Ist es Heil- oder giftiges Meerwasser? Im verwandelnden
Tausch wird dies unkenntlich gemacht. Die Unterscheidung der
Königstochter zwischen dem rechten und dem nicht rechten
Bräutigam erscheint auf diesem Hintergrund als korrigierendes
Prinzip. Auch die Einbeziehung der Hilfe von Fremden und der
Austausch mit ihnen sowie der Einsatz von Hilfsmitteln wie
Brot und Schwert wirken dem Grenzenlosen entgegen und för-
dern entschiedenes Handeln. Der unbeirrte Ritt des Jüngsten zu
seiner Braut steht für solch eine Geradlinigkeit, die sich nicht
durch golden schimmernde Verwandlungsangebote auf dem
Wege ablenken lässt. Gold als Bild für unermesslichen Reich-
tum verspricht scheinbar grenzenlose Potenz und unendliche
Tauschmacht. Doch Liebe lässt sich nicht kaufen. Sie ist blind
für derartige Verlockungen.

In Lebensentwicklungen mit dieser Märchen-
Konstruktion droht man jedoch, immer wieder im Verlauf seines Lebens durch Passivität und Nachlässigkeit günstige Chan-
cen zu verpassen. Man weiß, dass etwas entschieden werden
muss und dass die Zeit knapp wird, und tut so, als habe man
alle Zeit der Welt. Indem man sich wegträumt und Gefahren

leugnet, neigt man dazu, den Kopf in den Sand zu stecken. Der Jüngste im Märchen sinkt erschöpft auf das Bett im Schloss und verschläft dadurch fast die Frist, bis das Tor des Schlosses sich schließt. Auch der Schlaf auf dem Schiff bringt ihn in Gefahr und ermöglicht den Brüdern, ihn zu berauben und das Wunder-Wasser gegen schädliches Meerwasser auszutauschen. Die Wirklichkeit mit ihren Grenzen und Fristen muss einen immer wieder wecken und Folgen dieser Methode spüren lassen. Dies kann manchmal auch sinnbildlich ein Stück Ferse kosten, wenn erst solche Verluste einen aufrütteln.

Die enge Schlucht

Seltsamerweise ist ausgerechnet ein starres Wie-Angewurzelt-Sein die Folge dieser Über-Beweglichkeit. Man steckt in einer Enge fest und kann keinen Schritt mehr weiter, wie die beiden älteren Brüder im Märchen. Der unbedingte Versuch, von jeglichen Banden frei zu werden, wird auf diese Weise zur Fesselung. Die verzweifelten Anstrengungen, die Angst vor dem Verfall ganz auszuklammern, paralysieren. Das Bild des ewigen Lebens hat etwas Entwicklungsfeindliches.

Die anarchistischen, da durch keinerlei Regeln begrenzten, sprunghaften Drehungen der panischen Reisen hängen zugleich mit der uneingestandenen Hoffnung nach einem erlösenden Diktat zusammen, das bis ins Letzte vorgibt, was wie zu sein hat. Es ist paradox und immer wieder erstaunlich, wie im Seelischen ein Extrem sein Gegenteil zwangsläufig mit auf den Plan ruft; das konträre Pendant ist immer mit im Spiel, wenn auch meist nach außen hin gemieden. Unbewusst gemacht ist dabei, dass das Unfestgelegte, das sich durch nichts und niemanden bestimmen lassen will, sich insgeheim ohne Wenn und

Aber einer Führung überlassen möchte, die den freien Willen total außer Kraft setzt. Man sehnt sich nach etwas Absolutem und einer packenden Verwandlung, die allem seinen festen Platz zuweist. Ein schraubstockähnlicher Engpass, der ein „So und nicht anders!" regelrecht aufzwingt, erscheint angesichts der überfordernden Fülle an Möglichkeiten dann als große Erleichterung. Die Schlucht im Märchen ist nicht nur ein Bild für das Gefürchtete, sondern auch für das, was besonders fasziniert. Im absolut Unbeweglichen lockt, dass die Qual der Wahl entfällt. Man kann nicht anders und kann sich so von jeglicher Schuld freisprechen. In dieser Spannung zwischen Unbedingtem und Bedingtem, zwischen gesetzloser Anarchie und diktatorischer Bestimmung, die keinen Widerspruch duldet, liegt der Spielraum dieses Märchen-Bildes.

Das Wasser des Lebens im Film:

Chihiros Reise ins Zauberland (Hayao Miyazaki Japan 2001)

Dieser Zeichentrick-Film des japanischen Regisseurs Hayao Miyazaki war in Japan ein riesiger Publikumserfolg und wurde von über 21 Millionen Zuschauern gesehen. Er erhielt zahlreiche Prämierungen, u. a. den Goldenen Bären bei den Berliner Filmfestspielen 2002, den César sowie einen Oscar im Jahre 2003. Auch weltweit faszinierte er viele Zuschauer und wurde 2004 als DVD ausgezeichnet. Sein großer Erfolg basiert darauf, dass Miyazaki einen seelisch bedeutsamen Kernkomplex getroffen hat.

Chihiros Reise ins Zauberland greift die Gefahr auf, in Zwängen und Besessenheiten festzusitzen, was im Märchen *Das Wasser des Lebens* mehrfach anklingt: Die Brüder sitzen in der

Bergschlucht so fest, dass sie weder vor, noch zurück können. Auch der Jüngste entkommt der Gefahr, im Schloss gefangen zu bleiben, nur um ein Haar und muss ein Stück seines Fußes opfern. Eine spezielle Note erhält diese Märchen-Konstruktion dadurch, dass Gier zu einem Drehpunkt wird, an dem das Ganze in sich selber kreist und dadurch unbeweglich wird. Hayao Miyazaki beabsichtigte mit seinem Film ausdrücklich, einen kulturkritischen Beitrag zu leisten[77]. Beunruhigt durch Tendenzen, die er in Japan, aber auch an anderen Orten der Welt beobachtete, wo die Menschen in zunehmendem Maße davon bestimmt werden, alles kaufen zu können und alles haben zu müssen, wollte er diese Entwicklung spiegeln. Japaner arbeiten so viel, dass sie erschöpft überall einschlafen. Die Selbstmordrate unter jungen Menschen ist die höchste der Welt. Sein Werk tritt jedoch nicht moralinsauer auf, sondern macht auf geistreiche, humorvolle und faszinierende Weise auf allgemeine psychische Konstellationen, mit denen die Gegenwartskultur zu kämpfen hat, aufmerksam.

Die Reise als mythische Verwandlung

In seinen Filmen[78] entführt Hayao Miyazaki den Zuschauer in eine sinnliche mythische Welt, die verzaubert. Obwohl es sich „nur" um Zeichnungen handelt, gerät man ins

---

[77] Mocek, Ingo: Dieser Stoff wird dir gut tun. „Chihiros Reise ins Zauberland". Ein Besuch im geldkranken Tokio bei Hayao Miyazaki, dem Schöpfer einer sensationellen Ausstiegsdroge. In: Süddeutsche Zeitung, Nr. 135 vom 14./15. Juni 2003, S. III
[78] Weitere psychologisch interessante Filme von Hayao Miyazaki sind: *Das Schloss im Himmel* (1986), *Mein Nachbar Totoro* (1988), *Prinzessin Mononoke* (1997) sowie *Das wandelnde Schloss* (2004) mit der psychologischen Märchenstruktur des Grimmschen Märchens *Fundevogel*. Miyazakis neuester Film *Ponyo das verzauberte Goldfischmädchen* aus dem Jahre 2008 mit autobiographischen Bezügen des Regisseurs und einer Story, die an das Märchen *Die*

Staunen über die stoffliche Fasslichkeit dessen, was dort zweidimensional zu sehen ist. Man tritt ein in eine fesselnde Wirklichkeit, wie das zierliche zehnjährige Mädchen Chihiro, das man auf seiner Reise begleitet. Das bunte Zwischenreich, in das man eintaucht, erinnert an Traum-Welten, in denen alles möglich ist und die Gesetze der Vernunft außer Kraft gesetzt werden. Am Ende der Reise wird der Alltag mit den Eltern fortgesetzt, als sei nichts geschehen – hat Chihiro etwa, wie Alice im Wunderland, nur geträumt? War alles nicht wirklich? Der Erlebensprozess jedoch beglaubigt diese Welt – spurlos ist das Ganze nicht vorübergegangen. Etwas hat sich durch diese Erfahrungen spürbar verwandelt. Diese Wandlung hat die Phantasie „wahr" gemacht, so wie wir morgens nach dem Erwachen verspüren, dass sich in der Nacht ungeheuer vieles bewegt hat und dass dies nicht losgelöst ist von unserem Leben, sondern in unseren Alltag hineinwirkt.

Abschiede – Altes stirbt

Wie im Märchen begibt man sich in einer Verfassung, in der Altes sich überlebt hat und Neues ansteht, auf eine Reise in eine fremde, verzaubert erscheinende Welt. Zu Beginn des Films verirrt Chihiro sich mit ihren Eltern auf der Autofahrt zu einem neuen Zuhause in einen stillgelegten Vergnügungspark, der sich nun aber als alte verwunschene Tempelanlage entpuppt. Chihiro ist traurig über die Trennung von ihrer vertrauten alten Welt, die ihr viel schöner erscheint als alle Verlockung des Neuen. Unwillig dreinschauend liegt sie im Wagen und drückt einen Strauß Blumen, den sie mit einer Kinderzeichnung mit ihrem Namen zum Abschied bekommen hat, so fest, dass er

---

kleine Meerjungfrau von Hans-Christian Andersen angelehnt ist, wird ab dem 16.September 2010 in Deutschland im Kino zu sehen sein.

welk wird. Ihre Quengeligkeit und ihr Unleidlichsein kann man als Zuschauer nachvollziehen, denn ähnliche Trennungserlebnisse hat jeder irgendwann durchlitten. In die Trauer des Kindes, einen Zustand, der im Märchen an mehreren Stellen beschrieben wird, kann sich der Zuschauer gut einfühlen.

Neu-Gier

In dieser Stimmung ist die Wahrnehmung des Kindes geschärft, sodass ihr doppelgesichtige Wesen am Wegesrand auffallen und sie ein Haus einatmen oder auch weinen hört. Sie gruselt sich und mag nicht weitergehen. Im Erleben stellt sich ebenso eine größere Wachsamkeit ein, gepaart mit einer Neugierde auf etwas Mysteriöses, das im Raum ist. Man saugt die Bilder regelrecht auf. Alles könnte bedeutsam sein, hinter allem könnte sich etwas anderes verbergen. Aus der Perspektive des Kindes erscheint die animistische Belebtheit der Dinge plausibel.

Die Abenteuerlust des Vaters, der forsch vorangeht, scheint nicht zu bremsen. Zugleich wird ein Zögern belebt, das auf Rückzug drängt. In dieser Mischung zwischen Vorpreschen und Zurückhaltung liegt eine besondere Spannung. Beide Vorgehensweisen werden im Märchen skizziert. Man kann dem Zwerg als Vertreter der anderen Welt aus dem Weg gehen, wie die älteren Brüder es tun, oder sich auf ein Gespräch mit ihm einlassen und dadurch tätige Hilfe erfahren.

Ängstlich klammert sich Chihiro an die Mutter, die sich von ihrer Tochter beengt fühlt und sie fast abzuschütteln sucht. All dies erscheint als adäquate Beschreibung familiären Lebens. Sie gelangen in eine himmlisch duftende Glitzerwelt, die gleich Begierden anstachelt. Von einem Überfluss an verlockenden Speisen verführt, essen die Eltern, immer gieriger werdend, davon und werden zur Strafe zu Schweinen wie in der griechischen Mythologie, wo die Gefährten des Odysseus von Circe in Schweine verwandelt werden.

Chihiro, die nicht davon probieren mag, entgeht dem Zauber, aber findet sich nun auf sich allein gestellt in einer Welt, aus der sie nicht fortgehen kann, in der seltsame Tiergötter und Geistwesen leben, die zum Fürchten sind. Sie begegnet dem Jungen Haku, der sich freundschaftlich ihrer annimmt. Als zugewandter Helfer warnt er sie vor dem Einbruch der Dunkelheit, doch gelingt es ihr nicht, rechtzeitig zu fliehen, weil der Rückweg durch Wassermassen versperrt ist. Während es im Märchen doch noch haarscharf knapp ein Entkommen gibt, spielt der Film durch, was geschieht, wenn man in dieser seltsamen Welt ausharren muss. Er erzählt darin gleichsam die Vorgeschichte des Märchens, in der die Prinzessin und die Prinzen und Wesen des Schlosses verzaubert und bis zur Erlösung durch den Jüngsten festgehalten wurden. Gefangen in dieser magischen Wirklichkeit, möchte Chihiro alles nur für einen bösen Traum halten. Sie glaubt, die gespenstischen Wesen, die in einem prozessionsartigen Zug über eine Brücke zu einem heimelig-unheimlich beleuchteten Gebäude auf einer Insel gehen, kraft der Gedanken vertreiben zu können.

Die panische Angst vor Auflösung

Im Märchen droht wiederholt der Tod als Vernichtung jeglicher Weiterentwicklungsmöglichkeiten. Als Chihiro erschrocken feststellt, dass sie sich langsam auflöst, mag sie nicht hinsehen und kauert sich zusammen. Die Panik des Kindes, das die Auflösung jeglichen Halts, sogar ihrer Körperlichkeit, erleiden muss, vollzieht man mit. In dieser Not muss sie Haku vertrauen. Sie schluckt eine rote Perle, die er ihr reicht, und hebt damit den Zauber auf. Die Suche nach einem Mittel, das Sterblichkeit und Auflösung bannen kann, schickt die drei Brüder im Märchen auf den Weg. Haku gibt Chihiro Kraft, als ihre Beine versagen, indem er das Wasser und den Wind anspricht, die in ihr wohnen, und sie berührt. „Sei frei!", ruft er.

Weil Chihiro den Atem nicht lang genug anzuhalten vermag, werden sie entdeckt und müssen fliehen. Haku sagt ihr in Analogie zum Zwerg im Märchen, was sie tun muss, um in dieser Welt bestehen und um ihre Eltern irgendwann wieder befreien zu können. Er berührt mit einem Zauber ihre Stirn, nennt ihren Namen und gesteht, sie schon lange zu kennen. Trotz ihrer großen Angst steht Chihiro tapfer viele gefährliche Situationen durch – manchmal ist ihr Gesicht von panischer Angst zur Fratze entstellt. Sie muss u. a. in Schwindel erregender Höhe trotz Höhenangst eine Treppe herabsteigen. Schritt für Schritt wird zerdehnt, wie sie sich, gegen die Angst ankämpfend, vortastet. Mit allerlei eigentümlichen Gestalten muss sie zurechtkommen.

Mutig stellt sie sich dem Erschreckenden und lässt sich auf diese fremde Welt ein, indem sie kräftig anpackt. Im Tätigwerden findet sie Halt. Auch von dem abweisenden spinnenartigen Wesen Kamachi, das mit Hilfe kleiner Rußmännchen einen riesigen Kessel befeuert, lässt sie sich nicht einschüchtern. Als sie Mitgefühl mit einem dieser kleinen schuftenden Wesen empfindet, das vom schweren Stein, den es schleppen muss, zerquetscht zu werden droht, und ihm seine Arbeit abnehmen will, kann sie selbst das Gewicht kaum tragen.

Sie droht, aufzugeben, doch Kamachi fordert sie zur Konsequenz auf: Sie solle zu Ende zu bringen, was sie angefangen habe! Dieser Aufruf knüpft an die Stellen im Märchen an, in denen der Jüngste auf halbem Wege, kurz vor Vollendung der Aufgabe, nachlässt und sich zum Schlafen niederlegt. Als habe er Angst vor dem letzten Schritt, hält er inne und schläft sich fort. Die Folgen, die dieses Ausblenden der Notwendigkeiten für ihn hat, mahnen daran, ohne Verzug den Weg fortzusetzen, auf den man sich begeben hat.

Das Überlisten des Hüters des Tores (Löwenfütterung im Märchen)

Die anderen Wesen suchen Chihiros Hilfsbereitschaft schamlos auszunutzen, schließen sie aber auch ins Herz. Durch Fütterung eines Froschgeists mit einem gerösteten Salamander, einer begehrten Köstlichkeit, gelingt es, in die prunkvollen Gemächer der Herrscherin des Reichs, der Hexe Yubaba, vorzudringen. Hierhin klingt die besänftigende Fütterung der beiden Löwen mit den zwei Laiberchen Brot im Märchen *Das Wasser des Lebens* an, die ein Eindringen in das verzauberte, gut bewachte Schloss ermöglicht.

Chihiro dient der Hexe, indem sie in dem Badehaus, in dem die unzähligen Götter Entspannung suchen, Frondienste leistet, um geduldet zu sein. Sie wird von der Hexe ihrer Identität beraubt, erhält den neuen Namen Sen und vergisst, wer sie einmal war. Haku ermahnt sie, ihren eigentlichen Namen nie zu vergessen, da man dann verloren sei. Im engen Schlafsaal findet sie nach getaner Arbeit erschöpft Ruhe.

Die heilsame reinigende Kraft des Wassers

Chihiro muss eine vor Dreck starrende Wanne säubern und einen widerlich stinkenden Faulgott baden, vor dem alle anderen zurückschrecken. Im Erleben vermittelt sich diese ekelerregende Qualität dermaßen, dass man es fast zu riechen meint. Der überquellende Schleim und der Schlamm lösen bei zuschauenden Kindern laute Igitt-Rufe aus. Immer wieder muss Chihiro, den Widerwillen überwindend, Wasserströme ins Fließen bringen, um eine Generalreinigung zu aktivieren. Diese ungeheure, fast kaum zu lösende Reinigungsaufgabe lässt an die Säuberung des Augias-Stalls im griechischen Herkules-Mythos denken. Darin löst der Held die fünfte Aufgabe der Reinigung des verschmutzten Stalls des Augias, dessen unzählige Zahl an Kühen, Schafen und Ziegen so viel Mist erzeugten, dass niemand mehr es schaffte, diesen zu beseitigen, dadurch, dass er zwei Ströme (Flussgötter) durch abgerissene Mauern den Stall durchfließen und den Mist herausspülen lässt. Dies ist ein beeindruckendes Bild für den seelischen Reinigungsprozess. Chihiro fällt bei diesem Großputz gar in die Wanne hinein und entdeckt beim engen Kontakt zu diesem Matschklumpen einen festsitzenden messerartigen Stachel. Mit Hilfe der anderen gelingt es ihr, diesen herauszuziehen, sodass all der Müll, den das Wesen in sich barg, herausquillt, und es seinen ursprünglichen wasserförmigen Schlangen-"Körper" wiedererlangt. Zum Dank erhält Chihiro von ihm eine Zauberkugel.

Auch die Gestalt des Ohngesichts führt eine Verwandlung vor Augen. Stumm kommuniziert es mit Chihiro, die ihm barmherzig Zutritt zum Badehaus verschafft, weil es draußen im Regen ganz nass wird. Es hilft Chihiro bei der großen Putzaktion, indem es sie mit Plaketten versorgt, die es gegen eine wertvolle Kräutersubstanz für das Bad des Faulgotts eintauschen kann, die man ihr zuvor verweigert hatte.

Die Verlockung des Goldes

Das Ohngesicht lockt mit Gold, doch Chihiro zeigt im Gegensatz zu all den anderen daran kein Interesse. Hatte es zunächst so harmlos und zugewandt gewirkt, verschlingt dieses transparente Wesen nun alle, die gierig nach dem Gold greifen, gnadenlos. Zu bedrohlicher Größe angewachsen, sucht es erneut, verzweifelt ob seiner Wirkungslosigkeit, Chihiro in Versuchung zu führen, doch ihr steht in Sorge um den Freund Haku und die verwunschenen Eltern der Sinn nicht nach dem Gold. Wie der Prinz im Märchen missachtet sie den glanzvollen Reichtum, ganz in Gedanken bei ihren Liebsten. Als Chihiro das gefräßige Monster daraufhin mit einem Würgemittel behandelt, das, in Anlehnung an den Saturn-Mythos, alles Verschluckte wieder herausbefördert, mutiert der widerliche Geist wieder zu einem freundlichen Wesen.

Solche mythischen Figuren wie Ohngesicht und Faulgott machen auf faszinierende Weise maßlose infantile Tendenzen wie Gefräßigkeit und Habgier sowie Anales als Herummatschen und als Sauberkeitsrituale sinnlich erfahrbar. Man staunt dabei über die Verwandlungskräfte, die ein freundliches Entgegenkommen in ein bedrohliches Verschlingen und widerlich Abstoßendes wiederum in etwas Nettes wenden. Gebannt schaut man zu, wie Yubaba ihren Mantel zum Adlergefieder wandelt und davonfliegt, wie sie abgeschnittene Köpfe beleben, Wesen zum Verstummen bringen, Ordnungen und Dinge zu zerstören und in Sekunden wiederherzustellen vermag. Das Wasser des Lebens sorgt auch dafür, dass der König wie in früheren Tagen wieder jung und gesund ist, und macht auf diesem Wege rückgängig, was Alter und Zerstörung angerichtet haben. Das Menschheitsideal des Jungbrunnens zieht daraus seinen Reiz, dass zersetzende und vernichtende Kräfte reversibel gemacht werden können. Wie neugeboren steht man – wie im Märchen *Das Wasser des Lebens* – wieder am Anfang der Entwicklung.

Die bösen Verwandten – Doppelheiten

Doch diese wundersamen Mächte haben Grenzen, denn auch Yubaba fürchtet sich vor einem Wesen, das ihr besonders nahesteht, nämlich vor ihrem eigenen Baby, das seine Mutter gängelt und mit Erpressungsmethoden im Griff hat. Man schmunzelt, wie dieser kleine Tyrann in vertrauter Weise, wie zahlreiche Erziehungsratgeber beklagen, die Herrschafts-Verhältnisse umzudrehen vermag. Kleinkindhaftes entpuppt dabei auch seine monströsen Züge – das Baby tritt als riesenhafter Sumo-Ringer in Erscheinung – und rückt der Kultivierung beängstigend nahe. In seinem von Spielzeugen überquellenden, aus Angst vor bedrohlichen Bakterien von der Außenwelt abgeschotteten, Kinderzimmer bringt es die mächtige Zauberin zum Zittern. Als ihr Kind verschwunden zu sein scheint, wird selbst sie menschlich schwach und verwundbar. Ebenso beunruhigt sie ihre Zwillingsschwester Zeniba, die als ihr gutes Pendant erscheint. Mütterliches wird dabei in Gestalt der bösen Hexe Yubaba und ihrer lieben Zwillingsschwester in eine wohlwollende und in eine bedrohliche Seite aufgespalten.

Im Märchen wird diese Seite an den böswilligen Brüdern und der todbringenden gnadenlosen Strafe des Vaters zum Ausdruck gebracht. Dieser harte feindselige Zug bei den nächsten Anverwandten spielt auf Ambivalenz in den engsten Bindungen an. Wo Liebe ist, ist auch Hass – ein Zusammenhang, der für Menschen schwer zu verkraften ist und zu allerlei seelischen Klimmzügen führt, um diese heftige Spannung aushaltbar zu machen. Man mag nicht wahrhaben, dass man den liebsten Wesen gegenüber zugleich auch böse Gefühle hegt. Oft zettelt man eskalierende Streits an oder weidet sich in bohrendem Ingrimm wegen kleiner Details, um sich Wut und Rachegelüste erlauben zu dürfen. Auch in mehr oder weniger verhehlter Schadenfreude darf sich diese Feindseligkeit einmal zeigen. Wenn diese

Zwiegespaltenheit im Behandlungsprozess berührt wird, sind dies besonders aufrüttelnde Momente.

Ambivalenz wird auch in *Chihiros Reise ins Zauberland* in der Freundschaft mit dem Jungen Haku erlebbar. Obwohl er Chihiro zwischenzeitlich sehr kühl begegnet, sodass sie sich, an seiner Zuneigung zweifelnd, fragt, ob es gar zwei Hakus gebe, hält sie zu ihm. In Lin, einem älteren Mädchen, das Chihiro betreut, findet sie eine Vertraute, der sie ihre Traurigkeit über diese verspürte Fremdheit offenbaren kann. Sie erfährt, dass Haku sich in die Gewalt der Hexe gegeben habe, um wie diese beeindruckende Zauberkräfte zu erlangen. In ihrem Auftrag muss er Böses tun und der Zwillings-Hexe Zeniba ein wertvolles Schutzzauber-Siegel stehlen. Zum fliegenden Drachen verwandelt, wird er von Vögeln aus Papier angegriffen und verwundet und durch das Siegel innerlich zerstört. Blutüberströmt windet er sich vor Schmerzen. Ohne zu zögern, opfert Chihiro den Kräuterkloß, den sie für die Rettung der Eltern aufgehoben hatte, um den Freund zu heilen und den unheilvollen Zauber unwirksam zu machen.

Die Reise durch das Wasser

Chihiro macht sich in einem Zug durch das Wasser auf eine Reise, die zunächst ohne Wiederkehr scheint, um der guten Hexe das Siegel zurückzubringen und ihr Befreiungswerk zu vollenden. Sie wird begleitet von lustigen verwandelten Mischtierchen – eins ist halb Hamster, halb Ratte – die auf witzige Weise physikalische Gesetze außer Kraft setzen, indem das kleinere fliegenartige Geschöpf den erheblich schwereren Kameraden durch die Luft trägt. In dem Zugabteil spielt sich zwischen durchsichtigen Geistwesen Alltägliches ab. Der lieben Hexe hilft man dann in ihrer gemütlichen Stube beim Spinnen und Stricken. Das einsame Ohngesicht findet hier ein Zuhause. Chihiro erhält ein Talisman-Band, an dem alle gemeinsam gesponnen haben, als Geschenk. Der Übergang zum Alltagsleben kündigt sich bereits an.

Auch andere Wesen dieses Reiches, deren Zuneigung Chihiro gewinnt, helfen ihr im Verlauf der Reise, das Verwunschene durch Mut und Liebe zu erlösen. Ohne deren märchenhafte Unterstützung, z.B. auch ohne das hilfreiche Eingreifen eines der Papiervögel, die Haku bedrohten, wäre ihr das alles nicht gelungen. Diese schutzengelhafte Behütung wird als schön empfunden. Zwar muss Chihiro hart arbeiten, doch fällt ihr auch einiges aus Gnade einfach zu. Diese Mischung aus eigenem Erwirken und schicksalhafter begünstigender Fügung erscheint trotz der wundersamen Qualität glaubhaft. Chihiro erfährt, dass sich hinter Haku der Flussgott Kohaku verbirgt, der sie auch einst beschützend an die Hand genommen hatte, als sie als kleines Mädchen in einen Fluss gefallen war und zu ertrinken drohte. Schließlich gelingt es ihr auch, als sie unter vielen gleich aussehenden Schweinen, die zur Schlachtung vorgesehen sind, ihre Eltern erkennen soll, Yubabas listenreiche Aufgabe zu lösen und die Eltern zu befreien.

Kreisprozess – Wieder am Anfang

Chihiro bedankt sich brav, sogar bei der bösen Hexe, die sie nun Großmütterchen nennt, und nimmt von dieser Welt Abschied. Auch von Haku muss sie sich leider trennen. Er kann sie nur ein Stück weit begleiten, und sie darf sich nicht nach ihm umsehen, doch versprechen sie einander, sich wiederzusehen. Das Trennungsthema, das zu Beginn erlebensmäßig anklang, rundet sich hier in der Aussicht auf eine Wiedervereinigung. Als Chihiro mit ihren Eltern den Weg zum Wagen zurückgeht, wiederholt sich der Dialog mit der Mutter, die Chihiros ängstliches Anklammern als lästig beklagt. Der Blick auf den Rücken des entschlossen vorausgehenden Vaters knüpft identisch an den Anfang an, als habe alles, was sich dazwischen ereignet hatte, gar nicht stattgefunden. Auch im Märchen setzt der König nach dem Lebenstrank das Leben als junger Mann fort, ohne geschichtliche Spuren. Die Eltern erinnern sich an nichts. Doch finden sie das Auto staubbedeckt vor – anscheinend ist einige Zeit inzwischen vergangen. Chihiros Talisman-Band, das in ihrem Haar steckt, bezeugt ebenfalls die Realität des Geschehens.

Märchenhafte Selbstwahrnehmung der seelischen Produktion

Der Zuschauer nimmt all diese Details wahr, die Sinne weit geöffnet, um sich nichts aus dieser wundersamen Welt entgehen zu lassen. Man gerät im Erlebensverlauf dieses Flusses aus gezeichneten materialen Bildern in einen rauschartigen Verwandlungssog, der alles ergreift. Naturprozesse werden zum Sinnbild der Verschmelzung von Mythen aus verschiedenen Kulturkreisen. Samurai-Erzählungen und japanischer Animismus, europäische und amerikanische Überlieferungen changieren in dieser verzaubernden spielerischen Odyssee und sind in einem schillernden Ganzen, das eindeutige Kategorien auflöst, miteinander verwoben. Verwundert genießt man das Verwandeln an sich, die Fülle an wechselnden Bildern und ihren Übergang ineinander, das Umkehren von Perspektiven sowie ungewohnte Blicke wie z.B. das Aufspannen des Hexenrockes, als Yubaba sich in die Tiefe stürzt, oder den Prozess des Verflüssigens. Die Nähe zur Traum-Verfassung hängt mit diesem Erleben zusammen, denn auch der Traum ist die „Selbstwahrnehmung der seelischen Produktion"[79]. Darin allein liegt schon der Genuss begründet. Verwandlung selbst ist der Inhalt – durch sie werden wir gebannt.

Die seelische Qualität des Wassers

Von dieser Verwandlung und den materialen Qualitäten, in denen sie sich vollzieht, handeln die Märchen. *Das Wasser des Lebens* belebt vor allem seelische Verflüssigungsprozesse – der zentrale Stoff dieses Märchens ist das Wasser. Nebulöses, Transparentes, Verspiegeltes, Schemenhaftes bewegt sich in einem Meer aus Wasser und Luft, in dem alles ineinander über geht. Der unübersetzbare Originaltitel „Spirited Away" fasst diesen Zustand angemessener in Worte. Das fließende Wasser, mit dem Chihiro den gewaltige Ausmaße annehmenden Faulgott übergießt, ohne sich wie die anderen vor dem widerlichen Schlamm und dem unerträglichen Gestank, der dabei freigesetzt wird, zu ekeln, sodass bei dieser Reinigungsprozedur eine befreiende Wandlung herbeigeführt wird, versinnlicht diesen Prozess. Wasser verflüssigt Festgefahrenes, belebt Totes. Die verzauberte Burg ist von Wasser umgeben, aus dem der verwunschene verletzte Drachenjunge sich herausschlängelt, um erlöst zu werden.

Wasser verflüssigt Festgefahrenes, belebt Totes

Im Erleben dieses Films werden Wege aus den Engpässen entworfen, in denen sich unsere Kultur befindet. Mitgefühl, Konsequenz, Selbstbegrenzung erlösen aus einem Feststecken in

---

[79] Salber, Wilhelm: Traum und Tag. Bonn 1997, S. 89

Zwängen, die aus einer unmäßigen Gier erwachsen. Diese Form von Verkehrung macht der Film auch dadurch transparent, dass Yubaba gar mit Verwandlung „als Strafe" droht. *Chihiros Reise ins Zauberland* führt uns vor Augen, wie man sich aus der Selbstfesselung befreien kann, wenn man der Angst ins Auge sieht, unvermeidliche Trennungen und Begrenzungen akzeptierend. Dies ist ein mühsamer Prozess, in dem man tätig werden und wieder sinnliche Erfahrungen machen muss. Der banale Alltag mit seinen Notwendigkeiten und Materialbewegungen setzt den panischen Überdrehungen etwas entgegen. Konsequenz und Bindung – dafür stehen Brot, Schwert und Liebe im Märchen – versprechen Halt und Bergung in einer aufgelösten Welt. In der Einheit mit Helfern, deren Unterstützung man nicht hochmütig abweist, kann man auch in einer Welt bestehen, die zum Fürchten ist, weil darin zauberische Kräfte eine sogartige Anziehung entfalten. Dieser Bann kann allerdings nur gebrochen werden, wenn man von der Allmacht lässt, die nichts Bedingtes und Bestimmendes hinnehmen will. Von diesen Sinn-Zusammenhängen spricht *Chihiros Reise ins Zauberland* in phantastischen Bildern unmittelbar zu uns.

Das Wasser des Lebens in der Werbung:

Ein Evian-Werbespot[80]

Im Jahr 2004 kreierte die Werbeagentur BETC EURO RSCG einen Werbespot für die französische Wassermarke Evian, der mit dem Grand Prix der Eurobest Live prämiert wurde und als Kultspot bis heute im Internet in unzähligen Video-Foren häufig heruntergeladen wird. An seinen Erfolg lehnten sich andere wie die Baumarkt-Kette OBI oder Pepsi mit ihren Werbefilmen an, indem sie den Drive der Musik „We Will Rock You" von Queen für ihre Produkte auszunutzen suchen. Die psychologische Wirkung dieses Evian-Spots hängt mit der geschickten Präsentation des fundamentalen seelischen Verhältnisses des Märchens *Das Wasser des Lebens* zusammen, die auf spritzige Art und Weise die psychologische Funktion von Wasser im Alltagsleben vermittelt und Evian als Lösung für diese märchenhafte Grundspannung anbietet. In etwa zweieinhalb Minuten komprimiert entrollt sich eine ausgedehnte Psycho-Dramatik im Kleinen. Schon die Wiedergabe des Inhalts des Spots nimmt größeren Raum in Anspruch. Da nicht garantiert ist, dass der Spot auch zu einem späteren Zeitpunkt noch immer im World Wide Web verfügbar sein wird, wird er relativ detailliert beschrieben.

Die Szenenfolge des Spots

Auf blauem Hintergrund sieht man die Zeichnung eines halb mit Wasser gefüllten Glases. Zunächst ist die Perspektive schräg von oben auf das Glas gerichtet. Ein klatschendes und

---

[80] www.youtube.com/watch?v=s7fre8mnKeI

stampfendes Geräusch schwillt immer mehr zu einem mit piepsiger Kinderstimme gesungenen Song an, den man bald als Queens „We Will Rock You" erkennt. Während das Glas in einer kippenden Bewegung in die frontale Perspektive wandert, wird das zunächst still ruhende Wasser immer mehr im Rhythmus der Musik aufgewühlt. Die räumliche Darstellung kippt dabei in die Zweidimensionalität. Wasser spritzt an beiden Seiten des Glases hoch.

Es mutet zunächst wie ein krakenähnlicher Arm und dann wie zwei Ärmchen an, die sich am Glasrand festhalten, bis sich schließlich eine Art Wassertropfen herausbildet, aus dem sich ein ganzes Männchen formt.

Dieser Water-Boy hat dem comicartigen Spot seinen Namen gegeben. Er taucht einmal noch in die Flüssigkeit ein und springt dann schwungvoll aus dem Glas heraus. Beim Herausragen aus dem Wasser beginnt dieses kesse

Schöpfungsakt   Water-Boy-Spot © Evian

Kerlchen mit Irokesenfrisur den Songtext von Queen zu singen. Die laute, anpeitschende Musik wird durch Scratchen verzerrt. Im Glas bleibt nur noch eine kleine Menge Wasser zurück.

Die Beine und Arme im Rhythmus der Musik bewegend, marschiert das Wassermännchen los, hüpft mit großen Sprüngen und hinterlässt beim Aufspringen stets eine kleine Pfütze. Es hüpft an roten Mohn ähnlichen Blumen vorbei, welche die

Köpfe hängen lassen und diese in dem Augenblick, als das Männchen an ihnen vorbeikommt, wieder heben, als seien sie zu neuem Leben erweckt worden.

Beschwingt jumpt das Männchen weiter, springt auf eine Seife, woraufhin die trockene Seife Schaum entwickelt und das Männchen, das auf der pinkfarbenen glitschigen Seife herumrutscht, von oben bis unten einschäumt, sodass es ganz weißlich wirkt. Von dort hüpft es durch den Regen, der den Schaum abwäscht. Nach dieser Dusche wirkt es größer und kräftiger, als sei es gewachsen.

Nun springt es auf eine Art schwarzen Wischmopp, der mit seinen nach allen Richtungen abstehenden Strähnen wie ein punkiges Rußmonster aussieht. Der Water-Boy verschwindet kurz in diesem zotteligen Schwarz, woraufhin diese „Haare" glatt nach unten hängen. Mit seinen großen Augen, die es kurz schließt, wirkt dieses Wesen einen Augenblick lang traurig, dann schüttelt es kräftig seine Zotteln. Viele Wassertropfen spritzen dabei heraus, die als sieben Mini-Water-Boys weiterspringen.

Diese laufen zunächst unkoordiniert chaotisch durcheinander, überholen sich und schließen sich dann in Reih und Glied zu einer Marschkolonne zusammen. Geradewegs laufen sie in einen Schwamm hinein, von dem sie aufgesogen werden, wobei sich dieser verfärbt.

Als das schwarze Wischmopp-Monster auf den Schwamm tritt, wird ein großer Water-Boy in hohem Bogen herauskatapultiert. Er landet neben einem Feuerwehrschlauch mit geschwungener Wasserfontäne, auf der er wie auf Wellen surfend vorankommt. Danach hüpft er auf einen Zuckerwürfel, der sich unter ihm aufzulösen beginnt und schmelzend zusammensinkt. Weiterhüpfend nimmt er Anlauf und verschwindet in einem schwarzen Schlüsselloch, um nach kurzer Unsichtbarkeit durch ein Gitterfenster hindurchzuschlüpfen.

Während er sich durch das Gitter presst, zerteilt er sich in drei kleinere Water-Boys, die weitermarschieren. Das hintere Männchen springt dem Vordermännchen auf den Kopf, das wiederum auf das erste hüpft, wobei alle wieder zu einem großen Wesen werden, das sich auf seinem weiteren Weg wieder in drei Kleine aufspaltet. Die Drei springen kopfüber in einen Trichter und fließen

Nicht festzulegen   Water-Boy-Spot © Evian

in einem Strahl als ein großer Water-Boy wieder heraus.

Dieser bleibt kurz vor einer lodernden Feuerflamme stehen und pinkelt diese im Rhythmus der Musik stakkatomäßig aus. Keck triumphierend grinsend dreht er sich, als schaue er den Zuschauer an, hüpft weiter und tritt das Feuer ganz aus.

Dann jumpt das Männchen auf die brennende Zündschnur eines roten bombenartigen Knallkörpers und

Unkaputtbar   Water-Boy-Spot © Evian

löscht diese. Eine herabfallende Fliegenklatsche kann ihm ebenfalls nichts anhaben. Nach kurzer Auflösung gerät es wieder in Form und setzt seinen Weg unbekümmert fort.

Es schliddert, als laufe es Schlittschuh, durch das Wasser eines umgekippten und ausgelaufenen Aquariums, kickt einen zappelnden Fisch hoch und nimmt ihn in seinen Körper auf, woraufhin dieser anscheinend freudig darin umherschwimmt.

Danach springt es in ein Küchensieb, zerfließt durch die Löcher des Siebs, in dem der Fisch hängen bleibt. Dadurch entstehen erneut sieben kleine Water-Boys, die in einer Reihe weitermarschieren. Die Gruppe teilt sich dabei in drei und vier Männchen auf.

Sie klettern im Rhythmus der Musik hintereinander eine frostige schneebedeckte Tanne herauf und kühlen auf ihrem Marsch langsam aus, sodass sie wie schockgefrostet erstarren.

Schmerzfreiheit   Water-Boy-Spot © Evian

Sie werden durchsichtig, ihre Haare werden spitz wie Eiszapfen und ihre Mienen gefrieren zu Fratzen. Wie auf einer Skipiste gleiten sie herab und fallen in einen Topf mit dampfender Flüssigkeit, der auf einem lodernden Gaskocher steht. Als Dampf-Wolke steigen sie in den Himmel auf.

Eine zweite Wolke erscheint, die sich mit dieser Wolke vereinigt, wobei sich ein pulsierendes Herz bildet. In diesem entstehen gewittrige Blitze, die zwei Figuren wieder herausschleudern. Dem männlichen Figürchen ist ein weibliches mit einer Lockenfrisur, die an einen Rastafari denken lässt, zur Seite gestellt. Im Hintergrund taucht ein farbiger Regenbogen auf, vor dem sich beide vereinigen. Der Water-Boy löst sich in diesem Prozess flüssig auf, die weibliche Figur gleitet vor und wieder zurück durch diese Flüssigkeit, die dadurch wieder die Gestalt des Water-Boys annimmt. Beide stehen sich gegenüber, springen leidenschaftlich aufeinander zu und verschmelzen vor einem knallroten Herz, das blinkt und herzförmige Kreise ausstrahlt. Die Aktion verschwimmt, die Formen gehen in dem symbolischen Liebes-Akt ineinander über. Diese Figuration lässt an einen Embryo denken.

Das Wassergebilde reißt sich kraftvoll wieder auseinander, sodass fünf kleine Nachkommen entstehen, die mit ihren Eltern ihren Marsch fortsetzen. Die Mutter läuft vorneweg, während der Vater die Kolonne abschließt. Der letzte kleine Water-Boy stolpert und fällt kurz ganz aus dem Bild heraus. Die anderen trotten zunächst unbeirrt weiter, auch der Vater, der den Kleinen überholt, scheint sich nicht darum zu kümmern. Schließlich rappelt der Kleine sich auf, holt die anderen wieder ein und ordnet sich erneut in die Marschkolonne ein.

Die gesamte Familie läuft auf das Meer zu, das von der knallroten untergehenden Sonne beleuchtet wird. Alle schreiten ins Meer hinein und gehen der Reihe nach unter. Nachdem sie zunächst ununterscheidbar im Meereswasser

Ewiger Kreislauf   Water-Boy-Spot © Evian

203

aufgegangen sind, spritzen kleine Tropfen in Gestalt der kleinen Water-Boys und der Eltern der Kleinen noch einmal hoch und zerplatzen in der Luft, wobei sie wieder Teil des Ozeans werden. Dann kehrt Stille ein. Die Musik endet, und man hört das Rauschen der Wellen. Das glitzernde ruhige Wasser ist vom Abendrot gefärbt. Ende.

Water-Boys unheimliche Verwandlungs-Reise

Auch diesem Spot liegt die Konstruktion des Märchens *Das Wasser des Lebens* zugrunde. Stärker als in *Chihiros Reise ins Zauberland* rücken dabei jedoch abgründige, verstörende Momente des Märchens in den Blick.

In den Erlebensbeschreibungen und Tiefeninterviews zu diesem Spot ist durchgängig von gemischten Gefühlen die Rede. Man schaut gebannt hin, ist zunächst amüsiert und wird mitgerissen, doch bald bleibt einem das Schmunzeln im Halse stecken. Einerseits wird das Comicartige als ansprechend, das kesse Punk-Männchen als gewitzt und die stark rhythmisierende Musik als dynamisch-anpeitschend beschrieben. Andererseits kommt man bei dem rasanten Tempo nicht recht mit, vieles rauscht an einem vorbei, und man wird der immer neuen Varianten müde. Der Spot mutet länger an, als er in Wirklichkeit ist. Es wird irgendwie „zuviel", und manch einer wünscht ein vorzeitiges Ende herbei. Eine beunruhigend-unheimliche Stimmung kommt zunehmend auf, die einige nach dem Spot verstummt zurücklässt und deren Auslöser zunächst nicht fassbar erscheint. Erst die eingehende Analyse macht verständlich, was an dem Spot erlebensmäßig nicht geheuer ist.

Geburtsbilder

Die ersten Bilder lassen an die Entstehung des Universums, an Ursuppe und Urknall-Szenarien, an erste Zellteilungen und ganz allgemein an Geburtsvorgänge denken. Das Männchen, das sich aus dem Sturm im Wasserglas zunächst ärmchenweise herausformt, weckt diese Welt-Schöpfungs-Assoziationen. Die Aussicht auf eine Wieder- oder Neugeburt, die die drei Brüder im Märchen auf die Reise schickt, steht im Spot am Beginn der Lebenslauf-Reise des Water-Boys. Bereits in den allerersten Sekunden des Spots wird eine Unruhe verspürt, in der noch alles möglich ist. Dieser diffuse Zustand voller ungerichteter, spannungsvoller Bewegung ist seelisch die Ausgangslage für jegliche Entwicklung. Etwas ist „nicht mehr" und anderes ist „noch nicht". Es hat eine überraschende Qualität, wenn dann auf einmal etwas in der Welt ist. Im Evian-Spot wird diese Geburt eines Wesens mit Freude erlebt. Man schließt dieses kleine freche „Kindlein" ins Herz und begleitet sein Abenteuer zunächst mit einem Sympathie-Vorschuss[81].

Wenn Menschen in Krisen hineinkommen und kein Bild davon haben, wie ihr Leben weitergehen wird, geraten sie auch in solch eine diffuse Unruheverfassung, in der sich seelisch etwas sortiert, bis sich allmählich eine Ausrichtung herausdestilliert. Dies sind unausgegorene Zustände, die manchmal nicht leicht zu durchleben sind. Der Versuch, den Prozess der Erneuerung abzukürzen oder anzutreiben, fruchtet nicht. Es braucht seine Reifungs-Zeit, bis aus Altem Neues entsteht. Eine längere beschwerliche Reise, wie sie das Märchen schildert, muss dabei angetreten werden. Die Tendenz, durch Geschäftigkeit zuzudecken, was amorph verspürt wird, vergibt diese Möglichkeit zur

---

[81] Im Gegenteil dazu löst es in Horrorfilmen ein Grausen aus, wenn sich plötzlich eine neuartige Kreatur mit befremdend-ekeligen Wesensmerkmalen herausentwickelt, von der man nicht weiß, was sie anrichten wird.

Entstehung und Bewusstmachung neuer Impulse, die dem Leben wieder Schwung und Richtung geben. In der beschleunigten Gegenwart können die Menschen solch eine schöpferische Übergangszeit oft nicht gut ertragen. Selbst Entspannung und Wellness wird in geordneten Programmen abgehandelt. Das Herstellen von Rahmenbedingungen, angenehmem Ambiente, vielfältigen Relax-Mitteln und Gebrauchsanweisungen zum „Loslassen" soll die maximale Erholung auf Knopfdruck garantieren. Warten, Langeweile, Nichtstun und Ungerichtetes wird nicht gerne gelitten. Dabei beraubt man sich der Chance, in Tuchfühlung mit dem zu kommen, was anders werden will.

Vorwärts!

Diese aus der Unruhe entstandene klare Stoß-Richtung geht durch den, zunächst an einen Herzschlag erinnernden, Schlag-Rhythmus von „We will rock you" regelrecht körperlich ein. Es formiert sich eine Art Marsch, der geradewegs unaufhaltsam vorangeht. Leidenschaftliche Besessenheiten führen im Seelischen aus einer Richtungslosigkeit heraus. Dann wissen wir, was zu tun ist, und gehen es an. Auf diesen kraftvoll mobilisierenden Zug versuchen auch andere Spots mit Variationen dieses Songs aufzuspringen. Die Geradlinigkeit eines solchen Weges ohne Zaudern und Innehalten wird im Märchen auch im Ritt des Jüngsten zur Prinzessin als unbeirrbare Entschiedenheit vor Augen geführt. Nichts, auch kein Gold, kann ihn von diesem Weg auf Nebenwege ablenken. Das sehnsuchtsvolle Bild der Liebe zur Prinzessin leitet ihn. Dieses fast automatisierte Mit-Marschieren im Rhythmus der Musik packt den Zuschauer, erscheint einigen aber auch suspekt, indem es Assoziationen an demagogische Massenphänomene aufruft, worin die diktato-

rische Seite des paradoxen Grundproblems des Märchens anklingt.

Phönix aus der Asche

Zunächst macht es großen Spaß, das trotzige Punker-
Kind mit Irokesenschnitt auf seinem Weg zu begleiten. Der
kleine Vor-Läufer scheint in seiner punkartigen Unangepasst-
heit energisch etwas gegen den Mainstream zu setzen. In der
Hoffnung auf quirlige Lebendigkeit folgt man ihm anfangs bereitwillig. Das Hüpfend-Gleitende nimmt einen surfend mit auf
die Welt-Erkundungsreise. Worin sich Wasser nicht alles wandeln kann! Das ist toll! Es scheint wie ein Lehrfilm über die
Universalität von Wasser als Lebenselixier.

In vielen verschiedenen Bildern wird Verlebendigung inszeniert: Welke Blumen werden wieder zum Leben erweckt, ein
sterbender Fisch auf dem Trockenen zappelt nach der Belebung
durch Wasser wieder fröhlich in seinem Element. Wie Phönix,
der mythische Vogel, der bereits in der ägyptischen Mythologie
(Benu in Gestalt eines Reihers) verbrennt, um aus der Asche
wieder neu aufzuerstehen, mutet der kleine Boy an. Nichts
scheint ihm etwas anzuhaben. Man staunt über die Vielgestal-
tigkeit des Wassers in allen Aggregatzuständen. In flüssiger,
dampfender, gefrorener Form springt das Männchen durch die
Welt und führt vor, was es alles machen und was es alles werden
kann.

Diese Metamorphosen durchlaufen allerlei Teilungen
und Wiederverschmelzungen in einem permanenten Binden
und Lösen – aus Eins wird Drei, aus Sieben wird wieder Eins,
aus Groß wird Klein und umgekehrt. Immer wieder wird eine
Vereinigung inszeniert, die jedoch nur vorübergehend hält und
zu stets neuen Legierungen führt, die wiederum in die Ur-

sprungsgestalt transformiert werden. Ein kurzzeitiges Aufgehen in einem anderen Material, in einem Schwamm oder Wischmopp, kann, wie das emulgierende Sich-Verbinden mit Seife zu schaumartiger Konsistenz, jederzeit wieder rückgängig gemacht werden, ohne dass ein winziges Teilchen davon zurückbleibt. Die Reversibilität ist restlos. Man schaut ganz genau hin, um kleinste Anzeichen einer nicht vollkommen gelungenen Wiederherstellung wahrzunehmen. Dabei fallen die kleinen Pfützen auf, die der Water-Boy bei seinen ersten Hüpfern hinterlässt, die sich aber sogleich auflösen und nicht zu einem Verlust an Masse führen. Das Männchen geht unwandelbar durch alle Wandlungen hindurch – dies ist seltsam.

Während es allerlei brenzlige Situationen, wie Angriffe von Fliegenklatschen, eine Feuerwalze und die brennende Zündschnur eines Sprengsatzes, spielend meistert, wächst das Unbehagen an der Unzerstörbarkeit dieser Figur, die nur kurzfristig ihre Form verliert und dann unbeeinträchtigt weiterzieht. Diese Attacken werden als wuchtig erlebt, und man wundert sich, wie leicht sie weggesteckt werden. Auch dem Männchen selbst wird Aggression zugeschrieben: Wie es kräftig auf den Fisch tritt, das Wischmopp-Untier kurz depressiv macht, die Art, wie man einander auf den Kopf stampft, um aus Dreien wieder Eins zu werden und auch wie Water-Boy und Water-Girl vor dem symbolischen sexuellen Akt stürmisch aufeinanderlosgehen, als wollten sie miteinander kämpfen – in all dem schwingt eine gewalttätige Note mit, die jedoch auch offensichtlich keine zerstörerischen Wirkungen hat. Das intensive Rot versinnlicht nicht nur die Liebe, sondern auch die blutrote Aggression. Rhythmisch kehrt das Feuerrote in den Mohnblüten, im Feuer sowie im pulsierenden Herz wieder und findet am Ende in der knallroten Sonne noch einmal verdichteten Ausdruck. Harmlos kindlich ist das Ganze nur scheinbar – es geht zugleich ganz schön heiß her. Auch die Darstellung der Sexualität hat etwas von beidem.

Das Ungeheure der Unverwundbarkeit

Im Erlebensverlauf wird der als arrogant ausgelegte Blick des Water-Boys nach dem „pipileichten" Löschen des Feuerstrahls zu einem Einschnitt. Darin drückt sich der hochmütige Zug des Märchens aus. Dieser Triumphmarsch, der ungebrochen Wandelbarkeit und Potenz demonstriert, beginnt zu nerven. Das ist ja ein regelrechter Großkotz, dem man gar nichts anhaben kann! Nicht einmal ein Gefängnisgitter wird zur unüberwindlichen Hürde. Überall kann er sich durchschlängeln. Ebenso lässt das als schmerzend miterlebte Auftauen des Eismännchens im kochenden Wasser keinerlei Weh-Laut hören. Das muss doch brutal wehtun und könnte vielleicht das Leben kosten!, empfinden einige Zuschauer. Im Erleben kommt eine deutliche Betroffenheit auf – man geht gefühlsmäßig stark mit.

In der psychotherapeutischen Behandlung von Menschen, deren Panzer ein Mitempfinden fast ganz abgetötet hat, lässt sich dieses Phänomen ebenfalls beobachten. Dieser hergestellten Eiseskälte entspricht gleichsam umgekehrt proportional der Grad, in dem die emotionslosen Beschreibungen drastischer Erlebnisse dieses Menschen den Therapeuten aufwühlen. Dieser fungiert gleichsam als eine Art Spiegel, indem er z.B. stöhnend oder seufzend oder durch unwillkürliche Ausrufe diese Schilderungen kommentiert und auf diese Weise die abgetöteten Empfindungen in den Behandlungsprozess einbringt, die der Behandelte selbst gar nicht mehr wahrzunehmen vermag. Diese sogenannte projektive Identifikation stellt sich gleichsam automatisch ein und wird nicht künstlich als Instrument in den Behandlungsprozess eingeführt. Der Therapeut als eine Art

Schwingkörper erfährt dadurch, in welchem Maße der Mensch auf der Couch ein Mitfühlen abgeschnitten hat. Je stärker er selbst in Betroffenheit gerät, ohne dass beim Gegenüber irgendeine Resonanz zutage tritt, umso erkennbarer ist die grundlegende Teilnahmslosigkeit des anderen.

Mitmachen oder Widerstehen?

Besorgt fürchtet man z.B., dass eines der kleinen Waterboy-Kinder am Ende der Reihe den Anschluss verpassen und verloren gehen könnte. Wieso achten die Eltern nicht darauf?, fragt man sich. Zum Glück kehre es von allein nach seinem kurzen „Irrweg" zu den anderen zurück und reihe sich wieder nahtlos ein. Querköpfiges wird im Spot ambivalent erlebt. Einerseits ist man das Mitmarschieren irgendwann leid und sehnt sich ein Rebellieren herbei, das der kleine Schlingel am Anfang auch zu versprechen schien. Von Anti-Haltung sei bei diesem Punk, der anscheinend ein bürgerliches Ideal mit Frau und Kindern lebt, jedoch letztlich gar nichts zu beobachten, wird von den Zuschauern geäußert. Irgendetwas soll das Ganze gründlich aufmischen und gegen den Strich bürsten, wünscht man sich. Der geordnete Marsch hat Züge eines Diktats, dem man etwas entgegensetzen möchte. Andererseits sucht man alle brav in Reih und Glied einzuordnen und gibt Acht, dass sich niemand außerhalb stellt. Der Blick ist für die Gleichförmigkeit dermaßen geschärft, dass auch auffällt, wenn die Reihe nicht gleichmäßig geschlossen ist, sondern zwischen Dreien und Vieren eine kleine Lücke klafft. Verschiedene erfolgreiche Wasser-Ballett-Spots von Evian haben diesen Aspekt in Bilder gefasst. Auch dabei „marschieren" alle sozusagen in Reih und Glied in einer Choreographie, die dem Einzelnen in einem großen Ganzen seinen unverrückbaren Platz zuweist. In dieser Einheitlichkeit liegt sowohl ein Reiz als auch etwas, das einen Widerspruchsgeist gegen das perfekt Abgestimmte auf den Plan ruft. Solch ein Gleichklang droht auch schnell langweilig zu werden.

Durchdrehende Verwandlungsmonotonie

Je weiter das Männchen voranschreitet, umso mehr wartet man darauf, dass irgendetwas dem pausenlosen Verwandeln einen ernsthaften Widerstand setzt. Man sehnt eine Störung herbei. Es kann doch nicht ungehemmt so weitergehen! Keiner dieser Stolpersteine scheint eine wirkliche Herausforderung zu sein und das unaufhaltsame Vorwärtskommen bremsen zu können. Solch eine Gestalt, die ohne Narben, Falten und Blessuren durchs Leben wandelt, ist unheimlich. Die Kehrseite ewig-jungen Lebens wird darin offenbar. Wir alle haben die Erfahrung gemacht, dass das, was wir durchmachen, irgendwelche Spuren hinterlässt. Das Leben als unbeschriebenes Blatt verliert bald seinen Reiz. Es wird sichtbar, dass all diese herausgekehrte Verwandlungskunst letztlich nur dazu dient, sich gar nicht zu verändern. Rastlose Pseudo-Bewegtheit kann synonym mit regloser Starre sein. Das ist paradox.

Im Erlebensprozess wird in diesem Spot verspürt, wie ein Verwandlungszwang eigentümlicherweise dazu eingesetzt werden kann, alles beim Alten zu lassen. Man nimmt alle erdenklichen Formen an, um Konsequenzen auszuweichen, die aus der Festlegung auf eine bestimmte Gestalt erwachsen würden. Dabei versucht man, ungeschoren von einschneidenden Veränderungen durchs Leben zu gehen.

Die Reise tritt auf der Stelle

Der Songtext von Queen wird in diesem Zusammenhang als Revolutionslied aufgefasst, das agitatorisch zum Gang auf die Barrikaden aufruft und am Ende feststellt, dass letztlich nicht wirklich etwas aufgerüttelt (rock) worden ist[82]. Der Bezug zu übergreifenden Kulturprozessen klingt darin an: Indem man nach der Devise zu leben versucht, dass alles möglich und nichts verbindlich ist, sucht man im Grunde krampfhaft, sich keinen Millimeter von der Stelle zu bewegen. Man sagt A, schmeckt alles an und sucht sich dann um das B geschickt herumzudrücken. Im Märchen wird dies an den Stellen deutlich, wo es keinen Schritt vor und keinen mehr zurückgeht. Man steckt zwischen unbeweglichen Felsen fest und kann, so eingeklemmt, nicht einmal mehr vom Sattel steigen. Diese Starre erfordert einen riesigen Aufwand, wenn das Gegenteil vorgemacht werden muss, als sei man ein Wunder an Beweglichkeit.

---

[82] Songtext von Queen "We Will Rock You": Buddy you're a boy make a big noise/Playin' in the street gonna be a big man someday/You got mud on yo' face/You big disgrace/Kickin' your can all over the place/Singin/'We will we will rock you/We will we will rock you/Buddy you're a young man hard man/Shoutin' in the street gonna take on the world someda/You got blood on yo' face/You big disgrace/Wavin' your banner all over the place/We will we will rock you/Singin/We will we will rock you/Bud-dy you're an old man poor man/Pleadin' with your eyes gonna make you some peace someday/You got mud on your face/You big disgrace/Somebody better put you back in to your place/We will we will rock you/We will we will rock you/We will we will rock you/We will we will rock you

Die gruselige Kehrseite ewigen Lebens

Das Wasser des Lebens verspricht ein Mittel, den Vorgang der Verlebendigung ad infinitum fortsetzen zu können und dadurch den Tod unwirksam zu machen. Insofern geht das Märchen über *Dornröschen* hinaus, das den Tod lediglich aufzuschieben sucht. Hier soll es das ewige Leben und nie endende Jugendlichkeit geben. Im Erleben fühlt man belastende Nebenwirkungen dieser Lebenslauf-Reise mit, die im Spot ausgelassen werden. So komplettiert man im Erleben die Kehrseite ewigen unverwundbaren Lebens dazu – solch ein unendliches Dasein wäre nicht nur schön, sondern auch gruselig. Das Unheimliche erwächst daraus, dass dadurch ein endloser Kreislauf entsteht: Man ist dazu verdammt, am Leben zu bleiben, was zugleich Stillstand durch unaufhörliches Rotieren bedeutet. Diese Schattenseite von Jungbrunnen-Verheißungen wird als ein Fluch erlebt. Tod erscheint dann als Erlösung eines Lebens, das den Charakter von untoten Wiedergängern hat, als sei man wie ein Geist oder auf einem Gespensterschiff dazu verdammt, ohne Ende weiterzumachen.

Der Kreislauf des Lebens und des Todes

Wie *Chihiros Reise ins Zauberland* weist auch der Evian-Spot eine kreisförmige Struktur auf. Am Ende kehrt die Water-Boy-Familie ins Wasser zurück, fließt ununterscheidbar darin ein und löst auf diesem Wege ihre Gestalt wieder auf. Dieser Prozess löst eine Mischung aus Trauer und meditativer Beruhigung aus. Man ist traurig, dass die kleinen Männchen, die man im Verlauf des Spots irgendwie lieb gewonnen hat, gleichsam ins Wasser, in den Tod gegangen sind. Dadurch, dass die Betrachter, nachdem sich die „sterbenden" Männchen noch einmal kurz lebendig aufgebäumt haben, diesen Vorgang gedanklich fortsetzen und sich vorstellen, dass das ganze Spiel noch einmal von vorne losgehen könnte, wird der Spot zum Sinnbild für den unendlichen Prozess des Entstehens und Vergehens von Leben. Zugleich ist man erleichtert, dass das ermüdende Getriebensein des permanenten Wandels ein Ende gefunden hat. Ein endgültiger Abschluss wird ersehnt, sodass man irgendwie auch froh ist, dass die Water-Boy-Familie untergegangen ist. Das Erleben einer Überlänge des Spots hängt mit diesem Wunsch nach einem Limit zusammen.

Morphologische Marktforschung

Wenn Konsumenten ein Produkt oder eine bestimmte Marke bevorzugen, kaufen sie das komplette Bild, das mit dieser Marke verbunden ist und das sich in dem Ding, das sie mit nach Hause tragen und in ihren Alltag einbauen, materialisiert. Damit ist eine umfassende Einheit, ein Lebensentwurf gemeint, der viel mehr betrifft als das bloße Wasser an sich. Ohne dieses Bild, das dem Gegenstand einen Platz und Verwendungsmöglichkeiten im Leben zuweist, verkauft sich nichts. Ohne die Dinge wiederum leben Bilder nicht, denn Seelisches benötigt Medien im umfassenden Sinne, Mittel der Realisierung, um sich zu entfalten.

Werden Marken auf ihren psychologischen Gehalt hin untersucht, um spezifische Fragestellungen beantworten zu können, müssen zunächst Grundlagen-Studien klären, mit welchem seelischen „Stoff" man es überhaupt zu tun hat. Erst wenn man einen Begriff davon hat, wie Baumärkte, Fast-Food-Produkte, Kosmetikartikel etc. seelisch funktionieren, kann man Aussagen darüber treffen, ob eine Werbekampagne für eine bestimmte Firma oder ein Produkt ins Herz trifft oder am

Kunden vorbeigeht. Kenntnisse über sich vollziehende kulturelle Wandlungen sind ebenfalls vonnöten, um Vorschläge entwickeln zu können, wie man auf veränderte Märkte reagieren und neue Märkte erschließen kann.

Umgekehrt kann man, wenn man die Entwicklung von Produkten und ihrer Werbung verfolgt, deshalb auch im Umkehrschluss kulturelle Wandlungsprozesse verstehen. Typologische Beschreibungen von Trinkgewohnheiten und Produktvorlieben geben zugleich Einblick in umfassende Lebenshaltungen nach dem Motto: „Sage mir, was du trinkst, und ich sage dir, wie du bist und wie du mit der Wirklichkeit umgehst"[83].

Die seelische Bedeutung von Mineralwasser

Wasser als Stoff des Lebens hat als das wichtigste Lebens-Mittel eine zentrale Bedeutung im Leben der Menschen. Dies hat nicht nur damit zu tun, dass das Stillen von Durst ein elementares Grundbedürfnis ist. Wasser in seiner Reinheit, Klarheit und Transparenz, in seiner Durchlässigkeit und in seiner Wandelbarkeit bringt zugleich elementare seelische Zustände zum Ausdruck. Das Fließende, das Sprudelnde, das Siedende, das Nebelig-Dampfende, das Eisig-Kühle, das Trübe, das Aufgewühlt-Schäumende, das Still-Unbewegte, das Abgründig-Tiefe charakterisiert seelisches Sein in besonderer Weise. Eine besondere Stärke liegt auch darin, dass Wasser als steter Tropfen den Stein höhlt. Dass es häufig als Sinnbild für Unbewusstes dient, hängt auch mit dieser Vielfalt an Metamorphosen zusammen.

---

[83] Man darf diese Eigenheiten jedoch nicht als starre Typologien missverstehen. Mischformen und zeitweilige Wechsel zwischen diesen Umgangsformen sind die Regel.

Menschen geben Geld für Mineralwasser in Flaschen aus und begnügen sich nicht damit, ihren Durst aus dem Wasserhahn zu löschen, weil sie sich bei diesem Tauschhandel etwas versprechen. Sie möchten teilhaben an dem, was die Marke an Entwicklungsmöglichkeiten verheißt. Auch wenn alle Mineralwässer eine gemeinsame Grundstruktur haben, unterscheiden sie sich durch typische Feinheiten voneinander. Einige Marken decken mit einer größeren Produktpalette auch verschiedene Segmente ab. Wie viel, wann, in welchen Verfassungen im Tageslauf und welche Sorten und Marken getrunken werden, dies variiert, je nachdem, welche der beschriebenen psychischen Züge von Wasser im Vordergrund stehen.

Verflüssigen

Untersuchungen von verschiedenen Mineralwasser-Produkten haben gezeigt[84], dass Wasser eine wichtige Funktion im Seelen-Haushalt hat. Es verspricht, ins Stocken geratene, festgefahrene Verfassungen im Tageslauf sprichwörtlich wieder in Fluss zu bringen. Es fungiert als eine Art Selbstbehandlungs-Mittel, indem wir dann dazu greifen, wenn wir seelisch auf dem Trockenen sitzen und wieder flott werden möchten.

Welche Art des Wassers wir bevorzugen, hängt davon ab, ob wir diesen Prozess des Verlebendigens mehr oder minder sprudelnd wahrnehmen möchten oder ob er möglichst reibungs- und widerstandslos vor sich gehen soll. Der Kohlensäure-Grad entspricht dem Maß an Widerstand, das wir beim Herunterschlucken spüren wollen. Soll das Trinken als solches kaum merklich sein, werden kohlensäurefreie Mineralwasser bevorzugt. Die Art und Weise, wie Wasser zu sich genommen

---

[84] S. Rheingold-Trinktypen-Studie zu Gerolsteiner
www.gerolsteiner.de/index.ph?id=2180 Presse-Archiv. 20.06.06

wird, kann auch stark differieren. Menschen, die das Leben als Leistungsherausforderung sehen, pflegen eine große Menge Wasser in riesigen Schlücken zu sich zu nehmen. Nach Anstrengungen löschen sie ihren intensiven Durst nicht nippend, sondern durch einen kräftigen Strahl. Ihr Trinkbedürfnis korrespondiert mit ihrem sprichwörtlichen Tatendurst. Einen gefüllten Wasserbauch und das Aufstoßen durch die Kohlensäure nehmen sie insofern nicht ungern in Kauf, als sie darin einen Gradmesser für das Getane erleben. Wie ihr sportlicher Einsatz an der zurückgelegten Strecke, der investierten Zeit, der Menge an Schweiß etc. ablesen lassen soll, wie aktiv sie waren, versinnlicht auch die getrunkene Menge den Umsatz. Das Sport-Sponsoring im Mineralwassergewerbe soll körperliche Aktivitäten und den mit diesem Bild verbundenen Verbrauch an Wasser ankurbeln.

Wasser als Begleiter unterwegs

Seit einiger Zeit lässt sich beobachten, dass Wasser und andere Flüssigkeiten als ständiger Begleiter „to-go" möglichst immer griffbereit mit auf den täglichen, kleinen und kleinsten Reisen dabei sein sollen. In kleinen handlichen und leichten Kunststoffflaschen führen viele Menschen heute mit Vorliebe Wasser, aber auch andere Getränke permanent mit sich, um unabhängig von Nachschubquellen zu sein und jederzeit eine derartige Verflüssigung durchführen zu können. Im temporeichen Leben können wir Zustände des Festsitzens nicht mehr gut haben. Eine rasche Verlebendigungskur soll Abhilfe schaffen. Diese möchte man sich selbst spenden können, ohne von anderen abhängig zu sein. Tag und Nacht soll eine derartige Versorgung gewährleistet sein. Im Zustand des Durstes würden wir unser Angewiesensein zu intensiv spüren. Je nachdem, wie stark man den ewigen Fluss des Lebens ununterbrochen halten mag, umso häufiger muss man wieder Wasser zuführen. Manche Menschen trinken, damit ein Durstgefühl überhaupt gar nicht erst entsteht.

Andere wiederum zwingen sich regelrecht zum Trinken von Wasser und verwenden es als eine Art Pflichterfüllung, indem sie sich ständig daran gemahnen, ein medizinisch empfohlenes Maß zu sich zu nehmen. Neben dem Bett oder an anderen unübersehbaren Orten postierte Flaschen fordern zur Einhaltung dieses Gebotes. Auch wenn es ihnen widerstrebt, halten sie sich an diese Vorgabe und trinken planvoll und strukturiert. Genuss oder ein besonderes Erlebnis ist mit diesem Trinken nicht verbunden. Die Marke Gerolsteiner z.B. spricht diese Kunden mit Strukturierungshilfen für das „richtige" Trinken und Kontrollmöglichkeiten, ob sie genug zu sich genommen haben, auf ihrer Webseite[85] bewusst an.

Das Ausgewogene

Je nachdem, welche Süße oder Bitterkeit das Leben haben soll, werden Grad und Art der Aromatisierung des Wassers gewählt. Wellness-Versprechen mit grünem Tee und anderen Zusätzen in exotischen Mischungen spielen auf Relax-Oasen an, die man sich im durchorganisierten atemlosen Alltag schaffen kann, ohne großen Aufwand betreiben und ohne die Rastlosigkeit ernsthaft aufgeben zu müssen. Ent-Spannung als neues Zauberwort soll jederzeit im Schnellverfahren griffbereit sein. Mineralwasserfirmen offerieren deshalb gerne auch Spa-Angebote, um dieses Anti-Stress-Bild zu unterstreichen. Abschalten und Auftanken, damit alles wieder im fließenden

---

[85] www.gerolsteiner.de/index.php?id=95

Gleichgewicht ist, wird mit einem Glücksversprechen gekoppelt (s. Gerolsteiner-Webseite: Schluck für Schluck glücklich!). Wasser wird dabei als Beruhigungsmittel angepriesen, das Aufregung wegspülen und Alltagsprobleme mit Aromen „verduften" lassen könne. Auch Anflügen von Depression in traurigen Tiefphasen, wie sie im Erleben des Water-Boy-Spots kurz aufblitzen, könne man damit begegnen. Das Farblose des Wassers, das lange als fad abgewehrt wurde, erfährt im Versprechen der Neutralisierung eines hochtourig überdreht laufenden Alltags eine Aufwertung als ausgleichendes Gegengewicht. Die heilenden Kräfte des Wassers als Gesund- und Jungbrunnen werden in vielen Werbungen ausgemalt.

Immer wieder neu

Wer stärkeren Wert auf ein „spaßorientiertes" Leben "voller Innovation" legt und diese Haltung sichtbar machen möchte, wählt eine Sorte Wasser, die sich schon deutlich einer Limonade annähert und belebend sprudeln und zischen soll. Dabei darf das transparente Wasser erkennbar bunt gefärbt sein. Neue Produkte werden bereitwillig probiert, ohne sich auf eine Lieblingssorte festzulegen. Fun-Aktionen und witzige Webseiten mit jugendlichem Coolness-Touch sollen diesen Zusammenhang beim Kunden ansprechen. Der comicartige Spot zielte auch auf diese Kundengruppe – wie auch beispielsweise Redbull, dessen Zeichentrick-Werbung dadurch sehr erfolgreich ist, dass sie im Verleihen von Flügeln u. a. Wünsche nach Abheben und schwebender Überlegenheit, die Grenzen überwindet, mit einer Unschuldsengel-Pose verbindet.

Am königlichen Hof

Seit einiger Zeit gewinnen ästhetische Gesichtspunkte an
Bedeutung. Wasserflaschen sollen der dekorativ geschmückten
Tafel einen zusätzlichen Glanz verleihen. Das Besondere und
Ausgezeichnete wird nicht nur durch stilvolle Flaschenformen
und -farben sowie durch Etiketten mit Krönchen, Siegel, Stern-
Prämierungen (s. Gerolsteiner-Spots 2009 – Wasser mit Stern:[86]
„So gut kann Wasser sein") und Goldrand unterstrichen, son-
dern auch durch Königinnen-Auftritte beworben. Ein Werbe-
spot von Apollinaris[87], in dem eine Königin Boten im ganzen
Land auf die Suche nach einem feinperlenden und reinen
Wasser schickt und angeekelt einige schlechte Proben aus-
spuckt, bis ein scheuer Jüngling das Beste aus Deutschland
bringt, nämlich eine Flasche Apollinaris, greift die schwierige
Suche nach dem Wasser des Lebens und den Meereswasser-
Trunk mit der tödlichen Strafe aus dem Märchen explizit auf.
Diejenigen, die nicht das rechte Wasser bringen, werden gnadenlos bestraft, ins Wasser geworfen oder mit Hunden gejagt –
ein Schicksal, dem der Jüngste im Märchen gerade noch entkommen ist. Die traditionsreiche Kombination von Wasser und
Wein, die in der letzten Zeit in der Werbung angesprochen
wird, spricht alte Bilder ausgedehnten Tafelns an opulent ge-
deckten Tischen an. Diesem Trend zur Ästhetisierung des im
Grunde banalen und farblosen Lebens-Mittels Wasser trägt
Evian Rechnung, indem Designer wie Jean Paul Gaultier exklu-
sive Jahresflaschen in limitierter Stückzahl kreieren.

---

[86] www.gerolsteiner.de/index.php?id=3981
www.gerolsteiner.de/index.php?id=3982
[87] www.youtube.com/watch?v=rAgYw50twaA

Evian – natürlich jung

Wie positioniert sich die Marke Evian in diesem Mineralwasser-Markt? Welche Züge des Märchens greift sie in welcher Form auf? Die Marke Evian existiert seit über 200 Jahren und ist weltweit Marktführer im Produktsegment der Wässer ohne Kohlensäure. Rund 1,7 Milliarden Liter Wasser werden jährlich in über 100 Ländern weltweit verkauft. In den letzten Jahrzehnten hat sich der Mineralwassermarkt rasant entwickelt. Während in den 60er Jahren die Farblosigkeit und das nahezu Geschmacklose von Wasser als langweilig und grau erlebt wurde und der Absatz stagnierte, setzte eine Entwicklung ein, die einen regelrechten Mineralwasser-Boom bescherte.

Konstanz auf Reisen

Als klares Quellwasser beworben, spricht es Reinheit, Frische und ungetrübte Natürlichkeit an. Bilder von sprudelnder kühler Quelle verlocken zum labenden, kühlen Trunk. Gewaltige Berge und unberührte Natur in den französischen Alpen werden als Heimat und Zuhause gepriesen. Sie stehen als Reservat, dessen Kostbarkeit erhalten bleiben soll, für einen unveränderlichen Ursprung. Evian wird mit einem Diamanten verglichen, der in den Alpen wie in einem Schmuckkästchen bewahrt wird, was wie das Schloss im Märchen anmutet, welches das wertvolle Lebenswasser sicher und gut bewacht in sich birgt. Dieses schätzenswerte Gut soll für folgende Generationen erhalten werden. Sauberes Trinkwasser wird als sich verknappender und dadurch in Zukunft potenziert wertvoller Rohstoff immer mehr zu einem „Schatz", um den Zukunftsforscher in nicht allzu ferner Zeit globale Verteilungskämpfe entbrennen sehen.

Die konservative Struktur der Märchen-Konstruktion, die sich – wie die Analyse gezeigt hat – im Water-Boy hinter all der Verwandlungszauberei verbirgt, steht damit im Zentrum der Werbung der Marke. Das Gleichbleibende wird betont, indem herausgestellt wird, dass es auf der 15 Jahre dauernden Reise (!) durch die Tiefen der Alpen an die Oberfläche stets in ausgewogener mineralischer Zusammensetzung und in der Temperatur (11,6 Grad) konstant bleibt. In den Mineralien, die, wie auf der Webseite dargestellt wird, für den reibungslosen Ablauf des Stoffwechsels sorgen und als Bausteine für das Gewebe dem Körper Struktur geben, materialisiert sich dieses Bleibende. Diese Beschreibung charakterisiert die Grundspannung des Märchens als reibungsloser Wandel, der dauerhaften Halt gibt.

(Meeres-)Wasser oder Wasser des Lebens?

Keinerlei Einflüsse könnten die Reinheit verfälschen, wird vermittelt. Ängste vor Vergiftung oder anderen schädlichen Wirkungen, die in Zusammenhang mit Mineralwasser in den letzten Jahrzehnten immer wieder einmal in der Öffentlichkeit zur Diskussion standen und durch publizierte Proben überprüft wurden, werden darin aufgegriffen. Aktuell verunsicherten Untersuchungen zum Hormongehalt des Wassers und dessen möglichen Auswirkungen auf die Verbraucher. Das Herauskehren des Aspekts der reinigenden und entschlackenden Wirkung von Wasser sucht diese Furcht vor Vergiftung zu beschwichtigen. Auf der Webseite wird davon gesprochen, dass es direkt an der Quelle über ein unterirdisches Leitungssystem entnommen wird, ohne je Kontakt mit der Außenwelt zu haben. Was beim Erleben des Spots als Immunität gegen jegliche äußere Einwirkung thematisiert wurde, wird darin ausdrücklich gemacht. Auch der Water-Boy bewegt sich gleichsam unverfälscht durch das bunte Verwandlungs-Universum, ohne dass ihm je irgendetwas Schaden zufügen kann und ohne dass er wirklich ein anderer wird. Er nimmt, so wird suggeriert, keinerlei Fremdstoffe auf.

Die große Vielfalt an Formen, die im Spot vorgeführt wird, unterstreicht die Webseite durch den Artenreichtum in Flora und Fauna der Alpen mit mehr als 2000 verschiedenen Pflanzenarten und unendlich vielen Farbtupfern. Im Jahr 2007 kreierten Jung von Matt/Next und Elástique einen vielfach preisgekrönten Online-Auftritt, der dazu einladen soll, ein eigenes poppiges Wasserballett aus vorgegebenen Szenerie-Elementen, Musik und Tänzern zusammenzustellen und so ein Wandlungsfeuerwerk zu aktivieren. Dieses Angebot, selbst tätig zu werden, vermag zwar vielleicht die Kunden zu binden und spricht ein PC-Game erprobtes Klientel an, doch tritt angesichts der Verheißung eines reichen, kreativen Spielraums Enttäuschung auf, da die im Netz präsentierten choreographischen Werke ziemlich begrenzt und wenig schöpferisch erscheinen. Schon bald ermüdet das Einerlei mit einer überschaubaren Zahl an Variationen, das die Internetnutzer aus der angebotenen Palette produzieren. Dies entspricht der Erlebensstruktur des Water-Boy-Spots. Die Wandelbarkeit erhält eine pseudomäßige Note, da sie im Grunde nichts wirklich Neues hervorbringt.

Alt und Jung

In seinen Slogans („natürlich jung" oder „forever young", „Wasser ist Leben", Eneuere deine Jugend") und in Zitaten von Berühmtheiten zur ewigen Jugend, wie im Ausspruch von Oscar Wilde „Du bist nie zu alt, um jünger werden zu können", spricht Evian direkt die Jungbrunnen-Hoffnung der Menschen an, von der *Das Wasser des Lebens* handelt. Das Zuführen von

Wasser soll es ermöglichen, sich von innen heraus rundum zu erneuern. In einer Gewinnaktion mit Spa-Aufenthalt wurde dies gezielt auf den Punkt gebracht. Sechswöchige Trink-Kuren versprechen eine Generalüberholung zu bewirken, denn: „Alle sechs Wochen erneuert sich das Wasser in Ihnen!" Verschiedene Körperstellen in der Rückenansicht einer nackten Schönen kann man auf der Webseite anklicken, um zu erfahren, aus wie viel Prozent Wasser der menschliche Körper besteht.

Der Erfolg des Water-Boy-Spots von Evian basiert darauf, dass es der Marke gelingt, die Züge des Märchens, die ihrer Marke zugrunde liegen, in ihrem widersprüchlichen Miteinander wirkungsvoll zum Klingen zu bringen. Ein aktueller Werbespot von BETC Euro RSCG[88] spielt mit dem Verhältnis jung/alt, es insofern umkehrend, als Babies Rollerblades-Kunststücke präsentieren und in einem Interview altklug in Rapper-Manier über ihre coolen Erfahrungen beim Dreh des Spots räsonieren. Dieser Spot wirft Fragen danach auf, ob man den Kleinkindern bei der Aufnahme nicht möglicherweise zuviel zugemutet hat. Durch einen Film zum Making of sollen diese Bedenken zerstreut werden, indem der Einsatz von Computersimulation transparent gemacht und fröhliche Babies in den Armen ihrer Mütter gezeigt werden. Letzte Zweifel an der großen Verheißung können dadurch jedoch nicht beruhigt werden. Es kann nur mit Tricks zugehen, wenn Alte jung und Junge alt werden[89].

Auch die Marke „Eau de Cologne" basiert auf dem Eau-de-Vie-Mythos, von dem das Märchen *Das Wasser des Lebens* handelt. Als Uralt-Traditions-Produkt steht es in Fortsetzung der Riechsalz-Animation für das Altbewährte, das die Lebens-

---

[88] www.youtube.com/watch?v=XQcVllWpwGs&feature=channel u. Interview mit den Babies www.youtube.com/watch?v=XQcVIIWpwGs
[89] Im Spielfilm *Der seltsame Fall des Benjamin Button* (David Fincher USA 2008) mit Brad Pitt und Cate Blanchett werden die seelischen Implikationen und Komplikationen durchgespielt, die entstünden, wenn man nicht alterte, sondern im Verlauf des Lebens immer jünger würde.

geister wieder weckt. 4711 gibt es seit „ewigen" Zeiten. Diese Hausnummer markierte einen Ort, an den man bis heute reisen kann, um das Heilwasser, wie bei Pilgerreisen an Wallfahrtsorte, als Lebensquell und Garant für dauerhaften Überlebensschutz mitzunehmen. Bei Touristen in aller Welt ist dieses Markenzeichen sehr gefragt. Man stellt sich alte Mütterchen vor, die sich mit Kölnisch Wasser beträufeln, um einer drohenden Ohnmacht oder sogar einer bestehenden Agonie entgegenzuwirken. Dieses Image in ein zeitgenössisches Bild zu transformieren und neue Produkte unter dieses Markendach zu subsumieren, ohne die tragfähige mythische Essenz aufzugeben, ist für die Marke „4711" eine dauernde Herausforderung.

7. *Fundevogel* –
Symbiose und Verwandlungsgier

Die Märchenerzählung[90]

Ein Raubvogel entführt ein Kind aus dem Schoß seiner schlafenden Mutter auf einen Baum, wo es von einem Förster auf der Jagd entdeckt wird, der es herunterholt und mit nach Hause nimmt, um es mit seinem Lenchen zusammen aufzuziehen. Weil es auf einem Baum gefunden und von einem Vogel weggetragen wurde, erhält es den Namen Fundevogel. Die beiden Kinder wachsen miteinander auf und haben „einander so lieb, nein so lieb, dass wenn eins das andere nicht sah, ward es traurig". Die alte Köchin des Försters beginnt eines Abends, viel Wasser vom Brunnen zu holen. Lenchen sieht dies und fragt sie: „Hör einmal, alte Sanne, was trägst du denn so viel Wasser zu?" Nachdem Lenchen verspricht, es keinem Menschen weiterzusagen, verrät ihr die Köchin, dass sie vorhat, den Fundevogel zu kochen, wenn der Förster fort zur Jagd ist. Als der Förster morgens weggeht, liegen die Kinder noch im Bett. Da spricht Lenchen zum Fundevogel: „Verlässt du mich nicht, so verlass ich dich auch nicht." Da spricht der Fundevogel: „Nun und nimmermehr." Sie erzählt ihm ausführlich, dass die Köchin plant, ihn zu sieden, und schlägt ihm vor, zusammen fortzugehen. Sie ziehen sich geschwind an und gehen fort. Als das Wasser im Kessel kocht, will die Köchin den Fundevogel holen, um ihn hineinzuwerfen. Sie sieht, als sie an die Betten tritt, dass die Kinder fort sind. Da wird ihr grausam angst. Was soll sie dem Förster sagen, wenn er heimkommt? Sie schickt drei Knechte nach, die Kinder einzufangen. „Geschwind hinten nach, dass

---

[90] Brüder Grimm: Fundevogel. KHM 51. In: Kinder- und Hausmärchen (1812). Herausgegeben und mit einem Nachwort versehen von Carl Helbling. 1. Bd. Zürich [12]1986, S. 349-352

wir sie wieder kriegen." Als die Kinder vor dem Wald die drei Knechte von Weitem kommen sehen, spricht Lenchen zum Fundevogel: „Verlässt du mich nicht, so verlass ich dich auch nicht." Da spricht Fundevogel: „Nun und nimmermehr." Da sagt Lenchen: „Werde du zum Rosenstöckchen und ich zum Röschen darauf." Die drei Knechte sehen nur einen Rosenstock mit einem Röschen darauf, die Kinder aber nirgends. Da sprechen sie: „Hier ist nichts zu machen", gehen heim zur Köchin und erzählen ihr, was sie gesehen haben. Da schilt die alte Köchin: „Ihr Einfaltspinsel, ihr hättet das Rosenstöckchen sollen entzweischneiden und das Röschen abbrechen und mit nach Haus bringen. Geschwind und tut`s." Sie müssen also zum zweiten Mal hinaus und suchen. Die Kinder sehen sie wieder von Weitem kommen und Lenchen spricht: „Fundevogel, verlässt du mich nicht, so verlass ich dich auch nicht." „Nun und nimmermehr" ist seine Antwort. Lenchen spricht: „Werd eine Kirche und ich die Krone darin." Die Knechte entdecken wieder nichts als eine Kirche mit einer Krone darin. Sie sagen: „Was sollen wir hier machen?" und gehen nach Hause. Als die Köchin sie fragt, ob sie nichts gefunden hätten, sagen sie nein, außer einer Kirche mit einer Krone darin. „Ihr Narren„ schilt die Köchin „warum habt ihr nicht die Kirche zerbrochen und die Krone mit heimgebracht?" Nun macht sich die Köchin selbst auf den Weg und geht mit den drei Knechten den Kindern nach. Die Kinder sehen sie aber kommen. Lenchen spricht wieder: „Fundevogel, verlässt du mich nicht, so verlass ich dich auch nicht." Fundevogel spricht: „Nun und nimmermehr." Lenchen spricht: „Werde zum Teich und ich die Ente darauf." Als die Köchin den Teich sieht, legt sie sich darüber hin und will ihn aussaufen. Aber die Ente kommt schnell geschwommen, fasst sie mit ihrem Schnabel beim Kopf und zieht sie ins Wasser hinein: da muss die alte Hexe ertrinken. Die Kinder gehen zusammen nach Hause und sind herzlich froh; und wenn sie nicht gestorben sind, leben sie noch.

Die psychologische Struktur des Märchens

Im Zentrum des Märchens *Fundevogel* stehen sowohl die Gier, sich in alles zu verwandeln, als auch die Sehnsucht nach ganz innigen unauflöslichen Bindungen. Nie und nimmermehr mag man sich verlassen – ständig muss dieser Treueschwur erneuert werden, da verspürt wird, dass es unvermeidlich ist, voneinander zu scheiden. Wie ein Mantra wird es im Märchen als eine Art Beschwörungsformel zigmal wiederholt.

Treuebruch

Darin wird deutlich, dass der Versuch, an alten Bindungen festzuhalten und ein Getrenntsein zu umgehen, kaum aufrechtzuerhalten ist. Wäre man einander so sicher, müsste dies nicht immer wieder beteuert werden. Das Ideal einer ungetrübten symbiotischen Innigkeit wird bei dieser Märchenkonstruktion auch dann noch hochgehalten, wenn Zerwürfnisse unübersehbar sind und offenkundig wird, dass nur ein Loslösen weiterführt. Hätte Lenchen sich an das Versprechen gehalten, niemandem weiterzusagen, was sie von der bösen Köchin erfuhr, wären die Kinder nicht entkommen. So leichtherzig wird der Schweige-Eid gebrochen, dass man sich fragt, wie viel auch das permanente Treuegelöbnis wert sein kann. Man kommt nicht darum herum, sich gegen eine Einheit zu stellen, ein Geheimnis zu verraten und sich zu trennen. In den mit dem *Fundevogel-*

Märchen verwandten Märchen *Hänsel und Gretel*[91], *Brüderchen und Schwesterchen*[92] und *Schneeweißchen und Rosenrot*[93] droht man ebenso an einer rückwärtsgerichteten Idealisierung eines ungetrübten Einsseins hängenzubleiben. Aus dieser Sackgasse führen auf den ersten Blick „böse" Verstoßungen durch hartherzige Eltern bzw. das Versagen der Methoden einer ewigen Rückkehr (*Hänsel und Gretel:* Die wegweisenden Brösel werden aufgefressen, sodass der Weg zurück abgeschnitten ist) oder ein Freiheitsdrang heraus, die das in ein Reh verwandelte Brüderchen (*Brüderchen und Schwesterchen*) aus dem verriegelten Haus treiben. Im Märchen *Schneeweißchen und Rosenrot* bricht ein wilder Bär in die abgeschlossene Idylle ein und kitzelt in den beiden gleichen/ungleichen Schwestern weniger liebe Tendenzen („schlägst dir den Freier tot") prägnanter heraus, die im einträchtigen Einklang keimhaft schon angelegt sind. Auch in einem undankbaren Zwerg treten Kehrseiten des Bildes, das Schnitte und Trennungen nicht leiden kann und darüber furchtbar zetern kann, zutage. Man muss jeweils alle diese Züge zusammensehen, um die typische Märchengestalt, ihre Bandbreite und ihre Metamorphosen zu fassen.

Im Märchen *Fundevogel* wundert man sich über die eingeschlafene Mutter, die so wenig fürsorglich und aufmerksam ist, dass sie die Entführung ihres Kindes durch den Raubvogel nicht zu verhindern weiß. Wie kann es geschehen, dass man bei einer so ausgeprägten Bezogenheit auf ein Du, mit dem man immerzu nur verschmelzen mag, wie es für dieses Märchenbild

---

[91] Brüder Grimm: Hänsel und Gretel. KHM 15. In: Kinder- und Hausmärchen (1812). Herausgegeben und mit einem Nachwort versehen von Carl Helbling. 1. Bd. Zürich [12]1986, S. 120-132
[92] Brüder Grimm: Brüderchen und Schwesterchen. KHM 11. In: Kinder- und Hausmärchen (1812). Herausgegeben und mit einem Nachwort versehen von Carl Helbling. 1. Bd. Zürich [12]1986, S. 91-102
[93] Brüder Grimm: Schneeweißchen und Rosenrot. KHM 161. In: Kinder- und Hausmärchen (1815). Herausgegeben und mit einem Nachwort versehen von Carl Helbling. 2. Bd. Zürich [14]1991, S. 353-363

u. a. kennzeichnend ist, so arg nachlässig handelt, dass man sich das Kindchen so einfach rauben lässt und es in Lebensgefahr bringt? Seelenlogisch ist dies nur konsequent. Im Märchen repräsentieren verschiedene Protagonisten Seiten ein und desselben seelischen Grundproblems. Dass das überbetonte Kümmern stets Vernichtungswünsche tarnt, ist die andere Seite der Medaille. Man hat den anderen zum Fressen gern und droht ihn in der hautengen Umarmung fast zu ersticken.

Handlungslähme

In diesem verschlafenen Auftakt des Märchens wird zugleich bereits thematisiert, was später noch einmal anklingt, als Lenchen und der Fundevogel noch im Bett liegen und Lenchen in aller Breite die drohende Gefahr schildert, sodass man fürchtet, dass diese Weitschweifigkeit direkt in den Kochtopf der Hexenköchin führen könnte. Man droht im schläfrigen Zustand einen ohne Aufschub anstehenden Handlungsbedarf zu verbummeln. Die Flucht aus dem geborgenen Nest in die Welt hinaus muss „geschwind", mit klarer Zielrichtung, und ohne Wankelmut und langes Hinausschieben angetreten werden.

Menschen, die dieses Märchen-Bild leben, zögern häufig lange und halten an den gehabten Zuständen fest, darauf wartend, dass äußere Umstände den notwendigen Schub versetzen. Eine „Hexe" muss erst kommen und dazu nötigen, zu andern Ufern aufzubrechen. Dabei kann es sich auch um eine innere Hexe handeln, die den Leidensdruck am Entwicklungs-Stillstand derart steigert, dass man einen Ausbruch aus dem selbst gebauten Käfig wagt.

Gestaltloses

Was vielleicht als Trägheit ausgelegt werden könnte, ist im Grunde der Versuch, nicht klar Farbe zu bekennen, um sich noch alle Optionen offen zu halten. Jegliche Form von Festlegung wird möglichst auf den Sankt-Nimmerleinstag verschoben. Menschen mit dieser Lebenskonstruktion neigen deshalb dazu, zu vernebeln und vage zu halten, was bei genauerem Hinsehen ein unverzügliches Agieren nahelegen würde. Man interpretiert die Wirklichkeit so, als ob da „nichts zu machen" sei, wie es die Knechte im Märchen tun, die nicht näher hinschauen wollen und sich Unschärfen zunutze machen, da sie das Entzweischneiden (des Rosenstöckchens und das Abbrechen des Röschens) und das Zerbrechen von scheinbar Untrennbarem (das Zerbrechen der Kirche und das Entnehmen der Krone) unbedingt zu meiden trachten.

Nichts Genaues weiß man nicht. Es könnte dies, aber auch etwas anderes sein. Kanten- und konturlos präsentiert man sich der Welt und überlässt sich gern Richtungsgebern, die zeigen, wo es langgeht. Das Findelkind ohne eigenen Namen und unverwechselbare Gestalt bietet sich dazu an, dass sich jemand seiner annimmt, und fügt sich nahtlos in Adoptiv-Verhältnisse ein. So erspart man sich, für einen selbst gewählten Weg geradestehen zu müssen. Andere haben es gerichtet. Als Fähnlein im Wind sucht man um eine Haftung herumzukommen. Eine chamäleonhafte Wandelbarkeit sucht man zu retten, gegen Anforderungen der Realität, die dingfest zu machen trachten. Der Preis dafür ist die Ermangelung eines unverwechselbaren Gesichts.

Bestimmtes und Unbestimmtes

In seinem Kern handelt das Märchen vom Verhältnis zwischen Bestimmtem und Unbestimmtem, von Zuständen, in denen alles ineinanderüberzugehen scheint, von einem konsequenzlosen Paradies. In einem dauernden Schwebezustand sucht man alles zugleich im Spiel zu halten. Das Bild des hexischen Kochens steht für diesen Einheitsbrei, der alles in einen Topf stecken und auffressen will. Im dämmrigen Dazwischen verschwimmen die Konturen wie in Verfassungen des Rausches, in denen alles möglich scheint und doch kaum etwas wirklich zu fassen ist. Erst wenn man aus diesem Dämmer-Schlaf erwacht, genauer hinschaut und beherzt zupackt, wie die Ente, der Raubvogel mit seinem Schnabel oder der Förster, der das Findelkind aus der Baumkrone herunterholt, kann man die Lethargie überwinden. Man muss damit zurechtkommen, dass man nicht alles werden kann, sondern sich auf handfeste bestimmte Formen festlegen muss. Der Verwandlungsgier sind Grenzen gesetzt.

Eine psychologische Kunstanalyse

Sandro Botticelli:
Primavera – Der Frühling[94] (um 1477/78) und
Die Geburt der Venus[95] (um 1484-86)

Diese Bilder sind so bekannt, dass die Beunruhigung, die sie bei genauerer Betrachtung auslösen, unwirksam gemacht scheint. In Ausschnitte zerteilt und zigfach reproduziert, werden sie kaum mehr bewusst wahrgenommen. Ihre Allgegenwart zeugt zum einen von ihrer universalen Bildsprache – sie bringen etwas zum Ausdruck, das die Menschen berührt. Zum anderen wird auf diese Weise zu entschärfen gesucht, was sich einer Fassbarkeit entzieht. Zum alltäglichen und werbewirksamen Allgemeingut geworden,[96] scheinen die durch Vervielfältigung und Fragmentierung fast zum Kitsch pervertierten Kunstwerke ihren beunruhigenden Charakter verloren zu haben. Dennoch stehen die Menschen stundenlang an, um diese Werke in den Uffizien in Florenz im Original betrachten zu können. Dass man in Scharen in die Museen strömt und sogar lange Wartezeiten in Kauf nimmt, ist nicht allein durch offen zur Schau getragenen Bildungshunger zu erklären. Kunst behandelt allgemeine kulturelle Probleme, indem sie material-sinnlich erfahrbare Bilder bereitstellt, die uns helfen können, zu verstehen, was Menschen in ihrem tiefsten Inneren seelisch bewegt.

Es handelt sich um die berühmtesten Gemälde von Botticelli, der eigentlich Alessandro di Mariano Filipepi hieß. Seine

---

[94] Sandro Botticelli: *Primavera – Der Frühling* (um 1477/78) (203 x 314 cm) Florenz, Galleria degli Uffizi

[95] Sandro Botticelli: *Die Geburt der Venus* (um 1484-86) (172,5 x 278,5 cm) Florenz, Galleria degli Uffizi

[96] Zur „Aura" eines Kunstwerks siehe Benjamin, Walter: Das Kunstwerk im Zeitalter seiner technischen Reproduzierbarkeit (1935/36). In: Tiedemann, Rolf/Schweppenhäuser, Hermann (Hg.): Gesammelte Schriften I, 2 (Werkausgabe Bd. 2). Frankfurt a. M. 1980, S. 471-508

Werke gerieten nach seinem Tod in Vergessenheit und wurden erst im 20. Jahrhundert wiederentdeckt. Worauf beruht die faszinierend-beunruhigende Wirkung dieser Bilder bis heute? Kunsthistoriker suchen dem Geheimnis, das die Bilder umgibt, durch Aufdeckung von Entstehungsgeschichte und lebensgeschichtlichem Hintergrund, Ikonographie und Wandlungen der Stilmittel näherzukommen. Immer wieder revidieren sie ihre Erkenntnisse. Viele Fragen bleiben ungeklärt. Der Auftraggeber für das Gemälde *Primavera* (der Medici Lorenzo der Prächtige oder Lorenzo die Pierfrancesco?), die genaue Entstehungszeit (die Angaben schwanken zwischen 1477 und 1490) und die mythologische, allegorische und historische Bedeutung des Bildes geben immer noch Rätsel auf[97]. Der Auftraggeber für *Die Geburt der Venus* könnte im familiären Umfeld der Medici zu suchen sein, doch ist dies nicht erwiesen. Viele Bände gehen diesen Fragen im Einzelnen nach, referieren den aktuellen Kenntnisstand und suchen Deutungen anderer zu entkräften, um andere Auslegungen dagegenzustellen. Die Struktur des Erlebens dieser Bilder bleibt bei diesem Zugang jedoch unberücksichtigt und kann so auch nicht erschlossen werden. Durch Vertiefung ins Kleindetail hat man über 500 unterschiedliche Pflanzen ausgemacht, darunter 46 verschiedene Veilchen-Arten[98]. Für das Erleben spielt es jedoch keine Rolle, wie viele heute noch blühende Pflanzen auf dem Bild *La Primavera* vereint sind. Ob es sich am rechten Bildrand um die Frühlingsgöttin

---

[97] Acidini, Cristina: Für ein blühendes Florenz. Botticellis mythologische Allegorien. In: Botticelli. Bildnis. Mythos. Andacht. Frankfurt a. M. 2009, S. 73-96. So vermag man z.B. die Bedeutung des Diamanten im Kopfschmuck der Venus-Figur nicht zu deuten (Ebda. S. 82). Ähnlich wie das Bild *La Tempesta* (*Das Gewitter*) (82 X 73 cm), das Giorgone um 1508 malte und das in der Accademia in Venedig ausgestellt wird, fasziniert es aufgrund seiner schillernden Vieldeutigkeit.

[98] Wundram Manfred: Sandro Botticelli, „La Primavera". In: Kunst-Epochen. Renaissance. Stuttgart 2004. S. 158

Flora oder um die Göttin Juventus (Jugend), die schon in der Antike als Jahreszeit des Frühlings aufgefasst wurde, handelt, ist ebenso wenig maßgeblich für die Erlebensstruktur. Entscheidend ist das Frühlingshafte als Qualität.

Bilder mit innerer Verwandtschaft

Wenngleich man inzwischen auch aufgrund der unterschiedlichen Kompositionen davon überzeugt ist, dass die beiden Bilder nicht, wie ursprünglich angenommen, zur gleichen Zeit gemalt worden sind, sondern in verschiedenen Schaffensphasen entstanden sein müssen, offenbaren sie doch eine innere Verwandtschaft. Der Museumsbesucher nimmt, vor den beiden großformatigen Gemälden stehend, die in unmittelbarer Nachbarschaft zueinander hängen, diesen Zusammenhang wahr, dem man auf die Spur kommen kann, indem man sich auf einen ausgedehnten Erlebensprozess einlässt, der hier nur stark gerafft wiedergegeben werden kann.

Der Frühling – Abgründiges Paradies

Der Frühling erscheint auf den ersten Blick als Paradiesgarten-Ambiente mit grazilen Schönheiten. Der Transparenz der Gewänder, der Sanftheit der Gestalten und der zarten vielfältigen Blütenpracht steht jedoch eine dunkle, sogartige Waldschwere gegenüber.

Ein Tanz der Schwebe   Botticelli, Primavera (um 1477/78)

Auf diesem dunklen Hintergrund hebt sich das Lichte und Leichte durchscheinend ab. Zugleich erhält die zauberhafte Idylle dadurch eine abgründige und melancholische Note. Auch wenn Flora fast zu lächeln scheint, was auf Renaissancebildern selten der Fall ist, liegt ein eigentümlicher Ernst in dieser Schwebe. Etwas Doppelbödiges wird verspürt.

Auch im Märchen werden paradiesische Zustände beschrieben. Die Innigkeit von Lenchen und Fundevogel scheint durch nichts getrübt. Sie haben einander „so lieb, nein so lieb", dass das eine, wenn es das andere nicht sah, traurig ward, heißt es im *Fundevogel*. Der biblische Mythos vom Paradies knüpft an altorientalische Überlieferungen[99] an, in denen von einer urzeitlichen Stätte des Friedens, der Ruhe und des Glücks erzählt

[99] Wie in der Bibel nimmt eine Schlange den ersten Menschen ihre Unsterblichkeit. Gilgamesh-Epos. In: Schrott, Raoul: Gilgamesh. Frankfurt a. M. ³2008

237

wurde. Auch die alten Griechen berichteten in ihren Sagen von einem Goldenen Zeitalter, in dem ewiger Frühling herrschte und die Erde den Menschen in einer Art Schlaraffenland in Überfülle spendete, was sie zum Leben brauchten[100]. Der Garten Eden kennzeichnet einen Ort, an dem alle Wesen in trauter Eintracht miteinander leben, ohne Arg, ohne Gewalt. Die Löwen bedrohen die Lämmlein nicht, sondern existieren friedlich nebeneinander. Neid und Rivalität, die Menschen entzweien könnten, sind unbekannt. In seiner Harmonie ist das Paradies ein Bild für einen in sich geschlossenen Ruhe-Zustand. Das Wort geht auf Altpersisch zurück und beschreibt einen „umzäunten Raum", einen „Park". Innerhalb dieses Wirkungsraumes werden Gut und Böse nicht voneinander geschieden. Alles gedeiht selbstverständlich und wird nicht fragwürdig. Erst die Vertreibung aus dem paradiesischen Zustand ermöglicht ein Verlassen dieses in sich ruhenden Daseins, sodass anderes entstehen kann.

Im dritten Kapitel der Genesis der Bibel bringt die Schlange Unruhe in dieses Gleichklang-Universum. Das In-sich-Ruhende ist ohne die Möglichkeit der Störung auf Dauer nicht zu denken. Beides bedingt einander. Die biblische Verführung durch die Frucht vom Baum der Erkenntnis symbolisiert die Verunsicherung der ungebrochenen Eintracht. Erst durch die Übertretung des göttlichen Gebotes, nicht vom Baum der Erkenntnis zu essen, werden sich Adam und Eva dessen bewusst, dass sie nackt sind, und müssen ihre Scham bedecken. Die Anmaßung, wie Gott Gut und Böse erkennen zu wollen, kostet sie die Unsterblichkeit, denn durch den Tabubruch werden sie sterblich, verfallen dem Tod. Die Erbsünde als unschuldige Schuld wird allen Nachgeborenen nach christlicher Auslegung nun à priori mitgegeben. Seitdem muss man sein Brot im

---

[100] Hesiod: Werke und Tage (um 700 v. Chr.). Übersetzt und herausgegeben von Otto Schönberger. Stuttgart 2004

Schweiße des Angesichts unter großer Mühe essen, denn der
Mensch hat sich mit Kummer in einer Welt mit Dornen und
Disteln zu ernähren. Gebären muss man fortan unter Schmerzen und kann nicht mehr in das streng durch ein loderndes
Flammenschwert und einen Cherubim bewachte Paradies zurück[101]. Seelenlogisch konsequent erscheint, dass der immer-
während Fluss des Lebens im Paradies sich durch Schuld, die
an ein notwendiges Verfehlen gemahnt, weiterentwickelt. Kulti-
vierungsprozesse basieren darauf.

Entwicklungspsychologisch beschreibt das Paradies einen
Zustand vor der Entstehung von Ambivalenz. Das Erleben von
Getrenntheit erzeugt Wut auf die abwesende Mutter und bringt
Zwietracht in die Eintracht zwischen Mutter und Kind – ein
wichtiger Vorgang für die weitere Entwicklung, unumgänglich
und nicht zu beklagen. Das Märchen beginnt mit dem arglosen
Schlaf der Mutter mit dem Säugling, in den ein Raubvogel ein-
bricht, der das Kind der Mutter-Kind-Einheit entreißt; die symbiotische Einheit von Lenchen und Fundevogel wird von der
bösen Köchin gestört. Der paradiesische Sündenfall ist konstitu-
tiv für seelische Entwicklung.

Wirklich – unwirklich

In Botticellis Bild verschmelzen Reales, das zum Greifen
wirklich erscheint, und Traumähnliches in engelsgleicher, über-
irdischer Anmut miteinander. Aus dem „zweidimensionalen"
Blütenmuster auf Floras Kleid erwachsen „dreidimensional"
wirkende Blumen, die dennoch zugleich teilweise idealisiert und
stilisiert anmuten. Stellenweise ist dieser Übergang kaum festzumachen. Streut Flora echte oder künstliche Blumen? Wird sie

---

[101] Die Bibel. 1. Buch Mose. Genesis 3, 1-24. Der Sündenfall und dessen Folgen.

von einem dornigen Rosenbusch umfangen oder ist dies nur ein Ornament, das also gar nicht wehtut und gefangen hält? Alles ist gemalt – und doch hat einiges so stofflich-reale Qualität, dass man meint, die Blumen fast pflücken zu können. Man schaut wie gebannt vergeblich genau hin, um diese Nahtstelle zwischen Realität und Traum, Kunst und Natur auszumachen. Im Märchen ist die Verwandlung von Fundevogel und Lenchen so perfekt, dass sie die Knechte zu täuschen vermag. Im Rosenbusch sind sie von anderem Wirklichen nicht zu unterscheiden. Nahtlos gehen sie auch als Rose und Rosenstock ineinander über. Auch in Kirche und Krone, See und Ente sind sie nicht als die beiden Kinder zu erkennen. Diesen Übergang zwischen fassbaren, bestimmten Gestalten und Unfassbarem, das sich nicht bestimmt ausmachen lässt, malt Botticelli.

Zeit des Umbruchs – ein Faible für Wandlung

Die kunstwissenschaftliche Forschung macht auf einen Doppelsinn aufmerksam: In Flora, der Frühlingsgöttin, klang aufgrund der lautmalerischen Nähe zu Firenze – Fiori heißen Blumen –, unter zahlreichen geschichtlichen Bezügen auf die gesellschaftliche Lage auch eine politische Anspielung aus einem zeitgenössischen Gedicht an, das Botticelli inspiriert haben soll. In einer Zeit des Umbruchs kam er im Kreis seiner Mäzene, der Medici, mit neoplatonischem Gedankengut in Berührung. Ovids Metamorphosen, Horaz und andere griechische und römische Dichter erfuhren eine neue Wertschätzung. Verwandlung war das Thema dieser Zeit. Nachdem der mächtige Lorenzo di Medici gestorben war, rangen der unfähige Nachfolger Piero und die Oberschicht in Florenz um die Macht. Der Dominikanermönch Girolamo Savonarola, der gegen die Macht dynastischer Herrschaftsformen predigte und die Korruption der Päpste öffentlich anklagte, übte zur Zeit der Entstehung des Gemäldes starken Einfluss aus, bevor er später hingerichtet wurde. Die Bürger gewannen schließlich die Oberhand. 1501 wurde in Florenz die Republik ausgerufen. Botticellis Kunst, darauf verweisen die Kunsthistoriker, spiegelt die sich wandelnden gesellschaftlichen und kulturellen Verhältnisse. Zwischen zwei Welten, zwischen der humanistischen Kultur am Hof der Medici und den reformatorischen christlich-asketischen Ansätzen Savonarolas sich bewegend, vereinte er in seinem Werk Antike und Christentum. Er markiert einen Übergang und erscheint als Vorreiter des Cinquecento, dessen bekannteste Vertreter Leonardo da Vinci und Michelangelo wenig später Botticellis Kunst in den Schatten stellten.

Im klassischen Mythos, welcher der allegorischen Darstellung im Garten der Hesperiden mit goldenen Äpfeln – hier sind es apfelsinenähnliche Früchte – zugrunde liegt, wird die Nymphe Chloris, rechts im Bild, von Zephyr, dem Wind, verfolgt, der sie vergewaltigt und später heiratet und ihr die Fähigkeit verleiht, Blumen sprießen zu lassen. Auf dem Bild wachsen sie ihr aus dem Mund heraus. Sie wird in die von Blumen umkränzte Flora verwandelt. Dies erinnert unmittelbar an die Verwandlung in einen Rosenstock mit Rose, von der das Märchen erzählt.

Schillernde göttliche Gestalten

In der Bildmitte steht Venus als Humanitas, die ein Idealbild geistiger menschlicher und weiblicher Fähigkeiten verkörpern soll. Die Gestalt der Venus im Mythos ist schillernd. Sie ist fröhlich ehebrechende Göttin mit schöpferischer Erotik, aber auch Vermittlerin, indem sie Streit schlichtet, zivilisiert und harmonisiert und ein Zusammenleben von Kontroversem ermöglicht. In ältester Gestalt geht Venus auf eine Fruchtbarkeitsgöttin des Gartenbaus zurück. Diese schlief jedes Jahr auf den Feldern mit einem jungen Mann, der am Ende des Jahres getötet wurde. Im Frühjahr erstand dieser symbolisch wieder auf. Diese heilige Hochzeit sollte die Fruchtbarkeit der Äcker sicherstellen. Der Zyklus von Saat, Reifung und Verfall fand darin seinen Ausdruck.

Über Venus schießt ihr Sohn Amor, der Gott der Liebe, der blindlings Leidenschaften entfacht, einen Pfeil ab. Neben den drei tanzenden Grazien, den Göttinnen der Anmut, wacht Merkur und hält mit seinem Stab die nebeligen Wolken fern, die den Garten bedrohen könnten. Er ist ebenfalls Mittler zwischen den Menschen und den Göttern. Sein nach oben gerichteter Blick soll in der Zeichensprache dieser Zeit ins Jenseits weisen. Wie Venus und Amor, die ursprünglich auch schreckliche Götter waren, ist Merkur als trickreicher Schelm, Gott der Diebe, des Handels und der Reisenden, der die Seelen der Toten in die Unterwelt begleitete, ambivalent charakterisiert. Er war so verliebt in Venus, dass er Zeus anflehte, ihm zu einer Liebesnacht mit ihr zu verhelfen. Aus dieser ging Hermaphrodit, als Kind von Hermes und Aphrodite, wie diese beiden Götter in Griechenland genannt wurden, hervor. Um seinen Stab (Caduceus) ranken sich auf Botticellis Gemälde nicht, wie sonst dargestellt, zwei Schlangen, sondern zwei kleine geflügelte Drachen, die drohend ihre Krallen ausstrecken. Mit seinem Stab geleitete Merkur die Seelen ins Jenseits, indem er ihn zwischen kämpfende Reptilien warf. Aus diesem Grund wurde der Merkur-Stab als Symbol der Eintracht und des Friedens gesehen. Auf diesem Gemälde scheint die Zwietracht noch nicht ganz aufgelöst[102]. Es handelt sich nicht um eine ungetrübte Idylle.

---

[102] S. auch Acidini, Cristina: Für ein blühendes Florenz. A.a.O. S. 81

Eine Verfolgung?

Der Bedeutungsgehalt des Bildes erschließt sich aber auch, wenn man um dieses mythische Vorbild nicht detailliert weiß. Im Erlebensprozess offenbart sich der im Mythos versinnlichte psychologische Kern, von dem auch das Märchen handelt. Eine Irritation, die vom rechten Bildrand ausgeht, leitet den Betrachter und verwickelt ihn in den Versuch der Entschlüsselung eines Rätsels, das letztlich nicht aufzulösen ist. Im Erleben stutzt man über den eigentümlichen Gesichtsausdruck des Windgottes und den Dialog der Blicke, den man nicht recht einordnen kann. Sieht so eine Verfolgung aus? Erschrickt die Nymphe oder ist sie bis ins Mark getroffen, weil sie seinem Bann erliegt? Flieht sie oder wendet sie sich ihm nicht vielmehr interessiert, gar nicht ängstlich, zu? Hält Zephyr sie gewaltsam fest oder stützt er sie, während sie fast nach vorne zu fallen droht? Es macht allerdings auch nicht den Eindruck eines realen abgebremsten Sturzes, denn sie gleitet gleichsam in das Bild hinein und weist in einem Bogen, den ihre Gestalt bildet, auch über den Bildrand hinaus, als käme sie weniger in die Szene hinein-"gestolpert" als eher gleichsam angeschwebt. Viele Facetten der Liebe scheinen in diesem dichten Bild auf.

Der Mythos scheint in einer Übergangsfigur verdichtet – Verfolgung, Gewalt und liebende Zuwendung sind in ein Bild gebracht. Im Austausch des Odems zwischen den beiden ist in einer Art Befruchtungssymbolik der Zeugungsakt ganz zart angedeutet. Blüten sprießen als Frucht dieser Vereinigung aus Chloris Mund heraus. Im Erlebensprozess muten ebenso die Frauen mit ihren unter den fließenden Gewändern angedeuteten gewölbten Bäuchen schwanger an. Dieser Wahrnehmung entspricht, dass Flora in der Mythologie auch die Göttin der „guten Hoffnung" der Frauen ist und dass Zephyr Frauen und weibliche Tiere schwängerte. Aber können alle weiblichen Figuren zum gleichen Zeitpunkt ein Kind erwarten? Das sehr leibhafte Ausmaß der Körperwölbung geht über eine aus der Kunst vertraute betonte weibliche Figur hinaus und entspricht auch nicht Rubensscher Fülle. Die mädchenhaften Frauen sehen sich alle irgendwie ähnlich. Handelt es sich gar um verschiedene Spielarten oder Ausprägungen ein und derselben Figur?

Bogen im Bogen – ein Schutzraum

Indem man die Personen abschreitet, nimmt man wahr, dass sich unter Merkurs Faltenwurf offensichtlich ein athletischer männlicher, im Gegensatz zum bläulich-bleichen geistähnlichen Zephyr, sehr konkret-naturalistischer Körper verbirgt. Obwohl die Wirkung des Windgottes an den wehenden Gewändern abzulesen ist, scheint dieser keinen allzu aufwirbelnden Effekt zu haben. Seine freundlichen Winde sollen ewigen Frühling bringen. Lediglich die sich beugenden Bäume zeugen von seiner Kraft. In der Art, wie sie sich wölben, wirken sie in Analogie zu Märchengestalten animistisch belebt, fast wie handelnde Personen. Sie setzen einen ersten Akzent in einer Partitur mit Auf- und Abschwüngen, bogenförmigen Verbindungen und taktähnlichen Einschnitten, die den Blick des Betrachters lenkt. Wie ein Gewölbe umrahmen die Bäume das Bild; in Chloris Kontur sowie im hellen Kranz um Venus herum wird diese behütende Schutzsymbolik, als Bogen im Bogen, wieder aufgegriffen. Der Wald versetzt die Szene in einen Schutzraum, der aber auch eine bedrohlich-eingeschlossene Stimmung erzeugt. Eine Spannung liegt in der Luft.

Tanz der Verwandlung

Blüten und Hände der Nymphe verweisen auf Flora, in die sich die Nymphe verwandelt. Es sind zwei Gestalten in einem – ihre Entwicklung ineinander wird ebenfalls bildnerisch zusammengerückt. Und der Bogen setzt sich fort: Auch der Venusfigur liegt das Fruchtbarkeitsthema zugrunde.

Wie in Goethes Urphänomen[103] sind Keim und Entfaltung in einem Ganzen gegeben. Der vorgestaltliche Charakter des Seelischen wird dabei spürbar als Vorentwurf einer Genese, die sich nach Art einer filmischen Bildersequenz ausgliedert und die zugleich als ganzheitliche Ungeteiltheit gegeben ist. Vergangenheit, Gegenwart und Zukunft sind zugleich gegeben. Dem entspricht auch, dass die Bäume Blüten und Früchte zugleich tragen. Das Erleben hat die Struktur von musikalischen Werken. Der Tanz der Grazien lässt dabei an eine Tonfolge nach Art eines Trillers denken. Die ausdrucksgeometrische Gestalt und Rhythmik der Konstruktion weist den Charakter einer Komposition auf mit Akkorden und Tonfolgen, die von Pausen durchbrochen sind. Die Melodie kann von beiden Seiten „gelesen" werden.

---

[103] Zum Urphänomen: Goethe, Johann Wolfgang von: Zur Farbenlehre (1808-1810): In: Hamburger Ausgabe in 14 Bdn. Bd. 13, Hamburg ⁵1966, S. 367-368. Ders. :Zur Urpflanze: Goethe, Johann Wolfgang von: Brief an Herder vom 17.05.1887. In: Goethes Briefe. Hamburger Ausgabe. Bd. II. Hamburg 1962. S. 60. „Grundeigenschaft der lebendigen Einheit: sich zu trennen, sich zu vereinen, sich ins Allgemeine zu ergehen, im Besonderen zu verharren, sich zu verwandeln, sich zu spezifizieren und, wie das Lebendige unter tausend Bedingungen sich dartun mag, hervorzutreten und zu verschwinden, zu solideszieren und zu schmelzen, zu erstarren und zu fließen, sich auszudehnen und sich zusammenzuziehen. Weil nun alle diese Wirkungen im gleichen Zeitmoment zugleich vorgehen, so kann alles und jedes zu gleicher Zeit eintreten. Entstehen und Vergehen, Schaffen und Vernichten, Geburt und Tod, Freud und Leid, alles wirkt durcheinander, in gleichem Sinn und gleichem Maße; deswegen denn auch das Besonderste, das sich ereignet, immer als Bild und Gleichnis des Allgemeinsten auftritt." Ders.: Gedenkausgabe der Werke, Briefe und Gespräche. Bd. 17. Naturwissenschaftliche Schriften. Stuttgart, Zürich ²1949. S. 705-706

Es ist unwesentlich, ob man das Bild von rechts nach links abschreitet oder im Gegensinn in Merkur seinen neugierigen Ausgangspunkt nimmt. Seine entschlossene Geste markiert in jedem Fall einen Drehpunkt. Selbst wenn der Blick zunächst um Venus kreist und das Schweifen von dort ausgehend die beiden Seiten erschließt, entwickelt sich daraus eine konsequent geleitete Richtung, in der das Ganze als in sich zusammenhängende Entwicklung erfahrbar wird. Isoliert steht Venus in der Mitte und bindet doch beide Seiten ein, die zunächst getrennt voneinander erscheinen.

Man hat die Lichtung hinter der sanften Schönen mit einem Heiligenschein verglichen, der die sinnliche Göttin mariengleich erscheinen lässt. In diesem madonnenhaften Mischwesen sind griechisch-römischer Mythos und Christliches vereint. Als Venus ist sie zwar züchtig bekleidet mit dem Gewand einer verheirateten Frau, doch passen ihre fast nackten Füße in Sandalen und die asymmetrisch drapierte, herabfallende Stoffbahn, die in Merkurs rotem Umhang rhythmisch wiederkehrt, nicht ins Bild von Keuschheit in Botticellis Zeit.

Renaissance – Wiedergeburt

Botticelli fesseln Prozesse des Übergangs, die mit der Frage zusammenhängen, wie etwas Neues in die Welt kommt. Handelt es sich um eine Neugeburt oder um eine Wiedergeburt von etwas schon Dagewesenem (Renaissance[104])?

Dies war auch das Thema seiner Zeit mit ihren politischen und kulturellen Umbildungen. Seine Bilder sprechen zu

---

[104] Die Kunst-Epoche der Renaissance ist vor allem durch das „leidenschaftliche(n) Bemühen, die Dinge des Sicht- und Tastbaren anschaulich zu machen", sich mit den Phänomenen der diesseitigen Wirklichkeit künstlerisch auseinanderzusetzen, gekennzeichnet. S. Wundram, Manfred: Kunst-Epochen. Renaissance. Stuttgart 2004, S. 17

uns, weil sie universale seelische Verhältnisse zum Ausdruck bringen, die uns heute in Zeiten, in denen nach durchgreifenden Reformen verlangt wird, weil die Verhältnisse starr geworden sind und Lebendiges durch Bürokratie und Zwang zu ersticken drohen, besonders aktuell sind. Wir nehmen einen Umbruch wahr – es kann nicht so bleiben, wie es war. Aber wie wird es anders? Ängste bewegen die Menschen[105]. Was muss ich aufgeben? Kann ich meinen Besitzstand wahren? Es gibt kein Bild für den Wandel. Wo soll es hingehen? Kann ich den Wandel gestalten oder bin ich diesen Prozessen ausgeliefert? Lassen Verzicht und Einschränkung alles wieder blühen? Gibt es Zyklen des Entstehens und Vergehens, der Erneuerung, wie sie in den Jahreszeiten in immer wiederkehrender Folge unser Leben bestimmen? Vollzieht sich Wandlung nur durch Vermittlung und Kompromissbildung, als Mischung von Alt und Neu? Oder entsteht etwas Neues aus dem Nichts, durch Überwältigung und gewaltsame Umformung des sich einer Reform widersetzenden Alten, durch radikale Zerstörung des sich Überlebten oder als Verwandlung durch die Liebe?

Der Pfeil legt fest

In Botticellis Gemälde gestaltet auch Amors Pfeil, dessen Ziel man als Betrachter auszumachen sucht, dieses Verwandlungsproblem aus. Sprengt die von ihm erweckte Leidenschaft die ineinander verschlungene tanzende Einheit der Grazien? Wirft die mittlere von ihnen bereits Merkur einen schmachtenden Blick zu oder soll die linke zukünftig in Liebe entflammt sein? Wird gar unter allen Dreien bald Rivalität entzweiend wirken? Klingt der mythologische Paris-Konflikt als Wahl der

---

[105] S. Bd. I der Märchen-Analysen zum Märchen *Das Meerhäschen*.

Schönsten unter Dreien darin an? In der griechischen Mythologie wirft Eris, die Göttin der Zwietracht, einen goldenen Apfel mit der Aufschrift „Für die Schönste" unter die feiernden Götter des Olymps. Im Auftrag von Zeus bittet Hermes den Jüngling Paris, den Sohn des trojanischen Königs Priamos, auszuwählen, welche der drei sich um den Apfel streitenden Göttinnen Hera, Pallas Athene und Aphrodite die Schönste sei. Dieser urteilt, dass Aphrodite, die ihm als Preis die Liebe der schönsten Frau auf Erden (Helena) versprochen hat, die Schönste sei, sodass ihr der goldene Apfel gebühre. Dieses Urteil erzürnt die anderen Göttinnen. Heras Hass führt später den Untergang Trojas herbei. Liebe wird als Übergang sichtbar gemacht. Im nächsten Augenblick kann sich alles verändern. Aus dem unverbindlich-unschuldigen tänzerischen Tanderadei wird, sobald der Pfeil sein Ziel erreicht, etwas anderes, Gerichtetes werden. Dafür steht das erzeugte Begehren.

Ein Entwicklungsbild

Man kann in dem Bild auch die Darstellung entwicklungspsychologischer Phasenfolgen sehen – wie sich aus symbiotischen, eng verschlungenen Einheiten eigene Identitäten herausentwickeln, die miteinander notwendig konkurrieren müssen. Auch die Metamorphose von Chloris in Flora und Venus belebt dieses Ineinander-Auseinander. Wie geht eine Gestalt in eine andere über? War sie von Anfang an in ihr schon enthalten? Separiert sie sich heraus und ist dann etwas Eigenes, das vorher noch nie so existiert hat? Hat sie dadurch ihr Herkommen hinter sich gelassen? Das sind bewegende Menschheitsfragen, die auch u. a. die moderne Physik oder die Genforschung beschäftigen und zugleich Veränderungsprozesse gesellschaftlicher Systeme betreffen. Botticellis Kunst vermittelt diese paradoxen universalen Konstellationen unmittelbar, sinnlich-material in einem bewegenden Erlebensprozess.

Die Geburt der Venus als schwebende Gestalt

Das Bild *Die Geburt der Venus* behandelt gleichfalls einen Übergang als Schöpfungsakt und geht dem Gemälde *Frühling* psychologisch gesehen sozusagen voraus.

Die Schaumgeborene   Botticelli, Die Geburt der Venus (um 1484-86)

Venus (römisch) oder Aphrodite (griechisch) wird im Mythos aus dem Schaum geboren, in den der Samen des Uranus sich verwandelte, nachdem sein Sohn, der Titan Kronos, ihn entmannt und sein abgeschnittenes Geschlechtsteil ins Meer geworfen hatte. Auf der Insel Kythera oder auf Zypern steigt sie an Land. Dieser Moment ist im Gemälde eingefangen.

Auch hier ist der Gott des Westwindes Zephyr zu sehen, der zusammen mit dem Windgeist Euros (Gott des Süd-Ostwindes) Venus an Land treibt. Eine der drei Horen, Göttinnen der Jahreszeiten und wie die Grazien Symbol der Fruchtbarkeit, erwartet sie und eilt ihr mit einem geblümten Mantel entgegen, um ihre Blöße zu bedecken. Seltsam schwebt Venus mehr, als dass sie steht, auf der Muschel. Diese versinnlicht einen Öffnungsprozess, der etwas Verborgenes, wertvoll wie eine Perle, ans Licht holt. Zugleich fungiert sie als eine Art Boot, das auf dem Wasser zu tragen vermag. Gleich wird Venus auf festen Boden treten, Halt und Verankerung finden und sich erden. Dies bedeutet zugleich die Aufgabe der Schwebeverfassung, in der alle Figuren schwerelos gleiten, in der alles noch vor der Tat möglich erscheint. Von diesem Übergang zwischen Schwebe und Festlegung erzählt auch das Märchen *Fundevogel*.

Kurz vor der Erdung

Venus` unnatürlich langer Schwanenhals konturiert eine schräge, schraubenartige Bewegung, die im Fuß endet, der sich augenblicklich in Aktion setzen wird. Das schlangenhaft gelockte Haar und das Verhüllen von Scham und Brust wecken ebenfalls Assoziationen an die Vertreibung aus dem Paradies. Wehmütig scheint sie, nicht sehr entschlossen, die fließende Welt der Luft und des Meeres zu verlassen und sich in irdisch begrenztem Wirkungsraum zu bewegen. Ihr melancholischer Ausdruck wird im Erleben in diesem Sinne auch als Traurigkeit über einen Abschied ausgelegt. Die Zeit scheint angehalten. Die Windgötter und die Hore rahmen Venus ein und geben eine Richtung vor. Es macht den Eindruck, als werde Venus eingefangen, als solle sie ding-fest gemacht werden. Im Erleben werden bei beiden Bildern zeitweise die Seiten abgedeckt und weggehalten, so wie auch gerne die Venus oder im anderen Bild Flora losgelöst vom Kontext reproduziert wird. Darin drückt sich die Tendenz aus, den komplexen seelischen Gehalt aufzuspalten, als könne man das verstörende grundlegende Paradox auf diese Weise entschärfen und leichter handhaben.

Die beunruhigende Dynamik des Bildes sammelt sich und konzentriert sich von beiden Seiten gelenkt bogenförmig in der Mitte. Ein sehr sinnliches rhythmisches Raumerleben als Bewegung und Gegenbewegung in einem schwebenden Gleichgewicht wird beschrieben, als schränkten die Figuren rechts und links einen Spielraum ein und trieben die nach vorne herauskommende Venus in die Enge und nach vorne in den Raum hinein. Diese zeigt sich davon jedoch wenig beeindruckt.

Ein dynamisch bewegter Wirkungsraum

Was der Architekturtheoretiker Meisenheimer[106] im Raumerleben als Urphänomene und Ausdrucksarchiv mit elementaren Verhältnissen darstellt, wird in der Begegnung mit diesen Bildern auf beeindruckende Weise erlebbar. Wir müssen diese Räume nicht leibhaftig betreten, um unmittelbar wahrzunehmen, was es z.B. bedeutet, sich aufzurichten, einen Ort hier von einem Ort dort abzugrenzen und eine Spannung zwischen Enge und Weite zu erfahren. Aus dem Erleben unseres Körpers sind uns diese „gestische(n) Urphänomene"[107] beim Raum- und Architekturerleben vertraut. In ihrer spannungsvollen Relation vermitteln sie Pulsation, Schwingung und Rhythmus im Raum. Die Bilder Botticellis werden als solch ein dynamisch bewegter Wirkungsraum erlebt. Einige seiner Gemälde weisen gleichsam

---

[106] Meisenheimer, Wolfgang: Das Denken des Leibes und der architektonische Raum. Köln 2004
[107] Ders: A.a.O. S. 24-48

spiegelverkehrt die ausdrucksgeometrische Gestalt einer Muschel auf[108]. Sie lassen an die Kufen einer Wiege in Form einer
Ellipse denken, die in ein trigonales Dach übergeht. Eine ber-
gende Figur mit einer zugespitzten Gerichtetheit wird auf diese
Weise ins Bild gerückt.

Die Abbildungen von Madonna und Jesuskind sind häufig durch diese weiche Rundung gekennzeichnet, die das Kind
teilweise in eine ungewöhnliche Position des Körpers bringt,
welche den Bogen schließt.

Muschel-Struktur bei Sandro Botticelli

Madonna del Magnificat   Madonna del Padiglione

(1481)   (um 1495)

---

[108] S. auch folgende Gemälde von Botticelli: *Minerva und Kentaur* (um 1482-
88) (207 x 148 cm) Florenz, Galleria degli Uffizi; *Anbetung des Kindes* (um
1500) (Ø 120,8 cm) Houston, Museum of Fine Arts, Sarah Campbell Blaffer
Foundation; *Madonna mit Kind und Engeln* (um 1470) (100 x 71 cm) Neapel,
Museo Nazionale di Capodimonte; *Madonna Chigi – Maria mit Kind und
Engel* (um 1470) (85 x 64,5 cm) Boston, Isabella Stewart Gardner Museum;
Madonna del Rosetto – Maria mit Kind (um 1470) (124 x 65 cm) Florenz,
Galleria degli Uffizi; *Maria mit Kind* (1469/70) (71,6 x 51 cm) Avignon, Mu-
sée du Petit Palais. Die Figuren werden dabei diesem Schema entsprechend
überdehnt und so „gebogen", dass sie ein Rund formen.

Muschelstruktur bei Sandro Botticelli

Beweinung Christi (um 1495)   Madonna mit Granatapfel (um 1487)

Das Unbehagen in der Kultur

Schematisch Unnatürliches, das sich nicht nahtlos in das
Ganze einfügt, wie die Darstellung des Meeres, die eigentümliche Aufgesetztheit der Brust und die fast plakathaft gemalten
Bäume, die an den späteren Rousseauschen Stil erinnern, sowie
die Abbildung der Küste, die wie Pfeile einschneidet, wird von
den Betrachtern wahrgenommen. Man mutmaßt, dass Botticelli, der seine Kunst offensichtlich beherrschte, dies als Stilmittel
der Brechung und Symbolisierung benutzt haben muss. Auch
die anatomischen Gegebenheiten widersprechende, fast akroba-
tische Darstellung der innig ineinander verschlungenen Wind-
götter verwundert. Es sieht beinahe so aus, als wüchsen Euros
Beine aus Zephyrs Körper, so als seien beide eins, zusammen-

gewachsen wie siamesische Zwillinge[109]. Darin bildet sich ein eng miteinander verschmolzenes symbiotisches Verhältnis ab, wie es im Märchen *Fundevogel* beschrieben wird. Ähnlich entsprechen die langen Beine der Grazie nicht dem zarten Oberkörper. Die unproportional voluminösen Oberschenkel würden schwer zu Boden ziehen und korrespondieren nicht mit der Anmut und Leichtigkeit. Unvereinbares wird balancierend in eine Einheit gebracht.

Beide Bilder erzählen metaphorisch vom Sündenfall im Paradies und der damit verbundenen schamhaften Bedeckung von Nacktheit. Insofern gehen sie an den Ursprung von Kultivierungsprozessen zurück. Das Paradies, als Sinnbild eines in sich ruhenden Zustands, ist im Begriff, sich aufzulösen. Eine Unruhe drängt auf Verwandlung.

Das Märchen *Fundevogel* bringt die Züge des Erlebens dieser Kunstwerke in ein erzähltes Bild. Einigen Spielfilmen liegt der im Märchen behandelte Mythos ebenfalls zugrunde.

---

[109] Vgl. Leonardo da Vinci: *Hl. Anna Selbdritt* (1500-1510). S. Analyse von Sigmund Freud: Freud, Sigmund : Eine Kindheitserinnerung des Leonardo da Vinci (1910). In: Studienausgabe. Bd. X. Bildende Kunst und Literatur. A.a.O. Frankfurt a. M. [5]1969, S. 87-159.
Freud sieht in den beiden innig miteinander verschmolzenen biblischen Frauen-Gestalten Anna und Maria die Mütter Leonardos (leibliche Mutter, Stiefmutter und Großmutter) in einer Mischeinheit verdichtet. Anna, die Mutter Marias, erscheint als ebenso junge Frau, ohne eine Spur des Alters, sodass die Zeiten in dem Dreigenerationenbild (Anna Metterza) zusammenrücken. In dem Londoner Karton, einem Vorentwurf des Gemäldes, etwa um 1501 entstanden, scheint es noch deutlicher als in dem berühmten Gemälde, „als wüchsen zwei Köpfe aus einem Rumpf hervor". (Ebda, S. 138)

Fundevogel im Film:

Broken Flowers (Jim Jarmusch USA 2005)

Dieser Film legt erlebensmäßig einen etwas anderen Schwerpunkt im Märchengefüge als die Gemälde von Botticelli. Dies vermittelt sich vor allem in der Gesamtstimmung. Ein schläfriger apathischer Zustand wird ausgebreitet – Lenchen und Fundevogel kommen hier nur mühsam aus dem Bett und können sich schwerlich zum Handeln aufraffen. Schwebe hat in diesem Fall nichts grazil Leichtes, sondern drückt aufs Gemüt oder strapaziert die Geduld. Die Lakonie, mit der erzählt wird, lässt in kurzen Momenten Komisches durchscheinen. Nicht Frühling und Geburt, sondern das Welken des Herbstes und Abschied dominieren das Erleben des Films. „Broken Flowers" sind Programm.

Während Botticellis Gemälde stärker paradiesische Verschmelzungszustände in den Vordergrund stellen, thematisiert *Broken Flowers* vor allem die Verfassung nach der Vertreibung aus dem Paradies. Der Versuch, an alte Innigkeiten anzuknüpfen, scheitert. Verloren und verlassen treibt der Protagonist orientierungslos durch das Dasein. Die Aussicht auf eine Wiederbelebung trägt den Prozess. Lässt sich die trauernde Agonie überwinden? Kann eine Vaterschaft als Entwicklungsversprechen das Ganze beleben?

Casanova in der Krise

Don Johnston (Bill Murray), ein standhafter Junggeselle, ist ein in die Jahre gekommener Don Juan, dessen Name einige Frauen im Film , so wie die Zuschauer, an den Miami-Vice-Beau Don Johnson denken lässt. Er ist nur noch ein schwaches

Abbild des einstigen unwiderstehlichen Verführers. Abgehalftert und müde wirkt er, selbst nicht mehr allzu sehr von seiner umwerfenden Attraktivität überzeugt. Als ihn seine deutlich jüngere Freundin Sherry (Julie Delpy) verlässt, nimmt er die Trennung passiv und mehr oder minder schweigend hin. Bestenfalls halbherzig sucht er sich ansatzweise zu rechtfertigen, als sie ihn wütend der Untreue bezichtigt – er habe „keine anderen Freundinnen". Kann man dem Glauben schenken oder nicht?, fragt sich der Zuschauer. Ohne diese Frage entscheiden zu wollen, lässt man sich auf die weitere Entwicklung des Films ein. Kurz setzt Don an, die wütend weggehende Sherry zurückzurufen, doch bringt er kein weiteres Wort über seine Lippen. Es bleibt offen, ob er froh ist, dass sie fortgeht, oder ob es ihn schmerzt, sie zu verlieren.

Treue?

In der wiederholten übermäßigen Beteuerung von Treue im Märchen wirkt der Zweifel daran, ob man in der Liebe wirklich nur auf einen Menschen setzt oder nicht doch mehrgleisig fährt. Wie bestimmt oder wie beliebig ist die Liebeswahl? Einmal zuviel betont – „einander so lieb, so lieb" –, weckt Argwohn: Muss man nicht das permanent versichern, was insgeheim gar nicht so sicher, sondern eher kippelig ist? Zugleich wird die Ausschließlichkeit suspekt, die keine fremden Götter neben sich duldet. Darf man nicht mehr als einen Menschen lieben? Das Symbiotische kann beklemmend eng werden. Wie stets im Seelischen, können diese paradoxen Verhältnisse nicht einfach aufgelöst werden – es gibt keine simplen Antworten, sondern nur ein variables, immer wieder neu auszulotendes Gleichgewicht zwischen zutiefst widersprüchlichen Tendenzen.

Vages – Konkretes

Bereits zu diesem frühen Zeitpunkt deutet sich das psychische Grundverhältnis des Märchens *Fundevogel* an, das den Erlebensprozess trägt. Eine diffuse unbestimmte Qualität durchzieht den Film – und weckt die Sehnsucht nach einer entschiedenen Richtung. Dies führt beispielsweise im späteren Verlauf des Films dazu, dass ein entgegenkommender LKW von einigen Zuschauern als bevorstehender verheerender Crash antizipiert wird, der das Dahindümpelnde kräftig durchschütteln soll. Eine zunächst verhohlene Enttäuschung wird eingestanden, als dieses Aufrütteln ausbleibt. Man hofft die ganze Zeit, dass etwas geschieht, das prägnante und durchgreifende Folgen hat. Irgendetwas Einschneidendes soll vor sich gehen, das Bewegung und Kontur in den lahmen Prozess bringt. Manche Zuschauer klagen über eine monotone Langeweile, die sich breitmache. In dieser Qualität kommt das Unbestimmte des Märchens zum Ausdruck – da packt einen nichts. Das Undefinierte kann einen einerseits sehr neugierig machen, indem das Sichherauskristallisieren von etwas Herausgehobenem mit großer Spannung erwartet wird. Es kann andererseits auch ermüden, wenn die erhoffte vielversprechende Entstehung einer Gestalt, wie sie in Botticellis Geburt der Venus vor Augen geführt wird, immer wieder ausbleibt. Einige Zuschauer ringen damit, sich dieser von ihnen als quälend erlebten Mühle, die phasenweise durch die Gleichförmigkeit der Musik noch unterstrichen wird, nicht mehr auszusetzen und das Betrachten des Films abzubrechen. Geschickt bietet der Film jedoch zyklisch Verheißungen einer Wende an und hält den Zuschauer dadurch trotz Abbruchtendenzen dennoch bei der Stange.

Als Ermittler unterwegs – die Knechte im Märchen

Prototyp eines Erlebensverlaufs, der von Diffusität zu Klarheit und Eindeutigkeit führt, ist eine detektivische Aufdeckung. In einer Kriminalstory wird in der Regel in vielfältigen Varianten eine Entwicklung von einem „who´s done it?" über ein verwirrendes „Jeder könnte es potenziell gewesen sein" mit Finten und Irrwegen (war es gar „der Gärtner?") auf eine zweifelsfreie Entlarvung zu bewegt. Der Täter soll am Ende definitiv feststehen. Der Beweis, dass jemand ganz Bestimmtes gehandelt hat, wird am Ende erbracht. Alle Unklarheiten gilt es bei der finalen Überführung des Täters zu beseitigen. Wie es im Märchen heißt, geht es darum, jemanden zu „kriegen", ihn zu fangen und dadurch seiner habhaft zu werden, sodass er nicht mehr in die Beliebigkeit und Unfassbarkeit entfliehen kann. So geht Bestimmen als Konkretisieren und Identifizieren psychisch vor sich.

Dieses detektivische Such- und Aufklärungs-Muster wird in *Broken Flowers* bald eingeführt, um schließlich im Verlauf des Films ad absurdum geführt zu werden. Am Ende ist man so schlau wie zu Beginn. Bestimmtes und Unbestimmtes bleiben spannungsvoll nebeneinander stehen. Dennoch wurde im Erleben eine mitbewegende Entwicklung durchlaufen. Trotz allem ist doch etwas anders geworden.

Wie sich Unbestimmtes anfühlt, vollziehen wir unmittelbar mit, indem wir Einblick in Dons einsames und erschreckend regungsloses Leben nehmen. Die bleierne Schwere tatenloser Apathie legt sich auch auf den Zuschauer. Die sich wiederholenden Kameraeinstellungen der Rückenansicht des bewegungslosen Protagonisten in seinem sterilen Wohnzimmer heben dieses Einerlei hervor. Don hat seine Tätigkeit als IT-Fachmann aufgegeben, erfahren wir. Er sitzt im Jogginganzug meist allein stumm auf seiner Couch, wie ein Fremder in seinen eigenen vier Wänden, und weiß mit seinen Händen und mit sich nichts anzufangen. Die welkenden Rosen in der Vase bringen seinen Zustand auf den Punkt. Blühende Zeiten liegen hinter ihnen. Nicht der Charme eines Casanovas, vielfältiger Kitzel und permanente prickelnde Verwandlung, wie sie beim Märchen *Fundevogel* lockt, sondern Verfall, Verlust und Trauer kennzeichnen sein Leben. Ein Leben ohne Erwartungen, ohne Hoffnungen, ohne Perspektive. Die Verwandlungsgier des Märchens ist ein Kampf gegen den Tod, der die absolute und unumkehrbare Festlegung bedeutet. In Don ist dieser Gegenpol verkörpert. Ihn scheint nichts mehr zu locken.

Die Suche nach dem „Findelkind"

Gleich zu Beginn des Films werden wir zugleich auf eine sehr bestimmte Reise mit vielen Zwischenstationen mitgenommen, ein Vorgeschmack auf die spätere Odyssee des Protagonisten. Ein rosafarbener Brief, der sich immer wieder deutlich optisch aus Stößen von unzähligen anderen Briefen abhebt, wird auf seinem postalischen Weg zu seinem Adressaten von der Kamera begleitet. Zielgerichtet ist dieser Brief über mehrere Stationen unterwegs. Sogleich inspiziert der Zuschauer den Brief genauer, registriert kurz den Specht auf der Briefmarke, nimmt das Vogelmotiv auch auf dem Stempeldruck wahr und sucht einen Ausgangsort abzulesen. Dies gelingt jedoch nicht, da der Druck unscharf und nur ausschnittsweise zu sehen ist oder sich leicht bewegt, wie unter Wasser, sodass ein klares Erkennen unmöglich ist. Die Erlebensgestalt des ganzen Films – zwischen unzweifelhafter Klarheit und changierender Unschärfe – ist darin vorweggenommen.

Genau in den Augenblick, als Sherry Don verlässt, erreicht dieser Brief sein Ziel: Er ist an Don adressiert. Anonym und mit Schreibmaschine geschrieben, kündigt der Brief das eventuelle Kommen seines 19-jährigen Sohnes an, von dessen Existenz Don bisher nichts ahnte. Der Sohn sei mit unbekanntem Ziel aufgebrochen, um möglicherweise seinen Erzeuger zu suchen. Auch diese „seltsame Überraschung" des Lebens nimmt Don stoisch, ohne irgendeine sichtbare emotionale Erregung, hin.

In der Ersatzfamilie

Sein äthiopischer Nachbar und Freund Winston (Jeffrey Wright), ein rühriger und lebensfroher Hobby-Detektiv, überredet ihn dazu, sich auf die Suche nach der Mutter seines Sohnes zu machen. In der quirligen kinderreichen Familie des Nachbarn wirkt Don wie ein adoptiertes Mitglied, das teilhaben darf an ihrer Lebendigkeit und Wärme. Die flirtenden Komplimente, die er der Frau seines Freundes macht, werden schmunzelnd toleriert als sei er nur ein zahnloser Tiger, der keine ernste Gefahr für die Ehe des befreundeten Paars darstellt. Mit Winston teilt er kindliche Freuden des Verbotenen beim Kiffen, das die kleine Tochter, gleichsam an Mutters statt, mit erhobenem Zeigefinger kommentiert. Er ist wohlwollend aufgenommen in ihre Gemeinschaft wie der Fundevogel in die Familie des Försters. Tröstend wirkt dieser Familienanschluss. Von diesen herzensguten Menschen wird er geliebt. Als Don den Freund fortschickt, da er allein sein wolle, antwortet Winston: „Klar, ich habe dich auch gern!" Ein Liebesgeständnis ist von diesem eingekapselten Sonderling Don nicht zu erwarten. Winston nimmt ihn jedoch so, wie er ist. Er scheint es gut mit ihm zu meinen, kennt seinen Kumpan und weiß dessen Phlegma auszutricksen.

Ein liebevoller Stüber hinaus in die Welt

Er wundert sich, dass es Don selbst nicht tiefer zu berühren und auch nicht neugierig zu machen scheint, dass er unerwartet Vater ist. Winston sieht in dieser Nachricht ein Zeichen für die Richtung, die Dons orientierungsloses und handlungsarmes Leben nun nehmen soll. Er beauftragt ihn damit, eine Liste der in Frage kommenden Frauen zu erstellen, und nagelt den lethargischen Freund fest, indem er vollendete Tatsachen schafft. Nachdem er die Anschriften von Dons Ex-Freundinnen herausgefunden hat, bucht er Flüge, Hotels und Leihwagen für die Reise seines Freundes in die Vergangenheit – und eine mögliche Zukunft? Don sträubt sich und will lieber Winston an seiner Stelle auf die Suche schicken, doch bleibt der Freund so lange hartnäckig, bis Don nachgibt. Winston schärft ihm noch ein, nach einer Schreibmaschine zu fahnden, um das Schriftbild abzugleichen, und rät ihm, den Frauen rosa Blumen mitzubringen, um herauszufinden, ob sie eine Präferenz für diese Farbe haben. Auch eine Kassette mit schwungvoller Musik aus seiner Heimat gibt er ihm mit auf den Weg – „etwas fürs Herz".

In anderen Leben scheint Dons Dasein auf

Die Begegnungen mit den 20 Jahre zurückliegenden Liebschaften, mit vier sehr unterschiedlichen Frauen, deren Leben in all den Jahren ganz andere Wendungen genommen hat, konfrontiert Don mit sich selbst. Der Zuschauer schaut wie die Knechte im Märchen nach Spuren dessen, was einst gewesen ist. Kann man den alten Don darin erkennen? Kann er im Leben dieser Frauen vielleicht heute auch wieder einen Platz finden?

Mit Laura (Sharon Stone), der ersten der vier Frauen, die er aufsucht, der Witwe eines Rennfahrers, findet er sich unversehens morgens im Bett wieder. Doch dieses Wiederauffrischen macht nicht den Eindruck einer bewussten Wahl. Es scheint den beiden irgendwie ohne eigenes Zutun „widerfahren" zu sein. Leise sucht er sich davonzuschleichen. Als Laura ihm nachkommt, hält man eine Wiedervereinigung einen Augenblick lang für möglich, doch schiebt sich deren kokette pubertierende Tochter Lolita dazwischen, ein Abbild von Vladimir Nabokovs Romanfigur. Mit allen Reizen und Zweideutigkeiten hatte sie Don zu ködern gesucht, war gar cool-aufreizend nackt vor ihm herumgelaufen, als sei nichts dabei. Ihre erotisch-„unschuldigen" Verführungsspiele karikieren ihn als Casanova, der er einmal war. Don flieht vor der Versuchung und der Rivalität zwischen Mutter und Tochter, der er sich nicht gewachsen fühle – so legen Zuschauer es aus. Mutter und Tochter stehen winkend am Fenster, als er wegfährt. So zugewandt wird er bei den anderen Frauen nicht empfangen und verabschiedet werden.

Auf ausgedehnten Kamerafahrten durch das Land wird einerseits die Vielfalt der Landschaften und Lebenswelten skizziert, andererseits erhält auch das Reisen eine monotone Note. Das Sitzen im Flugzeug, das Autofahren, die Austauschbarkeit von Hotelzimmern hat nichts Aufregendes oder Erneuerndes, sondern wirkt fade und trivial. All die Perspektiven scheinen an Don vorbeizurauschen, ohne dass er sich dies anverwandelt. Als er aus einem Hotelfenster blickt, pulsiert das Leben außerhalb, während er regungslos verharrt. Er steht immer außerhalb, nicht mittendrin im Geschehen. Als stiller Beobachter nimmt er teil an den Schwärmereien zweier Teenies, die einen gutaussehenden jungen Mann im Bus beäugen, in dem er sein Alter Ego, Jahrzehnte zurückliegend, zu erblicken scheint. Trauert er der vergangenen und auf immer verlorenen Jugend und Attraktivität nach und vermag aus dem Hier und Jetzt nichts zu gestalten? Nur in wiederkehrenden traumartigen Sequenzen, die die Erlebnisse des Tages wiederkauen, wird sichtbar, dass nicht alles vollkommen spurlos an ihm vorübergeht.

Die nächste Station seiner Reise karikiert die Starre noch. Aus der einst geliebten Hippie-Frau Dora (Frances Conroy) ist eine spießige verhuschte Frau im Fertighaus-Ambiente mit Sofakissen in Reih und Glied und unerträglich selbstzufriedenem Ehemann geworden. Das akkurat angerichtete Essen auf dem Teller, in dem alle herumstochern, und die Zähigkeit des Gesprächs zeigen überdeutlich, wie das durch und durch Geordnete alle Lebendigkeit erstickt. Hätte sein Leben mit dieser Frau einen anderen Verlauf genommen? Und wäre auch ihres mit ihm anders abgelaufen? Hätte sie sich das Hippiehafte bewahren können oder tarnte das damalige Ausgeflippte nur ihren „wahren" braven Kern? Das Märchen erzählt von derartigen multiplen Existenzen und Tarn-Künsten.

Don ringt damit, seine erfolglose Suche abzubrechen, und muss von Winston dazu motiviert werden, weiterzumachen. Unangenehm und belastend ist die Konfrontation mit seiner Vergangenheit. Später mag er von Winston gar nichts hören und lässt das Telefon endlos klingeln, ohne dranzugehen.

Kein Austausch ist möglich – „da ist nichts zu machen", wie im Märchen

Auch die Begegnung mit Dr. Carmen Markowski (Jessica Lange), einer Tierkommunikatorin, verläuft äußerst unterkühlt. Carmen scheint sich eher mit Tieren als mit Menschen auszutauschen. Sie lässt an ihrer Stelle die Katze „sprechen", die argwöhne, dass Don etwas im Schilde führe. Ob Misstrauen und Entfremdung auch ihre damalige Beziehung kennzeichneten? Von ihrer ehemaligen Leidenschaftlichkeit ist nichts mehr zu spüren. Seine Angebote, gemeinsam zu essen oder etwas zu trinken, lehnt sie so kategorisch ab, dass die Ablehnung offenkundig wird: Sie trinke nicht, sie esse nicht und spazieren gehen möchte sie mit ihm auch nicht. Die Vorzimmerfrau mit den verführerischen Beinen, die ihm nur einen ganz kurzen Gesprächstermin zubilligte, bringt gar am Ende den Blumenstrauß zurück. Die beiden Frauen scheint eine Liebesbeziehung zu verbinden. Die Art, wie sie Carmen zart um die Taille fasst, nährt jedenfalls beim Zuschauer solche Mutmaßungen. Hier will man ihn gewiss nicht mehr haben.

Der holprige Weg, den er nun nehmen muss, um Penny, die letzte der als Mutter seines Sohnes in Frage kommenden Frauen, in einer Wildnis gleichsam am Ende der Welt aufzuspüren, führt ihn in eine verwahrloste Rockerwelt, die von Anfang an nicht gerade einladend wirkt. Ein Hund bellt ihn als fremden Eindringling an. Männer in Leder mit ihren Motorrädern beäugen ihn mit latenter Aggression. Der Schmelz in Pennys Stimme, als sie Don gegenübersteht und ihn wiedererkennt, weicht augenblicklich Feindseligkeit und Vorwürfen. Ihre Bindung hatte kein Happy End – das wird deutlich. Wer wen verlassen hatte, ist zweitrangig. Als Don danach fragt, ob sie einen Sohn habe, rührt er einen wunden Punkt an, der den Zuschauer erwarten lässt, hier sei die Suche am Ziel angelangt, was sich allerdings nicht bewahrheitet. Hat er sie schwanger im Stich gelassen oder eine Abtreibung erzwungen oder leidet sie darunter, keine Kinder bekommen zu können? Man erfährt es nicht. Pennys unbändiger Groll entlädt sich in wüsten Beschimpfungen, die ihre groben Beschützer sofort auf den Plan rufen. Bald darauf hat Don eine Faust im Gesicht, alles wird dunkel, und er wacht übel zugerichtet auf der Rückbank seines Wagens mitten in einem abgeernteten, kahlen Maisfeld auf. Der am Wegesrand gepflückte Strauß wilder Blumen für Penny liegt auf seiner Brust. Er ist ein Bild des Jammers. Der Zuschauer nimmt ausgedehnt wahr, wie sich Don mühsam wieder aufrappeln muss und aus der Einöde der Landschaft langsam davonfährt. Dies kostet ihn erstmalig etwas; er leidet. Der Erlebensprozess kommt in eine entscheidende Wende.

Knallharte Folgen seines Tuns

So fühlen sich handfeste Konsequenzen an. Don, der sich offensichtlich bisher immer irgendwie durchs Leben laviert hatte, wird nun damit konfrontiert, dass er schuldhaft dabei doch einige Trümmer hinterlassen hat. Penny trägt ihm Verletzungen nach. Auch wenn er einem leid tut mit seinem blutunterlaufenen Auge und den deutlichen Spuren der späten Quittung für sein Handeln, hat er es anscheinend irgendwie verdient. Eine Blumenverkäuferin hat wie der Zuschauer Mitleid mit ihm und versorgt liebevoll seine Wunden. Die von einigen gehegte Hoffnung, dass sich daraus vielleicht eine Bindung entwickeln könne, erfüllt sich jedoch nicht. Eine romantische Liebe wäre im Erleben hier auch fehl am Platz. Der Held muss auf seiner Reise noch leiden, bevor er durchgreifend anders werden kann.

Lebensbilanz

Don sucht das Grab seiner verstorbenen Geliebten Michelle Pepe auf. Für sie hatte er die Blumen gekauft, einen schönen Strauß, in Papier gehüllt mit rosa Schleife, nicht lieblos ausgewählte Blumen in Cellophan wie bisher. „Hallo, meine Schöne", spricht er die Tote an. Traurig sitzt er im Regen an einem Baum und weint. Zum ersten Mal wird ein gefühlsmäßiges Berührtsein sichtbar. Das Resümee am Ende seiner Reise ist Trauer und das Erleben vom Fehlen jeglicher Perspektive. Es gibt nichts aus der Vergangenheit, an das er anknüpfen könnte, nichts, das sich wiederbeleben ließe. Er muss dies alles hinter sich lassen, es begraben. Er steht vor einem Scherbenhaufen, der ihm sein Scheitern in der Liebe vergegenwärtigt. Wie die Knechte im Märchen muss er das Fazit ziehen: Da „ist nichts zu machen". Die Suche nach einer Richtung und einem Lebenssinn war erfolglos. Alles bleibt unbestimmt. Quer durch Amerika ist er gereist, doch muss er ohne Antwort zurückkehren. Die Farbe Rosa hatte in jeder Begegnung eine Rolle gespielt, in Kleidung, Dekorationen, Bildern, auch eine alte Schreibmaschine hatte er im Sperrmüll bei Penny entdeckt, doch bleibt am Ende offen, ob eine dieser Frauen in der Tat Mutter seines Kindes ist.

Wie vor seiner Reise liegt er zunächst wieder tatenlos auf dem Sofa herum. Er schimpft auf Winston ein, der ihm diese Farce inklusive der Prügel eingebrockt habe, und macht so seiner Enttäuschung und Wut über das Fiasko seines Lebens Luft. Der Freund bringt Dons Leiden auf den Punkt: „Das Leben, was hast du mit deinem Leben gemacht?"

Ein Handelnder

Auf seiner Rückreise war Don ein junger Mann aufgefallen, den er nun vor dem Lokal, in dem er mit Winston gesessen hatte, wiederentdeckt. Er bezahlt zügig und handelt zum ersten Mal unverzüglich, ohne lange zu zögern, ohne von anderen dazu angestoßen oder freundlich „genötigt" zu werden. Im Märchen wird solch ein behändes Anfassen mehrmals thematisiert, zuletzt im zupackenden Entenschnabel. Er spricht den Jungen an und lädt ihn auf ein Sandwich ein. Der junge Mann möchte vor dem Restaurant warten. Als Don zurückkehrt, findet er ihn zunächst nicht, doch macht er sich auf die Suche nach ihm und nimmt dann dort Platz, wo der junge Mann bereits mit

Kisten einen gemeinsamen Platz geschaffen hat, an dem sie miteinander essen können.

Gemeinsame Mahlzeiten symbolisieren im Seelischen als Sitzen an einem Tisch das Zusammenkommen unterschiedlicher Tendenzen und das Angebot einer Vermittlung. Essen ist ein Bild für die Einverleibung des Fremden. Im Ritual des Gastmahls hat die Kulturentwicklung ein Forum geschaffen, das eine Annäherung ermöglicht, in der Übereinkunft, von einem Übereinanderherfallen abzusehen und am runden Tisch herauszufinden, ob ein zivilisierter Umgang miteinander möglich ist[110].

Don gestaltet das Gespräch aktiv, fragt ohne Worte nach der rosa Schleife am Rucksack, interessiert sich für sein Gegenüber. Während Don Computer und Mädchen als seine zentralen Neigungen nennt, mag der junge Mann vor allem Philosophie und ... Mädchen. Im Erleben gleicht man die beiden ab – können es Vater und Sohn sein? Welche Übereinstimmungen weisen sie auf? Kann man, wie im Märchen, in dem einen den anderen erkennen? Sind Rose und Rosenstock Lenchen und der Fundevogel oder etwas ganz anderes? Als der Junge um philosophische Tipps für sein weiteres Unterwegssein bittet, muss Don sich eingestehen, dass er nichts Besseres anzubieten hat als diese Quintessenz seiner Reise: „Die Vergangenheit ist vorbei, das weiß ich, die Zukunft ist noch nicht hier, wie sie auch sein wird, also, das ist alles, was es gibt, das Hier, die Gegenwart. Das ist alles."

In dieser Lebensweisheit verdichtet sich der Erlebensprozess. Im Hier und Jetzt angekommen, beginnt Don sein Leben in die Hand zu nehmen und entschieden zu handeln. Obwohl

---

[110] Zur Totemmahlzeit s. Freud, Sigmund: Totem und Tabu (1912/13). In: Studienausgabe, Bd. IX. Fragen der Gesellschaft. Ursprünge der Religion. A.a.O. Frankfurt a. M. 1974, S. 287-444. Der Bruch der Gastfreundschaft wird im Drama *Das Goldene Vlies* von Franz Grillparzer, das auf dem Mythos der Argonauten basiert, zum Ausgangspunkt für Unheil und Zerstörung.

bei seiner Odyssee unbestimmt blieb, ob er wirklich einen Sohn hat, ob der Brief vielleicht nur eine Rache-Aktion der wütenden Sherry ist oder ob gar Winston den Brief verfasst hatte, um Dons depressives Dasein zu beleben, hat er in seinem Leben Klarheit und Richtung gewonnen.

Auch als die Aussicht, in dem jungen Mann seinen Sohn zu entdecken, sich anscheinend nicht erfüllt, bricht die Aktivität nicht ab. Der junge Mann reagiert abweisend auf die Nachfrage nach seinem Vater und nimmt erschrocken Reißaus, als Don ohne Umschweife formuliert: „Ich weiß, dass du denkst, ich bin dein Vater". Don spurtet dynamisch hinterher, mit bisher ungekannter Kraft, doch kann er den Jungen nicht einholen. Ein anderer junger Mann in einem vorbeifahrenden Auto schaut Don durchdringend an, der als filmische Pointe gar von Bill Murrays Sohn Homer gespielt wird. Soll er der gesuchte Sohn sein? Der Film lässt es offen. Die Zuschauer halten teilweise auch an der Möglichkeit fest, dass der fortgerannte junge Mann durchaus der Sohn gewesen sein könne, dem es im letzten Moment angesichts des leibhaftigen Vaters, der nun kein bloßes Phantombild mehr ist, bang ums Herz geworden sei.

Man wünscht sich eine Eindeutigkeit, die nicht zu haben ist. Dons Leben hat auf dieser Reise dennoch eine Wandlung erfahren. Die Apathie ist durchbrochen. Die letzten Bilder des Films zeigen Don mitten auf der Straße, die sich wie ein Wirbel um ihn dreht. Er steht fest in diesem Strudel, der das Drumherum unscharf werden lässt. Bestimmtes und Unbestimmtes, das psychische Grundverhältnis des Märchens *Fundevogel*, sind in diesem Bild in eins gebracht.

Bin-Jip[111] (Kim Ki-duk Kim Süd-Korea 2004) – Der Schattenmann

Dieser mehrfach prämierte Film, der u. a. beim Internationalen Filmfestival in Venedig den Silbernen Löwen erhielt, breitet den Schwebezustand des Märchens, der auch Botticellis Gemälde charakterisiert, als ein „ewiges Dazwischen"[112] in einer poetisch-melancholischen surrealen Atmosphäre aus. Zunehmend verschwimmt der Übergang zwischen realer und phantastischer Wirklichkeit, um am Ende die Schwebe als unfassbare Schwerelosigkeit ins Bild zu bringen: Die Personenwaage, auf der die beiden Protagonisten in der Schluss-Sequenz stehen, zeigt 0 Kg an.

Bin-Jip bedeutet übersetzt „leere Häuser". Flyer, die der Protagonist Tae-suk (Lee Hyn-kyoon) an Haustüren befestigt und die eine Weile später noch nicht entfernt wurden, benutzt er als Indiz der Abwesenheit der Bewohner dieser Wohnungen und Häuser. In diese für ein paar Tage verlassenen Heime dringt er ein, um sich dort wie ein Kuckuckskind einzunisten. Wie im Märchen findet er auf diese Weise fremde Heimstatt. Er richtet sich übergangsweise ein, benutzt bedenkenlos Bad, Zahnbürsten, Kleidung, Nahrung und Betten und bewegt sich in dieser fremden Welt, als wäre es seine eigene. Die Anverwandlung des Märchens wird als nahtloses Adaptieren von Fremdem aller Couleur, als Mimikry, erzählt – die Wohnung einer Mittelklasse-Familie, eine prunkvolle Villa, ein schlichtes Hochhausapartment, ein traditionelles koreanisches Holzhaus mit Zen-Garten, die stylische Wohnung eines Fotografen bieten diesem „Wohn-Nomaden" vorübergehend Unterschlupf. Ar-

---

[111] Kim Ki-duk hatte vorher bereits den erfolgreichen und sehenswerten Film *Frühling, Sommer, Herbst, Winter ... und Frühling* (Korea/D 2003) gedreht.
[112] Nicodemus, Katja: Spirituelle Heinzelmännchen. In: Die ZEIT, Nr. 34 vom 18.08.05

mut oder Reichtum, Spießigkeit oder ein Bohème-Dasein – alles wird mal angeschmeckt. So äußert sich Verwandlungsgier, wie sie im Märchen eine zentrale Rolle spielt.

Identitätssuche

Ohne dass der Zuschauer viel über die Identität des Protagonisten erfährt, der wie ein unbeschriebenes Blatt erscheint, nimmt er daran teil, wie dieser verschiedene Lebenswelten für eine kurze Weile vereinnahmt. Man versucht zu ergründen, wer wohl dieser rätselhafte androgyne junge Mann mit gepflegter Erscheinung ist, der ein nagelneues Motorrad fährt, eine Vorliebe für Golf hat und als Prospektausträger sein Geld verdient, obwohl er, wie es später im Film heißt, eine gute Ausbildung absolviert habe. Wo kommt er her, wovon ernährt er sich, hat er keine Familie? Im Erleben bemüht man sich, diesem Unbestimmten eine Identität zu geben. Wie im *Fundevogel* begibt man sich dabei auf die Suche nach einer dingfesten Gestalt: Lenchen und der Fundevogel oder eine Rose an einem Rosenstock, eine Kirche mit einer Krone, ein Teich mit einer Ente? Was steckt hinter dem äußeren Erscheinungsbild? Ist es nur eine Fassade oder wird die Verwandlung mit Haut und Haaren vollzogen? Wie weit und wie nahtlos geht die Anpassung solch eines „Parasiten"? Hat er denn gar keine Skrupel, die Zahnbürste eines anderen zu benutzen oder sich in ein fremdes Bett zu legen?, fragt man sich. An solchen Stellen scheint die Grenze auf, die sonst ein vollkommenes Aufgehen in anderem bremst und als Ekel oder als Berührungsangst spürbar wird. Zwischen Mein und Dein wird hier, wie in einer Symbiose, nicht unterschieden.

Das Immergleiche im Ungewohnten: Rituale als Halt

Rituale kennzeichnen Tae-suks Aufenthalt in den unterschiedlichen Wohnwelten: Nachdem er sich per Anrufbeantworter vergewissert hat, eine gewisse Zeitdauer ungestört in diesen Räumen verweilen zu können, erkundet er sein erobertes Reich. Er hört die Musik seiner unfreiwilligen Gastgeber, blättert in ihren Fotoalben, schafft Ordnung und wäscht herumliegende unsaubere Kleidungsstücke, repariert defekte Geräte und fotografiert sich selbst in diesem Interieur. Vor den Familienbildern stellt er sich in Positur, als gehöre er zu dieser familiären Einheit dazu. Dies wird als eine Sehnsucht nach Zugehörigkeit erlebt. Er mutet einsam und bindungslos an. Ganz arm kann er nicht sein, denn um Diebstahl geht es ihm offensichtlich nicht. Die heimkehrenden Bewohner sind überrascht, dass nichts gestohlen wurde, sondern dass vielmehr eine Art „Heinzelmännchen" als gute Geister am Werk waren, während sie fort waren.

Das Hineinschnuppern in neue Welten wird durch das stereotype Schema des Herangehens eigentümlicherweise monoton und verliert seinen Reiz. Der Zuschauer fragt sich, welchen Sinn dieses Betreiben haben kann, wenn schließlich das Überraschungsmoment auf diese Weise geschmälert wird. Tae-suk ist offensichtlich schon ein Routinier in seinem Fach. Ein konstanter Ablauf kennzeichnet die Expedition in unbekanntes Terrain. Der Betrachter hat den Eindruck, dass der Protagonist auf seiner Reise nicht durchgreifend anders wird. Dem entspricht auch, dass Tae-suk „nichts mitnimmt". Es handelt sich anscheinend nur um ein unverbindliches Probe-Wohnen ohne bleibende Folgen.

Liebe: Verschmelzung mit dem anderen

Dies ändert sich, als er beim Einbruch in eine herrschaftliche Villa mit blühendem Garten, ohne dass er darum weiß, zunächst klammheimlich bei seinem Tun selbst beobachtet wird. Sun-hwa (Lee Seung-yeon), eine unglückliche Ehefrau, die von ihrem Mann misshandelt wird und die wider Erwarten im Haus geblieben ist, schleicht ihm unerkannt nach. Die Verhältnisse kehren sich um: Nun ist sie eine Schattenfrau. So wird die paradoxe Grund-Spannung des Märchens quer durch den Film von mehreren Protagonisten in Spiegelungen dargestellt. Auch sie erscheint abgründig-mysteriös. Es verwundert, dass sie gar nicht erschrocken ist oder die Polizei zu rufen versucht, sondern lediglich still im Hintergrund den Eindringling beobachtet, ohne sich zu erkennen zu geben. Sie schaut zu, wie er ihre Blumen pflegt, die Wäsche auf dem Boden schrubbt, Golf spielt und sich etwas kocht. Auch als er Aktfotos von ihr eingehend in der Badewanne betrachtet, ihre Waage repariert und das feucht gewordene Fotobuch sorgsam trocken bügelt, schreitet sie nicht ein.

Erst als er beim Betrachten ihrer Fotos unter der Bettdecke onaniert, nimmt Tae-suk wahr, dass er nicht allein ist. Doch auch diese Konfrontation lässt weder Scham noch ein Aufschrecken erkennen und hebt das Schweben nicht auf. Nachdem Tae-suk bei der Ankündigung des Auftauchens des Ehemanns zunächst fortgegangen war, kehrt er nach kurzer Besinnungszeit wieder und findet Sun-hwa weinend in der Wanne. Er sucht Kleidung für sie aus und arrangiert sie akkurat auf dem Boden, und sie folgt ohne Wenn und Aber seiner Festlegung. Der Zuschauer empfindet Mitleid mit dieser verletzten leidenden Frau und hofft darauf, dass es ihr gelingt, mit Hilfe dieses „Beschützers" aus der Ehehölle im goldenen Käfig auszubrechen.

Als der zwischen Liebesbeteuerungen mit Gelübden, sich zu bessern, und Brutalität schwankende heimgekehrte Ehemann seine Frau zu vergewaltigen droht, greift Tae-suk, der sich zunächst, für den Zuschauer viel zu lange, verborgen hielt, ein, indem er die Aufmerksamkeit auf sich lenkt und dann den Ehemann mit Golfbällen niederschlägt. Vor dem letzten Schlag hält er jedoch inne und verschont den sich am Boden Krümmenden. Auch wenn der Ehemann als Bösewicht durch und durch dargestellt wird, kommt kurzzeitig sogar ansatzweise Verständnis für diesen auf. Die unnahbare Distanz und schweigende Passivität der Frau könnte einen ebenfalls zur Verzweiflung treiben. Dieses „Opfer" übt auch eine stille Macht aus. Ohne lange zu zögern, schließt Sun-hwa sich dem Fremden an, als er vor dem Haus den Motor seines Motorrads aufheulen lässt und dadurch deutlich macht, dass er auf sie wartet.

Einssein ohne Worte

Somnambul bewegt sich das stumme Pärchen fortan durch die Welt. Die beiden wirken gar nicht real anwesend, sondern seltsam entrückt – wie unter Hypnose. Zwei Einsame haben sich gefunden. In ihren Blicken und Gesten offenbart sich ein selbstverständlicher Einklang. Ganz ohne Dialoge wird diese Liebesgeschichte erzählt. Meist sind sie sich vollkommen einig und leben eine symbiotische Liebesbindung, wie sie im Märchen skizziert wird. Dass sie zusammengehören, wird keinen Augenblick in Frage gestellt. Lediglich in kurzen Momenten gibt Sun-hwa zu verstehen, dass ihr etwas nicht behagt – sie stört Tae-suks Kreise, indem sie sich, als er mit einem festgebundenen Ball Golf spielt, so lange in die Schusslinie stellt, bis dieser das Spiel aufgibt. Ihr Umgang miteinander ist sanft und fürsorglich. Sie füttert ihn, er deckt sie behutsam zu. Es macht einen platonischen, asexuellen, eher geschwisterlichen Eindruck – wie Lenchen und Fundevogel im Märchen. Erst als sie eine Flasche Alkohol miteinander leeren, teilen sie das Bett, doch bleibt offen, wie nahe sie sich körperlich dabei kommen. Ein inniger Kuss bei einer Teezeremonie und das nackte Aneinanderkuscheln deuten später eine körperliche Vereinigung an.

Zunächst leben sie in der Wohnung des Akt-Fotografen, dem Sun-hwa einst Modell gestanden hatte. Sie zerschneidet eines dieser Fotos von sich und setzt es wie ein Puzzle anders zusammen; später bittet sie Tae-suk, ihr die Haare zu schneiden: Der Bruch mit dem Alten wird in diesen Szenen offenbar. Nahtlos fügt sie sich in das Leben ihres Begleiters ein, reicht ihm die Prospekte, folgt ihm überall hin und wäscht die Wäsche wie er. Stumm ist sie einfach nur da. Im Verlauf des ganzen Films bleibt dieses schweigende Einverständnis erhalten. Nur zwei kurze Sätze spricht Sun-hwa kurz vor Filmende.

Irdisch oder nicht von dieser Welt?

Wenn der Zuschauer sich Gedanken darüber macht, ob es so weitergehen kann, ob sie nicht Geld und irgendwann auch andere Kleider brauchen, fragt er nach der irdischen Verankerung dieser traumwandlerischen Alliance. Wie in Botticellis Gemälden scheint dies nicht von dieser Welt, sondern luftig darüber zu schweben. Unter diesem nüchternen Blick mutet das kunstvoll Poetische artifiziell an. Zeitweise kommt bei einigen Zuschauern Unmut auf. So etwas gibt es ja nicht wirklich – das ist nur filmisch zurechtgemacht! Das Waschen mit Waschbrett auf der Erde hockend erscheint dann umständlich und absurd, wenn doch eine Waschmaschine zur Verfügung steht – ein Einwand, den der Ehemann später auch explizit formuliert. Im

Erleben wird an solchen Stellen die Tendenz spürbar, das Luftige zu erden.

Die Musik unterstreicht die Schwebe, die einerseits etwas Leichtes, Anmutiges, andererseits auch etwas zeitlos Gleichförmiges hat. Wird so ein Leben nicht auf Dauer langweilig?, fragt sich der Betrachter. Wie lange kann die Liebe halten? Man antizipiert Zerwürfnisse und Verwicklungen, denn man weiß, dass eine derartige Symbiose nicht dauerhaft lebbar ist. Etwas Ungleiches muss doch diese vermeintlich perfekte Symmetrie stören. Filmdramaturgisch könnte dieses Einssein auch eintönig und langatmig werden, wenn es nicht in zyklischen Steigerungen auf einen Kulminationspunkt zugetrieben würde.

Einschnitte

Ein durchdringender Schrei Sun-hwas ins Telefon, als der Ehemann sie bedrängt, markiert eine erste Wende im Erlebensverlauf: Sun-hwa beginnt, ihren Schmerz zu zeigen und sich zu wehren. Gegen Ende des Films wagt sie es auch, die Ohrfeige des Ehemannes zu erwidern. Ebenso bricht ein Unglücksfall, als einer der angebundenen Golfbälle in ein vorbeifahrendes Auto einschlägt und eine Frau arg am Auge verletzt, drastisch in das Idyllische ein und vergegenwärtigt schockartig Konsequenzen des Tuns. Tae-suk mag gar nicht hinsehen und muss von Sun-hwa getröstet werden. Die raue Realität stört die Eintracht. Was hat er angerichtet! Man kann sich nicht unentwegt unschuldig durch die Welt bewegen – was man auch tut, es zeitigt Folgen. Die Hexen-Köchin im Märchen steht einerseits für die Gefahr eines Einheitsbreis, in dem alle belebenden Unterschiede verkocht und dabei abgetötet werden. Andererseits rührt sie die Idylle auf, indem sie dazu zwingt, das warme Nest zu verlassen und tätig zu werden.

Als die Liebenden alkoholisiert in tiefen Schlaf fallen und unachtsam werden, sodass sie die Heimkehr der Wohnungsbewohner nicht bemerken, muss Tae-suk Prügel einstecken, doch bleibt er dieses Mal noch von einer Inhaftierung verschont. Wie im Märchen droht beim Einschlafen, wenn man sich ganz und gar hingibt, Gefahr. Als sie in einer ärmlichen Wohnung einen Toten in einer Blutlache vorfinden und ihn in einer respektvollen Zeremonie vergraben, werden sie von den beunruhigten Angehörigen, die sich Sorgen um den Vater machen, der nicht ans Telefon geht, entdeckt und eingesperrt. Grausame Verhöre, die Trennung der Liebenden durch die erzwungene Rückkehr Sun-hwas zu ihrem Peiniger und der Aufenthalt Tae-suks im Gefängnis bringen die beiden mit Gewalt auf den harten Boden der Realität.

Die Wiederherstellung der Schwebe

Im Verlauf des Films vollzieht sich nun eine Drehung um 180 Grad, analog zum Kunstgriff, den der Protagonist im zweiten Teil des Films anwendet, um sich vollends in Luft aufzulösen. Im ersten Teil des Films hatte sich der Zuschauer nach kurzer Skepsis zunehmend ganz auf das Undefinierte eingelassen und hingenommen, dass manches ungeklärt blieb. Die Schwebe wurde einerseits genossen, andererseits wurde das Ende dieses Zustands auch als unausweichlich erlebt und vorweggenommen. Das kann nicht endlos gut gehen! Wenn im Weiteren mitgebangt wird, ob sich das Heim-Wechselspiel fortsetzen lässt oder ob die beiden erwischt werden, belebt sich die Grundpolarität des Märchens: zwischen Unbestimmtem und Bestimmtem. Ein Ertapptwerden würde das Schweben beenden. Als die beiden Protagonisten entdeckt und festgesetzt werden – Tae-suk in den Händen der gnadenlosen, folternden Justiz,

Sun-hwa erneut dem Ehemann ausgeliefert –, geht das Erleben im zweiten Teil zum anderen Pol hin – den Häschern entkommen, das Unbestimmte retten und die Gefangenen freisetzen, ist dabei die Devise.

Nicht zu packen! – Geistwesen

Dass Sun-hwa weiterhin schweigt und nicht zugunsten ihres Geliebten aussagt, verstört und scheint unbegreiflich. Weshalb schreitet sie nicht spätestens dann ein, als sie hinter der Glasscheibe Zeugin der Verhör-Quälereien wird, die Taek-suk erleiden muss, sondern nimmt alles einfach hin? Man möchte sie fast schütteln und aufrütteln: Tu doch endlich was! Im Schweigen meidet man jegliche Festlegung – und entkommt doch nicht einem Schuldigwerden. Der Zuschauer nimmt ratlos wahr, dass auch Tae-suk nichts zu seiner Verteidigung unternimmt. Bis zu einem gewissen Grad kann man nachvollziehen, dass es andere zur Raserei (Polizist, Ehemann, Gefängnisaufseher) bringt, wie ungreifbar die beiden sind. Tae-suks triumphierendes Lächeln und das Stummbleiben selbst beim Foltern und bei der grausamen Rache des Ehemanns, der die Beamten schmiert, um bei seinem Rivalen mit Golfbällen knallharte Revanche zu üben, beunruhigt. Wie kann er dermaßen unempfindlich für diese Härte sein, die er sogar regelrecht herausfordert? Sein Wille scheint unbeugsam; die demonstrierte Überlegenheit wirkt provokant. Ist er ein Geist, dem dies alles nichts anhaben kann und mit dem man sich besser nicht anlegt? – so formuliert es später der Gefängniswärter. Auch dem Fotografen und seiner Freundin gruselt es gegen Ende des Films, dass jemand spürbar da und zugleich nicht wirklich zum Greifen präsent ist. Der Filmerlebensprozess zentriert sich um die Suche der Knechte mit der Aufforderung der Köchin: Packt sie! – und um das Geschick, sich unantastbar zu erhalten.

Mit Schadenfreude genießt man, wie der Wärter immer wieder von Tae-suk, der nun als „Gefangener 2904", als unbestimmter Anonymus, selbst seinen Eigennamen (wie das Findelkind im Märchen, das einfach auf den Namen Fundevogel „getauft" wurde) eingebüßt hat, ausgetrickst wird und bei dem Versteckspiel fast verrückt wird. Fasziniert sucht man wie der Wärter nach dem Unsichtbaren, der eine Art Tarnkappenspiel betreibt. Wo kann er geblieben sein, wenn lediglich nur noch ein Bündel seiner Anstalts-Wäsche daliegt? Es kann nicht mit rechten Dingen zugehen. Magische Super-Kräfte lassen ihn Wände hochgehen und tote Winkel und Begrenzungen des menschlichen Blicks – „180 Grad sieht das menschliche Auge" – nutzen, doch wird er ein ums andere Mal aufgespürt und muss mit Hieben büßen. Sein Bemühen lässt jedoch nicht nach; jedes Scheitern motiviert ihn offensichtlich zu einem weiteren Versuch. In meditativer Versenkung wird Tae-suk zum Vogel, nachdem er bereits Luft-Golf zu spielen vermochte. Der Golf-Ball, den er einem Mitinsassen wieder entreißt, ist real und nicht real. Man hört die Geräusche des Schlags, ohne Ball und Schläger zu sehen. Schließlich gelingt es ihm auf rätselhafte Art und Weise, sich unsichtbar zu machen und sogar seinen Schatten, der ihn bisher verraten konnte, abzulegen. So entkommt er der Gefangenschaft und kann sich unerkannt in der Nähe seiner Geliebten bewegen.

Doppelleben – Wirklich und unwirklich zugleich

Als Sun-hwa während der Trennung trauernd die Schauplätze ihrer Liebe wieder aufsucht, wird sie von dem Paar, das in dem traditionellen Haus wohnt, nicht verjagt, sondern gewähren gelassen. Zu diesem Zeitpunkt ist im Erlebensprozess ein Zustand erreicht, in dem beides – Bestimmtes und Unbestimmtes – nebeneinander bestehen kann. Dem entspricht, dass im Weiteren der Protagonist mal für den Zuschauer sichtbar ist und am realen Leben teilnimmt, indem er beispielsweise mit am Tisch des Ehepaares sitzt und mit ihnen isst, ohne vom Ehemann wahrgenommen zu werden, und dass seine unsichtbare Existenz auch vom Zuschauer nur zu ahnen ist. Darin gehen die konträren Grundzüge des Märchens ineinander über.

Als beglückend genießt der Ehemann die fremdartig neue Zugewandtheit seiner agilen, lächelnden Ehefrau, auch wenn er den Verdacht hat, dass der Nebenbuhler anwesend sei, dies aber nicht nachweisen kann. Sie ist aus ihrer passiven Abweisung erwacht, bekocht ihn und spricht wieder: „Das Frühstück ist fertig!" Als sie gar „ich liebe dich" sagt, fühlt sich der Ehemann gemeint und umarmt sie selig, während Sun-hwa den unsichtbaren Geliebten hinter seinem Rücken küsst. Dieses Doppelleben wird vom Zuschauer dennoch erstaunlicherweise kaum als Betrug erlebt, sondern toleriert und gar gutgeheißen. Dies leitet sich aus dem bisherigen Erlebensverlauf ab: Man hat ein Faible für unentschiedene Übergänge entwickelt. Das doppelte Spiel wird damit gerechtfertigt, dass der betrogene Ehemann auf diese Weise auch am Glück partizipiert. Leidensminimierung auf allen Seiten – was will man mehr!

Wenn Sun-hwa ihrem Liebsten in der Schlussszene das Entweichen unmöglich macht, indem sie ihn so an die Wand drängt, dass er für sie zu packen ist, belebt sie die Seite der Festlegung. Auf der Waage changiert es zwischen Realem und Irrealem: Sind beide Geister, ungreifbar und ohne physisches Gewicht – oder ist die Waage nur defekt, nachdem Sun-hwa die Reparatur Tae-suks zwischendurch rückgängig gemacht hatte? Ein Auslegungsspielraum bleibt gewahrt. Auch der Zuschauer lässt dieses Zwischenreich einfach stehen. So ist es eben. Nicht von Belang ist es, ob es dabei mit rechten oder mit traumwandlerischen Dingen zugeht. „Es ist schwer zu sagen, ob die Welt, in der wir leben, die Realität ist oder ein Traum" – mit dieser Inschrift endet der Film.

8. *Marienkind* – Alles und Nichts

Die Märchenerzählung[113]

Ein Holzhacker und seine Frau sind so arm, dass sie nicht
wissen, wie sie ihr dreijähriges Töchterchen ernähren sollen.
Eines Tages steht im Wald vor dem Vater des Mädchens eine
schöne große Frau mit einer leuchtenden Sternenkrone und
gibt sich als die Jungfrau Maria zu erkennen. Sie bietet an, das
Kind zu sich zu nehmen, seine Mutter zu sein und für es zu
sorgen. Der Holzhacker gehorcht, und die Jungfrau Maria
nimmt das Mädchen mit in den Himmel. Da geht es ihm wohl,
es isst Zuckerbrot und trinkt süße Milch, seine Kleider sind aus
Gold, und die Englein spielen mit ihm. Als es vierzehn Jahre alt
ist, will Maria verreisen. Sie gibt dem Kind die Schlüssel zu den
dreizehn Türen des Himmelreichs in Verwahrung. Zwölf davon
dürfe sie öffnen, doch die dreizehnte sei ihm verboten. Es solle
sich hüten, sie aufzuschließen, sonst werde es unglücklich. Es
verspricht, gehorsam zu sein, öffnet nach und nach die zwölf
Türen, hinter denen je ein Apostel in großem Glanze sitzt, und
freut sich an all der Pracht und Herrlichkeit. Dann empfindet es
eine große Lust, zu wissen, was hinter der dreizehnten Tür verborgen ist. Es will sie nicht ganz aufmachen und auch nicht
hineingehen, aber wenigstens ein wenig durch den Ritz schau-
en. Da erinnern die Englein daran, dass es verboten sei und eine
Sünde. Die Begierde lässt ihr jedoch keine Ruhe, sodass sie sich,
als die Englein hinausgegangen sind, denkt, dass niemand es
wüsste, wenn sie es täte, da sie allein sei. Als es den Schlüssel ins
Schloss gesteckt hat, dreht es ihn schon um, und die Tür springt
auf, und es sieht die Dreieinigkeit in Feuer und Glanz. Es be-

---

[113] Brüder Grimm: Marienkind. KHM 3. In: Kinder- und Hausmärchen
(1812). Herausgegeben und mit einem Nachwort versehen von Carl Helbling.
1. Bd. Zürich [12]1986, S. 30-37

trachtet alles mit Erstaunen und rührt ein wenig mit dem Finger an den Glanz. Daraufhin wird der Finger ganz golden. Da empfindet es eine gewaltige Angst, schlägt die Tür heftig zu und läuft fort. Die Angst will auch nicht wieder weichen, es mag anfangen, was es will, und das Herz klopft in einem fort und will nicht ruhig werden. Das Gold bleibt an dem Finger, geht nicht ab und lässt sich nicht abwaschen. Als die Jungfrau Maria wiederkommt, fordert sie die Schlüssel zurück, blickt dem Mädchen in die Augen und spricht: „Hast du auch nicht die dreizehnte Türe geöffnet?" Als es verneint, legt sie die Hand aufs Herz, fühlt, wie es klopft, und merkt, dass es das Gebot übertreten hat. Sie fragt es noch zweimal, doch es verneint jedes Mal. Da spricht Maria: „Du hast mir nicht gehorcht und hast dazu noch gelogen; du bist nicht mehr würdig, im Himmel zu sein." Das Mädchen versinkt in tiefen Schlaf und erwacht mitten in einer Wildnis. Es ist stumm geworden. In der Einöde kann es sich, von dichten Dornenhecken umschlossen, nicht fortbewegen. In einem hohlen Baum findet es Schutz und lebt ein jämmerliches Leben. Wenn es daran denkt, wie es im Himmel so schön gewesen ist, weint es bitterlich. Mühsam muss es sich ernähren. Seine Kleider zerreißen, und seine langen Haare müssen es bedecken wie ein Mantel. So sitzt es ein Jahr nach dem anderen und fühlt den Jammer und das Elend der Welt. Ein König auf der Jagd zerreißt eines Tages das Gestrüpp und schlägt sich mit seinem Schwert einen Weg. Da findet er das wunderschöne Mädchen, steht still und betrachtet es voll Erstaunen. Als er es anspricht, erhält er keine Antwort, denn es kann seinen Mund nicht auftun. Er nimmt es mit in sein Schloss und gibt ihm alles im Überfluss. Obwohl es nicht sprechen kann, ist es so schön und holdselig, dass er es von Herzen lieb gewinnt und sich mit ihm vermählt. Nach einem Jahr bringt die Königin einen Sohn zur Welt. Da erscheint Maria und will ihr die Sprache wiedergeben, wenn sie nicht mehr

leugne. Sonst werde sie ihr neugeborenes Kind mit sich nehmen. Die Königin bleibt aber verstockt, sodass Maria ihr das
Kind fortnimmt. Unter den Leuten kommt ein Gemurmel auf,
dass die Königin eine Menschenfresserein sei und ihr eigenes
Kind umgebracht habe. Sie kann nichts dagegen sagen, und der
König will es nicht glauben. Als ein Jahr nach der Geburt ihres
zweiten Sohnes dasselbe geschieht, verlangen des Königs Räte,
dass die Königin gerichtet werden solle. Doch der König be-
fiehlt ihnen bei Leibes- und Lebensstrafe, nicht mehr darüber zu
sprechen. Als die Königin ein Jahr später ein Töchterlein gebärt,
erscheint ihr die Jungfrau Maria zum dritten Mal, zeigt ihr ihre
beiden ältesten Kinder, die im Himmel mit der Weltkugel spielen, und fragt: „Ist dein Herz noch nicht erweicht?" Aber die
Königin leugnet zum dritten Mal, die dreizehnte Tür geöffnet
zu haben. Da nimmt die Jungfrau ihr auch das dritte Kind. Nun
kann der König seine Räte, welche die Verurteilung der Königin
fordern, nicht mehr zurückweisen. Weil sie nicht sprechen und
sich nicht verteidigen kann, wird sie als Menschenfresserin auf
den Scheiterhaufen gebracht. Als sie dort festgebunden ist und
das Feuer ringsum zu brennen beginnt, schmilzt das harte Eis
des Stolzes, und ihr Herz wird von Reue bewegt. Sie denkt:
„Könnte ich es doch noch vor meinem Tode gestehen!" Da
kommt ihr die Stimme wieder, dass sie laut ausruft: „Ja, Maria,
ich habe es getan!" Der Himmel fängt an zu regnen und löscht
die Feuerflammen, und über ihr bricht ein Licht hervor. Maria
kommt mit den drei Kindern und spricht: „Wer seine Sünde
bereut und eingesteht, dem ist sie vergeben", reicht ihr die Kinder, löst ihr die Zunge und gibt ihr Glück für das ganze Leben.

Der psychologische Kern des Märchens

Das Märchen *Marienkind*[114] dreht sich um All-Macht, um den Wunsch, alles zu sein und alles bewirken zu können. Man mag keinerlei Abstriche davon machen, sondern beansprucht Zugang zu allem, auch zu Verbotenem. Ausnahmslos soll einem alles offenstehen, denn man ist davon überzeugt, dass es einem als himmlischem Kind Mariens zustehe. Der ärmliche Ursprung soll negiert werden. In einer unendlichen Ausbreitung sieht man sich als Zentrum des Universums – man spielt, wie es im Märchen beschrieben wird, mit der Weltkugel.

Das Tabuisierte wirkt wie ein bohrender Stachel und übt eine riesige Faszination aus. Verschlossenes steigert die Neugier ins Unermessliche. Im Märchen heißt es, dass eine große Lust, wissen zu wollen, was dahinter verborgen ist, eine Begierde weckt, die im Herzen nicht still schweigt, sondern ordentlich nagt und piekt. Im dreizehnten Zimmer, das nicht betreten werden darf, zeigt sich eine Parallele zu den Grimmschen Märchen *Der treue Johannes*[115], *Fitchers Vogel*[116] und zum französischen Märchen *Der Blaubart*, das Charles Perrault in seine *Contes de ma mère l'Oye* (1697) aufnahm und das auch in der ersten Auflage der Grimmschen Märchen von 1812[117] noch enthalten war. Es versinnlicht die Tendenz zur Grenzüberschreitung – und die seelische Notwendigkeit, Grenzen doch anzuerkennen.

---

[114] Eine eingehende Fall-Darstellung mit Traumdeutung aus der psychotherapeutischen Behandlung eines *Marienkind*-Falls wurde 1996 veröffentlicht. Dahl, Gloria (Becker): Bildhafte Konstruktion in Traum und Märchen. II. Marienkind-Metamorphosen. In: Zwischenschritte. 15. Jg. 2/1996, S. 82-96
[115] Brüder Grimm: Der treue Johannes. KHM 6. In: Kinder- und Hausmärchen (1812). Herausgegeben und mit einem Nachwort versehen von Carl Helbling. 1. Bd. Zürich [12]1986, S. 59-70
[116] Brüder Grimm: Fitchers Vogel. KHM 46. In: Kinder- und Hausmärchen (1812). Herausgegeben und mit einem Nachwort versehen von Carl Helbling. I. Bd. Zürich [12]1986, S. 312-317
[117] Brüder Grimm: Blaubart. KHM 62. In: Kinder- und Hausmärchen (1812). Bd. 1. Grosse Ausgabe. Berlin, S. 285-289

Die Strafe gemahnt daran, dass nichts ohne Folgen bleibt. Getan ist getan.

Trotz

Zu dieser Märchen-Konstruktion gehört die Tendenz zur Geheimnisbildung. Vor anderen, aber auch vor sich selbst hält man geheim, dass einem im dreizehnten Zimmer das Bild des eigenen tollen Glanzes begegnet – es muss mindestens die heilige Dreieinigkeit sein; unterhalb dieses Levels begnügt man sich nicht. Man darf sich nicht vom äußeren Anschein täuschen lassen: Menschen oder Werke mit der seelischen Konstruktion des Märchens *Marienkind* treten meist alles andere als groß auf. Das Büßergewand und eine nach außen getragene Unterwürfigkeit tarnen die insgeheim auch vor sich selbst verborgenen Größenphantasien. In Schutt und Asche, mit Selbstanklagen, was man alles nicht könne und wie sehr man versage, versteckt man den immensen Anspruch und straft sich zugleich selbst für die darin liegende Vermessenheit. In der psychotherapeutischen Behandlung zeigt sich häufig ein Trotzen gegen die Grundregel, alles zu sagen, bis zum hartnäckigem Schweigen, das fast eine ganze Sitzung „füllen" kann. Deutungen, die bis ins Mark treffen, werden mit einem rigorosen „Nein" abgewehrt. Es wird beschrieben, wie andere Menschen, die einem nahe stehen, vergeblich gegen eine Betonmauer des Sturen anrennen, doch man könne nicht aus seiner Haut, auch wenn man es wolle und selbst darunter leide.

Was dieses Beanspruchen von Totalität zu begrenzen sucht, wird geleugnet und abgestritten. Der Versuch, zu waschen und zu reiben, und die Tat unsichtbar zu machen, gelingt jedoch nicht ganz. Auch wenn niemand Zeuge der Übertretung ist, zeigt das Herzklopfen und die große Angst, die aufkommt, dass Indizien, die das Handeln verraten, nicht aus der Welt zu schaffen sind. Man mag eine Tür heftig zuschlagen und fliehen wollen – es hilft einem nicht. Im Lügen kommt das Umdichten der Wirklichkeit zum Tragen – man macht sich und anderen etwas anderes vor, um von diesem Anspruch nicht lassen zu müssen. Paradoxerweise führt dies im Seelischen dazu, dass sich die Seite der Einschränkung umso stärker aufdrängt, je mehr sie ausgeschlossen werden soll. Konsequenz davon ist, dass man sich selbst in einen engsten Raum sperrt, stumm, in sich selbst gefangen. Lieber diese Selbstkasteiung auf sich nehmen, als die Forderungen an die Welt zurückschrauben. Eine Zuspitzung ist notwendig – man muss regelrecht auf dem Scheiterhaufen dem Tod ins Angesicht blicken, um von diesem allumfassenden Anspruch lassen zu können. Menschen mit dieser Lebenskonstruktion nehmen viele Selbstbeschneidungen in Kauf und ertragen ein für andere fast unmenschliches Maß an Leid, bis sie wirklich ans Leiden kommen und die Grenzen der Wirklichkeit anzuerkennen vermögen.

Masochismus

Dies weist in manchen Fällen Züge auf, wie sie Theodor Reik[118] in seiner psychologischen Analyse des Masochismus aufgezeigt hat. Indem man sich selbst in einem Maße erniedrigt, das kaum noch zu übertreffen ist, kann man über denjenigen, der demütigt, triumphieren. Es macht mir nichts, schau her – du wirst meiner niemals Herr! Versuche nur weiter, mich kleinzumachen – ich kann es sogar genießen und bleibe dadurch ewig überlegen. Dadurch, dass man dem Schläger nach seinem Schlag auf die rechte Wange auch noch die linke hinhält, ist

---

[118] Reik, Theodor: Aus Leiden Freuden. Masochismus und Gesellschaft. Frankfurt a. M. 1983

man insofern nicht mehr Opfer, als man die Macht des anderen bricht und ihm die Genugtuung raubt, Täter zu sein. Man ist durch keine Übermacht mehr zu beugen. Die Erfahrung von Ohnmacht wird durch diese Drehung in ungebremste Macht gewendet. Täter und Opfer sind eins. „Aus Leiden Freuden" hat Reik sein Buch genannt. Das Märtyrertum, das späteren himmlischen Lohn für das Ertragen des Unerträglichen verspricht, hat dieselbe psychologische Struktur.

Die starke Erregung resultiert daraus, dass sich Macht und Ohnmacht (Alles und Nichts) in extremer Form gegenüberstehen und zugleich ineinander übergehen. Im Masochismus berühren sich die Extreme, was aufgrund der rauschhaften Qualität, die mit solch einem Kurzschließen einer riesigen Kluft verbunden ist, die Behandlung erschwert. Man mag von der Allmacht und der heftigen Dramatik, die mit der Illusion, Überirdisches zu vermögen, einhergeht, ungern lassen.

Das Marienkind im Film:

Metropolis (Fritz Lang Deutschland 1926/27) – Zur Psychologie der Vermittlung

Metropolis hat schon viele Autoren zu Analysen angeregt. Angesichts der Fülle an Literatur stellt sich die Frage, ob es gelingen kann, diesem Stummfilm-Klassiker eine weitere Perspektive abzugewinnen. Die dieser Untersuchung zugrunde liegende psychologische Filmanalyse-Methode verspricht einen Zugang zum Filmerlebensprozess, wie er bisher noch nicht beschrieben wurde.

Grundlage der Analyse war zunächst die als „Münchner Version" bekannte Rekonstruktion der Urfassung, die 2001 von Martin Koerber und Enno Patalas im Auftrag der Friedrich-

Wilhelm-Murnau-Stiftung digital restauriert wurde. Diese Fassung wurde 2001 als erster Film von der UNESCO zum Weltdokumentenerbe erklärt. Veröffentlichte Bilder[119] der 2008 im Archiv des Filmmuseums in Buenos Aires wieder aufgetauchten auf 16mm Film kopierten Originalversion (mit etwa 30 Minuten bisher fehlender Sequenzen, die 80 Jahre verschollen waren), wurden dann in die Analyse einbezogen. Am 12. Februar 2010 wurde diese restaurierte, um die bisher fehlenden Szenen ergänzte, Fassung in Berlin, Frankfurt, Paris und Marseille welturaufgeführt. Diese live im Fernsehen übertragene Fassung wurde mit den Befunden der Analyse schließlich noch einmal abgeglichen. An der psychologischen Struktur des Erlebens ändert sich, abgesehen davon, dass der Handlungsablauf nachvollziehbarer wird, nichts Wesentliches.

Nachdem der Film am 10. Januar 1927 uraufgeführt worden war und der erhoffte Publikumserfolg ausblieb – nur 15.000 Zuschauer sahen den Film bis Mai 1927 –, kürzte ihn die UFA von 4.189 Filmmetern, die einer Dauer von etwa 204 Minuten[120] entsprachen, auf 3.241 Filmmeter, arbeitete ihn um und brachte ihn im selben Jahr noch einmal in die Kinos. Doch auch diese Version war kein kommerzieller Erfolg. Paramount hatte bereits 1926 in den USA eine kürzere Fassung produziert, die eine ganz andere Geschichte erzählte. Angesichts des verwickelten Plots können nur grobe Züge der Film-Erzählung wiedergegeben werden. Das (lohnenswerte) Betrachten des Films ist deshalb zum Verständnis der folgenden Analyse sinnvoll.

---

[119] S. ZEIT-Magazin Leben, Nr. 28 vom 03.07.2008, S. 10-33
[120] Bei 18 Bildern pro Sekunde bzw. 153 Minuten bei 24 Bildern pro Sekunde – die Geschwindigkeit der Vorführung lässt sich heute nur vermuten.

Die Film-Story

In der futuristischen, hoch technisierten Wolkenkratzer-Stadt Metropolis leben die einzelnen gesellschaftlichen Schichten scharf voneinander getrennt. Die Oberschicht genießt paradiesische Zustände und gibt sich in einem Yoshiwara genannten Amüsierviertel dem Sinnesrausch hin. Im „Klub der Söhne" schwelgt die Jeunesse dorée im Luxus, während die Arbeiter im düstren Untergrund leben und an riesigen Maschinen bis zur Erschöpfung schuften müssen. Erbauer und Hirn der Stadt ist der Fabrikant Joh Fredersen, der aus seinem „Neuen Turm Babel" alles steuert und überwacht. Sein Sohn Freder Fredersen begegnet eines Tages der schönen Arbeiterin Maria aus der Unterstadt und verliebt sich in sie. Auf der Suche nach ihr erlebt er die Not der Arbeiter und versucht erfolglos, seinen Vater dazu zu bewegen, die Ausbeutung der Unterschicht aufzugeben. Gemeinsam mit dem von Fredersen entlassenen Josaphat und dem Arbeiter 11811 will er die Verhältnisse in Metropolis grundlegend ändern. Doch der sogenannte Schmale, ein Spitzel von Joh Fredersen, treibt 11811 in die Unterstadt zurück und sperrt Josaphat in dessen Wohnung ein. Maria verkündet den Arbeitern in den Katakomben der Stadt die bevorstehende Ankunft eines Mittlers, der die Kluft zwischen Hirn (Führung) und Händen (Arbeitern) überbrücken wird. Joh Fredersen, der sie belauscht, fürchtet einen Aufstand und weist den Erfinder Rotwang an, einem Maschinen-Menschen das Gesicht Marias zu geben, damit dieser die Arbeiter beeinflusse. Joh Fredersen hatte einst dem Erfinder dessen geliebte Frau Hel weggenommen. Bei der Geburt des Sohnes Freder war sie gestorben. Mit dem Maschinenmenschen will Rotwang sich nun seine Hel neu erschaffen. Er entführt Maria und bringt aus Rache an Fredersen den Maschinenmenschen in der Gestalt Marias dazu, die Arbeiter zu einer Revolte aufzuwiegeln. Die Menschenmeute stürmt die unterirdischen Fabriken und zerstört dabei auch die für Metropolis lebenswichtige Herz-Maschine, woraufhin die Quartiere der Arbeiter im Untergrund überflutet werden und die Energieversorgung der Stadt nicht mehr funktioniert. Der echten Maria gelingt es, zusammen mit Freder und Josaphat, der sich inzwischen befreit hat, die Kinder der Arbeiter vor dem Ertrinken zu retten und sie im „Klub der Söhne" in Sicherheit zu bringen. Grot, der erste Werkmeister der Herz-Maschine, kann die revoltierenden Arbeiter zur Besinnung zu bringen. Sie fürchten, dass ihre Kinder in den Fluten umgekommen sind, und wollen die vermeintliche Anstifterin Maria auf den Scheiterhaufen bringen. Der Maschinen-Mensch in Marias Gestalt wird eingefangen und vor der Kathedrale verbrannt. Zeitgleich wird die echte Maria von Rotwang aufs Dach der Kathedrale verschleppt. Der Erfinder sieht in Maria seine Hel vor sich. Freder Fredersen rettet Maria und liefert sich einen Kampf mit Rotwang, der dabei vom Dach des Domes stürzt und stirbt. Joh Fredersen wird durch die erschütternden Ereignisse grundlegend gewandelt. Unter dem Motto „Der Mittler zwischen Hirn und Händen muss das Herz sein" reichen sich Joh Fredersen und Grot als Vertreter der Arbeiterschaft durch Freders Vermittlung die Hände.

Die Rezeptionsgeschichte

Metropolis ist ein Filmkunstwerk, das polarisiert. Er ist, wie Thomas Elsaesser ausführt, ein „Monsterfilm"[121], geliebtgehasst. Die Kritik äußerte sich zunächst äußerst kontrovers zu dem monumentalen Stummfilm, der mit einem großen Aufwand an Statisten und Kulissen gedreht wurde. Er verschlang

---

[121] Elsaesser, Thomas: Metropolis. Der Filmklassiker von Fritz Lang. Hamburg/Wien 2000, S. 7

fünf Millionen Reichsmark, was heute etwa der Summe von 16,6 Millionen Euro entsprechen würde, und war bis dahin der teuerste Film in der deutschen Filmgeschichte. In heutigen Maßstäben erscheint dies als ein eher enges Budget, in Zeiten, in denen die Produktionskosten für *Avatar* (James Cameron USA 2009) bei 237 Millionen US-Dollar lagen. 1927 überwogen die Verrisse – vor allem das Drehbuch von Thea von Harbou, der Ehefrau Fritz Langs, wurde als kitschig abgewertet. Nach der Premiere wurde *Metropolis* in Deutschland lange nicht mehr aufgeführt. Später wurde er jedoch als Meisterwerk gewürdigt und als Kultfilm wiederentdeckt. Bis heute findet er, nicht nur auf DVD, ein staunendes Publikum. 2009 wurde er mit orchestraler Musik in großen Musiksälen wieder öffentlich präsentiert, bevor die um die wiederentdeckten Szenen ergänzte Fassung 2010 ein größeres Publikum fand.

Seine expressionistische Ausdruckskraft, die packende Dramatik und das architektonische Szenario machen ihn zu einem faszinierenden Filmerlebnis. Bahnbrechend war außerdem die neuartige Tricktechnik, u. a. mit Stopp-Motion, sowie der erstmalige Einsatz von einem Roboter, von Einschienbahnen, Flugautos und Bildtelefon in diesem zukunftsweisenden „Science-Fiction"-Film. Auch wenn einige Tricks in der Gegenwart heute holprig und die Action-Szenen unfreiwillig komisch anmuten mögen, bewundert der Zuschauer das gigantische Projekt.

Bis in die heutige Zeit ist *Metropolis* insofern wegweisend, als er unzählige Filmemacher zu Zitaten inspirierte. So stellte die Kampfszene zwischen Batman und Joker im Film *Batman* von Tim Burton (USA 1989) fast identisch die Verfolgung im Glockenturm und auf dem Dach zwischen Rotwang (Rudolf Klein-Rogge) und Freder (Gustav Fröhlich) nach, die auch im *Der Glöckner von Notre Dame* (Jean Delannoy Italien/Frankreich 1956) eine zentrale Rolle spielt oder auch Anklänge an die Kirchturm-Szene in *Vertigo* (Alfred Hitchcock USA 1958) aufweist. An *Metropolis* lassen auch die Architektur in *Blade Runner* (Ridley Scott USA 1982) sowie Szenen in den Filmen *Steamboy* (Katsuhiro Otomo Japan 2004), *2046* (Wong Kar-Wai Hongkong/Frankreich 2004) und *Collateral* (Michael Mann USA 2004) denken, um nur einige Filme, die von *Metropolis* beeinflusst sind, zu nennen. Gewissermaßen invers nimmt der Film *Die Zeitmaschine* (George Pal USA 1960) nach dem Science-Fiction-Roman von H. G. Wells die Gesellschafts- und Machtstruktur von *Metropolis* in einer düsteren Endzeitversion der Menschheit in einer fernen Zukunft auf. Die Eloi leben in einer paradiesischen Welt im Sonnenlicht und werden von den unter der Oberfläche der Erde lebenden Morlocks beherrscht.

Elsaesser charakterisiert *Metropolis* als archetypisch und als „'Urtext' der filmischen Postmoderne"[122]. Das erfolgreiche Remake von 1984 mit der Musik von Giorgio Moroder machte aus dem Film eine fast 1 1/2stündige Bilderreigen-Version, die mit Popmusik unterlegt war. Auch Video-Clips von Queen (*Radio Ga Ga* 1984) und Madonna (*Express Yourself* 1989) lehnten sich an *Metropolis* an.

Von Interesse erscheint, ob die Analyse des Erlebens des Films heute Rückschlüsse darauf zulässt, was an diesem sowohl überschwänglich gefeierten als auch heftig kritisierten Film die Menschen in dieser widersprüchlichen Weise zu fesseln vermochte und bis heute zu begeistern vermag. Lässt sich rekonstruieren, was seine ambivalente Rezeption bedingte und worin seine über Kulturgrenzen hinausgehende und einen dermaßen langen geschichtlichen Zeitraum überdauernde Universalität und Unverwüstlichkeit besteht? Dass ein Stummfilm heute noch zu uns sprechen kann, dass er uns berührt, trotz des Kitsches, der Übersteigerungen und Klischees, ist eine Untersu-

---

[122] Elsaesser, Thomas: Metropolis. A.a.O., S. 7

chung wert. Worin liegt seine wegweisende Nachwirkung begründet, die bis in die heutige Zeit Filmemacher anregt?

Metropolis – der Selbstgenuss des Seelischen

Die kulturübergreifende und „zeitlose" Bedeutung von *Metropolis* basiert auf seiner archetypischen Struktur. Das Seelische, das in mythischen und in Märchen-Bildern organisiert ist, findet sich in eindrucksvoller Weise darin wieder. Dass dieser Film die Sprache des Seelischen spricht, macht seine Universalität aus. Die tiefgehende Wirkung geht auf die einzigartige Entsprechung von Erleben und Bildern des Films zurück, in denen die Seelen-Logik des Märchens *Marienkind* anklingt[123]. Anspielungen auf religiöse, katholische Motive (wie auf die Vertreibung aus dem Paradies, den Marien-Kult, die Erlösung am Kreuze) sowie auf nordische Sagen, z.B. in der Figur der Hel, sind unübersehbar. Im Märchen *Marienkind* sind diese einzelnen Vor-Bilder in ein Ganzes gebracht.

Nur wenige Filme vermögen das Seelische so unmittelbar und material-sinnlich zum Ausdruck zu bringen. Elementare seelische spannungsvolle Verhältnisse sind seine Protagonisten, verkörpert in Menschen, in Maschinen, in Seelenlandschaften, in einer Choreographie und in musikalischen und geometrischen Strukturen – in einer Bilder-Oper. Im Originaltempo psychischer Prozesse vollzieht der Zuschauer eine Entwicklung mit, in der erlebbar wird, wie Zustände sich explosiv zuspitzen können und wie durch Vermittlung eine Aussöhnung extremer Gegensätze erwirkt werden kann. Es geht unter die Haut, wie erregend solch eine Entwicklung sein kann und dass ihr zerstö-

---

[123] Die auf wesentliche Grundlinien reduzierte Darstellung des ausgedehnten Erlebensprozesses (Komplexentwicklung) ist um die Märchen-Logik zentriert und kann an dieser Stelle nicht in aller Breite vertieft werden.

rerisches Potenzial zugleich etwas Neues zu erschaffen vermag. Anhand des vor kurzem aufgefundenen Materials der Originalversion wird sichtbar, dass Lang einige Szenen ursprünglich noch ausgedehnter und wesentlich dramatischer ausgestaltet hatte. So nimmt die Flucht der Kinder aus der überfluteten unterirdischen Arbeiterstadt in der ungekürzten Fassung noch breiteren Raum ein. Brutale Zuspitzungen des Kampfes ums Überleben der Kinder fielen ebenso der Schere zum Opfer wie Bilder sexueller Phantasien des Schmalen (Fritz Rasp) und Szenen, in denen Joh Fredersen (Alfred Abel) um seine geliebte Hel trauert.

Choreographie der Verwandlung

Filme, denen es gelingt, den Zuschauer über die Dauer des ganzen Films in einem fesselnden Prozess zu halten, führen gleich in den ersten Minuten in verdichteter Form in die den Prozess im Ganzen bewegende Dynamik ein. Gleichsam ouvertürenmäßig konzentriert, klingt darin keimhaft als Vorgestalt an, was im Weiteren Schritt für Schritt entfaltet werden wird. *Metropolis* führt vom ersten Augenblick an in eine berauschende Dynamik ein. Der Fluss der Bilder, die Art und Weise, wie an Zeitraffer erinnernde Formen ineinander übergehen, zieht den Zuschauer in den Bann. Man genießt das Tempo und die fließenden Übergänge im Spiel von Licht und Schatten bereits im fluoreszierend wirkenden Aufleuchten und Changieren des Filmtitels und in den Spiegelungen der Architektur. Wie aus dem Dunkel Quadrate aufscheinen und wie sich aus verschränkten Linien ein Schriftzug entwickelt, wirkt wie ein Zauber. Die dreidimensional erscheinende Tiefenwirkung und die gleichzeitige zweidimensionale Flächigkeit, das Konstruierte der offensichtlich gezeichneten und dennoch wie eine Natur-

Landschaft wirkenden Stadt-Architektur, die wie ein Gebirge in der auf- und untergehenden Sonne erlebt wird, hat mystische Qualität. Dreh- und Pumpbewegungen reißen einen mit. Zahnräder, der Kreis einer Uhr, in der die Zeit voranschreitet, sich hebende und senkende Maschinen, die sich gegeneinander im Raum bewegen, kraftvolle Bewegungen in die Vertikale und Horizontale, unterstützt von einer packenden Musik, üben eine sogartige Wirkung aus. Die Maschinen erscheinen wie organische Formen. Sie lassen an körperliche Prozesse wie an den Herzschlag denken (Herz-Maschine). Das Ganze hat den Charakter eines Tanzes der Verwandlung.

In wenigen Minuten wird eine Dramatik erzeugt, die den Zuschauer unmittelbar hineinzieht. Es ist kurz vor Zwölf – irgendetwas wird bald geschehen. Die „Lichtschreie"[124] der rhythmisch Dampf ausstoßenden Schichtwechsel-Signale verheißen nichts Gutes. In starkem Kontrast zur belebenden Dynamik der Eingangsbilder wirken die mit gesenkten Köpfen in eigentümlich seitlich wankender Bewegung fortschreitenden Arbeiter. Dies wird auch als seelischer Schichtwechsel erlebt. In ihrer trostlosen Anonymität vermitteln sie eine bedrückte Stimmung. Passiv warten sie, bis sich Gitter heben, um sich in einer Art Prozession in Bewegung zu setzen. Als zwei gleichförmige Ströme bewegen sie sich langsam im Gegensinn aneinander vorbei. Die Gitter symbolisieren Eingesperrtes wie im Märchen; auch im Aufzug sind die Menschen eingepfercht wie in Kästen. Im Märchen steckt das Marienkind in einer dornigen Einöde und in seiner Stummheit fest, in dieser Einsiedelei dem Umsatz mit der Welt entzogen. Assoziationen von Unterdrückung und Klassenkampf sowie von kraftlos-resignativer Militärdrill-Abstumpfung stehen dem ersten schwungvollen Mitgerissenwerden gegenüber. Der abwärts entrollte Schriftzug des Zwischenti-

---

[124] Elsaesser, Thomas: Metropolis. A.a.O., S. 91

tels und die Fahrt des Pater-Noster-ähnlichen Aufzugs nach unten versinnbildlichen das „Tief unter der Erde" des Textes – auch seelisch bewegt sich etwas in die Tiefe hinab. Das Sich-Senken ist das psychologische Motto dieser Bilder.

Spannungsvolle Verhältnisse

Erneut wird diese Erlebens-Bewegung mit einem Gegensatz konfrontiert. Die Hochhauskulisse, vor der Menschen-Züge in sich überkreuzenden Strömen auf schwebenden Straßenkonstruktionen aneinander vorbeimarschieren, leitet diesen Wechsel der Dimensionen ein. Die pyramidal aufgeschichtete Schrift führt in das Hohe, in den „Klub der Söhne" ein. Der Wettkampf der verbissenen Läufer deutet erstmalig Rivalitäten an. Die den heutigen Zuschauer an Nazi-Architektur erinnernden Bauten mit ihren nach oben strebenden Figuren im Stadion karikieren das ehrgeizige und machthungrige Hoch-Hinaus dieser Bewegung. Joh Fredersen beherrscht die Stadt von einem hohen Turm aus. Das später eingehend thematisierte Turm-zu-Babel-Prinzip, das die Anmaßung des riesigen Anspruches symbolisiert, klingt hier bereits an. Maßverhältnisse werden verspürt: Zu tief, zu hoch erscheint als Problem. Im Märchen steigt das arme Mädchen aus der Holzhackerfamilie in die himmlische Welt auf und lässt seine niedrige Herkunft weit unter sich.

In den Ewigen Gärten wird der Zuschauer in eine paradiesische Welt entführt, in der dekadente Spiele sich im Kreis drehen. Der Müßiggang dieser Szenerie tritt auf dem Hintergrund des schweren Arbeiterdaseins besonders zutage. Wir vollziehen die Drehung der Tänzerin mit – einmal rechts, einmal links herum, einmal um den Springbrunnen dreht es sich, bis es in eine Umarmung mündet. Da dreht sich seelisch etwas auf der Stelle und sitzt dadurch fest.

Ein strahlender Auftritt

Ein Kuss von Freder und einer Schönen wird durch den Auftritt Marias (Brigitte Helm) unterbrochen. Auch im Märchen tritt sie strahlend mit leuchtender Sternenkrone in Erscheinung. Gebannt von ihrem Anblick in einer Kinderschar, wie von einem Heiligenschein umkränzt, hält der Zuschauer mit Freder inne. Die sich öffnende Tür markiert den Übergang der zwei Welten. Maria erscheint als Vereinende, die das Hohe und das Tiefe zusammenführen möchte: „Seht – das sind Eure Brüder!", lautet der eingeblendete Text. Die Haltung ihrer Arme und ihr Schal bilden ein umschließendes Oval, das eine solche Bergung in ein Bild bringt.

An dieser Stelle wird zum ersten Mal erlebensmäßig erfahren, was den Filmprozess im Ganzen trägt: Es geht in ihm um die Vermittlung extremer seelischer Polaritäten. Es sind solche paradoxen, generell unlösbaren psychischen Grundverhältnisse, die seelische Prozesse in Bewegung halten. Aus ihnen erwächst jegliche Form von Entwicklung. Keine externe Kraft treibt das seelische Geschehen an. Motor und Motivation ist der nie an ein Ende kommende Versuch, Formen zu entwickeln, in denen diese Paradoxien in Gestalten gefasst werden. Diese Gestalten tragen eine Zeit lang, bis sie wiederum auf eine Verwandlung in anderes drängen, das erneut in einer Einheit bindet, was tendenziell nicht restlos zu vereinheitlichen ist. In einer Art perpetuum mobile bilden sich auf diese Weise unentwegt neue Formen aus, die wieder in andere übergehen. Materiale Anhalte der Wirklichkeit werden aufgegriffen, um diesen gegenläufigen Tendenzen Ausdruck und Gestalt zu geben.

In *Metropolis* werden verschiedene dieser elementaren psychischen Verhältnisse so weit zugespitzt, dass die Notwendigkeit einer umwälzenden Wandlung eindringlich spürbar wird. Im Wechsel werden mehrere polare Relationen in ihrer immanenten Spannung ausgelotet, bis in Vernichtung hinein, um die Erfahrung zu vermitteln, dass die Entwicklung von Maßen einer solchen Destruktion entgegenwirken kann und dass es, wenn sich zwei Strömungen diametral entgegenstehen, ein Drittes gibt, das zwischen beiden einen Ausgleich zu schaffen vermag. Der Sinnspruch, der den Film umrahmt, indem er vorangeschickt und im Verlauf des Films wieder aufgegriffen wird, um schließlich als letztes Bild den Film abzurunden, spricht direkt diese psychische Konstruktion des Filmerlebensprozesses an: „Mittler zwischen Hirn und Händen muss das Herz sein".

Polaritäten treten vor allem heraus durch ein scharfes Gegeneinander, z.B. in Form von deutlichen Licht- und Schatten-Kontrasten, wie sie den ganzen Film durchziehen. Auch Bewegungen, die entgegengesetzt verlaufen, im Aneinander-Vorbeilaufen zweier Menschenzüge oder als horizontales bzw. vertikales Auf und Ab von Maschinen oder Gruppen machen Gegenläufiges anschaulich. Ebenso transportieren der von Unvereinbarkeit zeugende Vater-Sohn-Konflikt und die Kontroverse zwischen dem Erfinder Rotwang und Joh Fredersen diesen seelischen Inhalt. Stets werden Welten gezeichnet, die sich unversöhnlich gegenüberstehen.

Dass Treppen, vor allem spiralförmige Wendeltreppen, Türen, Aufzüge, Vorhänge, Fenster als Öffnungen im Film eine zentrale Rolle spielen, hängt mit dieser Erfahrung zusammen. In diesen Objekten unserer Wirklichkeit begegnen und berühren sich die getrennten Welten. Auch Fredersens hochmodernes Bildtelefon hat diese Funktion. Grenzen, die Räume voneinander scheiden, werden darin durchlässig, sodass eine Annäherung des getrennt Gehaltenen stattfinden kann.

Ausdrucksgeometrie

Vermittlung findet ihren Ausdruck auch im Kreuz oder in sich überkreuzenden Linien, wie sie in *Metropolis* immer wieder ins Bild kommen. So versinnlicht z.B. Freders Taxifahrt durch die magalomane Stadtlandschaft das Kreuz und Quer von gegenläufigen Strömen. Linien überlagern sich, Arbeiter- und Auto-Kolonnen passieren einander in entgegengesetzter Richtung, Flugzeuge fliegen über diese Querverbindungen hinweg. In diesen Bildern versinnlicht sich der Erlebensprozess. Wird sich das verwirrende Gegeneinander in einer übersichtlichen einheitlichen Struktur auflösen?

Von besonderer Bedeutung sind in *Metropolis* die geometrischen Formen[125], in denen das Erleben gleichsam während des gesamten Prozesses synchron abgebildet wird. *Metropolis* gestaltet Verwandlungen nach einem geometrischen Muster aus – darin, wie in seiner mythischen Bildsprache, basiert seine Faszination. Strukturen wie Kreise und Rechtecke symbolisieren hermetische, scharf voneinander geschiedene Systeme ohne Anfang und Ende. Dreiecke und pyramidale Formen, die sich im Pentagramm überlagern, stehen diesen Formen gegenüber. Dieses alchemistische Feuersymbol verkörpert ein Universum in Expansion. Die Rotation von Kreisen signalisiert ebenfalls die Auflösung der starren Grenzen zwischen den geschlossenen Figuren. Im Bild der Spirale wird eine kreisförmige und dennoch offene Weiterentwicklung als Auf- und Abwärtsbewegung gefasst. Die Komplexentwicklung schreitet in wiederholten Wendungen, in einer Art endlichen „Endlosschleife", von der

---

[125] Cieutat, Brigitte: Le symbolisme des figures géométriques dans „Metropolis". In: Positif, Nr. 365-366, juillet-août 1991, S. 133-136

auch Elsaesser[126] spricht, die in ihrer Vielschichtigkeit über Williams[127] einfaches Strukturschema hinausgeht, voran.

Die überdimensionale Pendel-Tür, durch die Freder Maria folgt, das sinnentleerte Paradies hinter sich lassend, markiert das Sich-Einlassen auf das Fremde, das bis dahin völlig außerhalb des eigenen Kreises lag. Im Märchen fordert die verschlossene Tür heraus – man muss sie trotz angedrohter Strafe öffnen. Unter- und Oberwelt können sich nun mischen. Freders Griff ans Herz und die überkreuzte Haltung seiner Hände vor der Brust – Gesten, die periodisch im Film wiederkehren – bringen die sich schon früh andeutende Vermittlung (in heutzutage theatralisch übertrieben wirkender Weise) zum Ausdruck. Auch die nebeneinander agierenden Arbeiter, die symmetrisch im Gegensinn von rechts nach links springen und scheinbar wirkungslos irgendwelche Hebel regulieren, lassen das Gegenläufige besonders deutlich werden. Blitzpfeile fassen das Zerrissene in ein Bewegungsbild.

Kulmination

Die steigende Temperatur, die zunehmend alles in Nebel hüllende Verdampfung und die sich steigernde dramatische Musik unterstreichen erneut, dass etwas bis zum Bersten gespannt ist. Die anschließende Explosion erscheint folgerichtig – lange kann etwas dermaßen Gespanntes sich nicht halten. Die klar gegliederte Ordnung stürzt nun völlig durcheinander.

---

[126] Elsaesser, Thomas: Metropolis. A.a.O. S. 105. Vgl. auch die Erlebensstruktur des Films *American Beauty* (Sam Mendes USA 1999). In: Becker, Gloria: Kontrolle und Macht. Psychologische Analysen unserer märchenhaften Wirklichkeit. Bd. I. Bonn 2009, S. 91-103

[127] Williams, Alan: Structures of Narrativity in Fritz Lang`s *Metropolis*. In: Film Quaterly, vol. XXVII, no. 4, Summer 1974, S. 17-24

Winzig klein wirkt Freder in diesem riesigen Fabrikwerk. Seine Phantasie lässt ihn in einer Vision ein Verschlungenwerden durch ein überdimensionales gefräßig-kannibalistisches Molochmaul wahrnehmen. Auch Traum und Wirklichkeit, zwei konträre Verfassungen mit unterschiedlicher Seelen-Logik, gehen darin ununterscheidbar ineinander über.

Vernichtungsbilder, in denen Tote auf Bahren vorbeigetragen werden oder schlaff in den Armen anderer hängen, werden schlagartig wieder in ein funktionierendes Getriebe transformiert. Als sei nichts gewesen, arbeiten alle in alter Form wieder an den Maschinen. Das zerstörerische Chaos scheint nur ein kurzer, schnell wieder zu behebender Störfall gewesen zu sein. Im Erleben entstehen allerdings Zweifel an der spurenlosen Restitution des alten Zustands.

Das geschäftige Tun der Angestellten in der Oberwelt des Vaters wirkt in diesem Zusammenhang wie simuliertes Agieren oder reine Beschäftigungstherapie. Darauf kann der Erlebensprozess nicht setzen. Die ablaufenden Zahlenkolonnen muten absurd an. Der symbolhafte Charakter des Ganzen tritt dadurch besonders pointiert heraus. Auch der klassenkämpferische Inhalt erscheint wie Kulisse. Exemplarisch sollen daran starke Kontraste sichtbar gemacht werden. Ebenso dick aufgetragen wirkt das Geschminktsein der Akteure. Darin wird die Geschichtlichkeit des Films am stärksten greifbar. Dies ist dem aktuellen Kinoerleben unvertraut und seltsam, dennoch stört man sich nicht an dieser dem Stummfilm eigenen Überzeichnung, sondern nimmt es als Eigenart hin, die aus der Notwendigkeit resultiert, auch ohne Worte die die Protagonisten bewegenden seelischen Prozesse transparent machen zu müssen.

Die opernhafte Theatralik korrespondiert mit dem kunstanalogen Stilmittel der Zuspitzung, das den gesamten Erlebensprozess dominiert. Ebenso bewirkt die undurchsichtige Handlung, die nach logischen Prinzipien zeitweise kaum zu entschlüsseln ist, sondern eher psychästhetischen, traumhaften Sinnzusammenhängen folgt, nicht, dass der Zuschauer sich dauerhaft aus dem Komplexentwicklungsprozess herauszieht. Ein für seelisch bewegende Filmwerke typischer Rhythmus von Mitbewegung und phasenweiser Distanzierung, der eine Entlastung aus einem, über die Dauer eines ganzen Films kaum durchzuhaltenden emotional aufwühlenden Verwickeltsein ermöglicht, lässt sich auch bei *Metropolis* beobachten. Für den Prozess im Ganzen ist es unabdingbar, dass man kurzzeitig abrücken kann und den Grad des Involviertseins variiert. Nur so vermag man, bis zum Ende dabei zu bleiben. Überwiegt die Distanz, bricht der Prozess ab. Wirkungsvolle Filme wie *Metropolis* stellen ein Gleichgewicht zwischen beiden Tendenzen her.

Entlarvung des Tabu-Bruchs wie im Märchen

In der Szene zwischen Vater und Sohn wird die bereits zu einem früheren Zeitpunkt geahnte Rebellionsthematik offenbar. Sowohl die Arbeiter als auch Freder stehen unmittelbar vor dem Aufstand. In Vater und Sohn kollidieren zwei unterschiedliche Prinzipien, die vor allem im unterschiedlichen Temperament zutage treten. Der emotional ungerührte, kühl kalkulierende und harte Vater steht dem in Sturm und Drang mitfühlenden Heißsporn Freder gegenüber. Joh Fredersens fast inquisitorische Frage: „Was hattest du in den Maschinen-Sälen zu suchen?" lässt Freders Herabsteigen in die Unterwelt als schlimmen Tabubruch erscheinen. Er hat, wie im Märchen, verbotenerweise verschlossene Räume betreten. Zur Strafe droht die gnadenlose Verstoßung. Als sci er selbst entlassen worden, senkt Freder den Kopf wie Josaphat (Theodor Loos). Auch der Zuschauer fühlt sich ein und trägt das Aufbegehren gegen diesen Tyrannen mit.

Doppel-Gestalten

Mehrere extreme Pole werden thematisiert. Neben den Verhältnissen „so hoch/so tief" und „winzig klein/riesig groß" wird in dieser Szene auch eine Spannung zwischen „Kühlem und Heißem" sowie zwischen „Ohnmächtigem und Mächtigem" im Film-Erleben eingeführt. Zugleich erscheint im Erlebensprozess zunehmend befragenswert, ob etwas echt und glaubwürdig oder lediglich suggeriert und nur scheinbar authentisch ist. Was unterscheidet „Sein und Schein"? Später wird dies an der Doppelfigur Marias eingehend durchgespielt werden.

Im Rollentausch Freders, der Platz und die Kleidung des Arbeiters 11811 (Erwin Biswanger) übernimmt und dessen schweres Arbeitsleben an der Maschine am eigenen Leibe erleidet, versinnlicht sich die Vermischung der Welten. Rotwangs seltsam zwischen Ober- und Unterwelt eingekeiltes Knusper-Haus symbolisiert ebenfalls etwas Drittes dazwischen, das zugleich durch seinen mittelalterlichen Charakter etwas konserviertes Altes in der futuristischen Welt repräsentiert. „Ein Haus, das die Jahrhunderte vergessen hatten", heißt es auf der Texttafel im Film. In dieser modernen Architektur wirkt es wie ein Fremdkörper.

Der Gegensatz von Leben und Tod bzw. von Natur und Kunst/Technik wird nun im Erleben ausgestaltet. Es geht um das Wiederbeleben von etwas Totem. Rotwang und Fredersen hatten beide um die geliebte Hel gebuhlt, die sich schließlich mit Fredersen verband und ihm den Sohn Freder schenkte, bevor sie starb. In ihrem Namen klingt zugleich die Reaktivierung einer uralten Götterfigur an. Für die Reanimation einer solchen toten geliebten Gestalt muss jedoch ein Preis gezahlt werden: Rotwang muss eine Hand bei der Erschaffung des Ma-

schinenmenschen opfern. Man muss Tribut zahlen, wenn man
Altes, Totes nicht ruhen lässt – daran gemahnt auch Fredersen.

Freders Leiden – ans Kreuz der uhrwerkähnlichen Appa-
ratur geschlagen, ruft er mit verrenkten Gliedern in Anlehnung
an die katholische Passionsgeschichte seinen Vater an – , knüpft
ebenfalls an die Notwendigkeit eines Opfers im Dienste einer
Vermittlung an. Das montageartig komponierte Ineinander der
Szenerien lässt den seelischen roten Faden besonders heraustre-
ten. Ein erneuter „Schichtwechsel" markiert den Übergang in
die zweitausendjährigen Katakomben. In die tiefe Unterwelt
führt eine Kellertreppe hinab, in die ein Loch nun den Blick
freigibt. Die gegensätzlichen Welten können sich in dieser Öffnung berühren. Fredersen und Rotwang sind so Zeugen der
wundersamen Verwandlung Marias zur engelsgleichen Predige-
rin. Der Faden des religiösen Vor-Bildes wird weitergesponnen.
An einem Altar findet eine Anbetungsszene statt. Gebannt lau-
schen alle der Erzählung Marias vom Turmbau zu Babel.

Das Verhältnis von Groß und Klein wird in den Bildern
dieser biblischen Erzählung als Verkehrung erlebt: Klein erscheint der riesige Turm im Vergleich zu den riesenhaft wirkenden davor sitzenden Menschen. Auch der Inhalt der Legen-
de dreht sich um Größe: „Groß ist die Welt und ihr Schöpfer
und groß ist der Mensch." In dieser Gleichsetzung wird die
Verschiebung der Proportionen explizit gemacht. Es hat sich
ein Maß entwickelt, das alle Dimensionen sprengt. Die pyramidale, in den Himmel reichende Form, deren Spitze bis an die
Sterne reicht, steht für das „allzu große" Werk der Vermessenheit, von der *Das Marienkind* handelt. Die Schufterei der Menschen symbolisiert den Preis, die gleichsam „blut"-triefende
Schrift die unvermeidliche Zerstörung als Kehrseite dieser Entwicklung, von der auch der Babel-Mythos erzählt.

Bild-Logik

Metropolis wirkt insbesondere dadurch, dass Bilder und Erzählung Hand in Hand gehen. Die Notwendigkeit eines Mittlers erwächst homogen aus dem, was man sieht. Was Rebellion seelisch notwendig macht und wie Spaltung funktioniert, wird unmittelbar anschaulich gemacht. Wenn die eine Hand nicht weiß, was die andere tut, wenn Hand und Hirn nicht voneinander wissen, entsteht ein so stark gespanntes, explosibles System, dass eine Veränderung unumgänglich ist. Dass die Story undurchsichtig ist, der Film wie ein eklektizistisches Konglomerat verschiedener, logisch nicht stimmig auseinander entwickelter Versatzstücke erscheint, was die Kritik monierte, tut dem keinen Abbruch. Seelisch macht das Ganze Sinn und fesselt den Zuschauer, obwohl er zeitweise den Überblick über Details der Geschichte verliert, obwohl ihm manches überzeichnet, künstlich und fast karikaturhaft erscheint. In diesem Sinne erscheint *Metropolis* durchaus, im Gegensatz zur Einschätzung von Kritikern, als ein kunstvolles und organisches Werk „aus einem Guss"[128].

Freders und Marias liebende Vereinigung im Kuss und die Aussicht auf Freder als Erlöser wird mit gemischten Gefühlen aufgenommen. Einerseits setzt man auf die beiden als Einheit, andererseits empfindet man die religiöse Überhöhung als befremdlich. Die Verschmelzung der Liebenden wird jedoch dadurch wieder gefährdet, dass Rotwang Maria gefangen nimmt, was die Spannung im Erleben anheizt. Die Licht- und Schattenspiele steigern in dieser grausigen Verfolgungs-Szene mit ihrer psycho-logischen Kameraführung die Dramatik noch. Die unzähligen Türen, die ins Bild kommen, sind verschlossen;

---

[128] Geser, Guntram: Fritz Lang, Metropolis und Die Frau im Mond. Zukunftsfilm und Zukunftstechnik in der Stabilisierungszeit der Weimarer Republik. Meitingen 1996, S. 11

im Taschenlampenschein wirkt Maria wie festgenagelt. Der „Auftakt" des Films endet mit der höchsten Steigerung des Empfindens: Gefangen zu sein in einer geschlossenen Welt, ohne irgendeine rettende Verbindung zu anderem.

Freder, der den Tod in der gespenstischen Domszene, in der die steinernen Todsünden in Bewegung kommen, angefleht hat, ihm und seiner Liebsten fernzubleiben, findet torkelnd den Weg zu Maria, die nur durch einen hin und her bewegten Tisch kurzzeitig vor Rotwangs Zugriff sicher ist und deren Hilferufe durch ein Fenster dringen. Nachdem Freder vorher vergeblich gegen verschlossene Türen gehämmert hat, öffnet sich wiederholt ein Durchgang wie von Geisterhand, um sich sofort wieder zu schließen.

Metropolis (D 1926/27) © Friedr.-W.-Murnau-Stiftung/Transit Film
Die 13. Tür

In diesen imposanten Bildern offenbart sich die Märchen-Logik, in der offene und geschlossene Türen zum Dreh- und Angelpunkt werden. Der Versuch, eine Tür durch das Blockieren mit einem Knüppel offen zu halten, scheitert. Freders Augen werden von Marias Tuch, das bei der Entführung zu Boden gefallen ist, magisch angezogen, wie der sogartige Kamerablick glaubhaft macht. Der Zuschauer nimmt all diese Details intensiv wahr, selbst auf der Suche nach einer dauerhaften Öffnung im Erleben.

Übergang als Hauptakteur

In der anschließenden Verlebendigung des Maschinenwesens findet der Erlebensprozess seine sinnvolle Fortsetzung. Darin wird die Entstehung einer Mischgestalt unmittelbar vor Augen geführt. Der durch die Klon-Genetik wieder ganz aktuell gewordene Homunkulus- oder Frankenstein-Mythos der Erschaffung eines künstlichen Menschen verleiht dem Ganzen eine gruselige Note. In diesem Mythos, der in der gekürzten Fassung noch expliziter als in der Urfassung ins Zentrum gestellt wurde, wird das Thema eines Zwischenwesens in mehrfacher Hinsicht aufgegriffen. Eine Kreuzung aus Mensch und Maschine verspricht eine Lösung im Konflikt um widerstrebende Kräfte. Die von Rotwang gefangene Maria soll als Medium dieser Belebung dienen. Das Pentagramm und die Stellung Hels zwischen den beiden Männern Fredersen und Rotwang macht die Vermittlung plastisch sichtbar. Die Dramaturgie mit Strahlenkranz, konzentrischen Lichtringen und Hell-Dunkel-Effekten als Verwandlungsmagie um das Mensch-Maschinenwesen nimmt den Zuschauer gefangen. Dieses dynamische Bild wird häufig reproduziert; es steht insofern für *Metropolis*, als es das Film-Erleben im Ganzen verdichtet. Als chemischer Prozess, der bis zum Siedepunkt hochkocht, wird die Verwandlung ins Bild gerückt.

Die „Unsterblichkeit" der Wirkung von *Metropolis* hängt u. a. auch damit zusammen, dass es einen bannt, Zeuge solcher Transformationsprozesse zu sein, gleichsam in statu nascendi wahrzunehmen, wie aus einer Form eine andere Form wird und wie diese Formen sich überlappen. Das erscheint wie ein Wunder. Man starrt auf den Maschinenmenschen, um den Augenblick nicht zu verpassen, in dem er das Gesicht Marias annimmt, und schaut zugleich genau hin, um sehen zu können, wie sich Maria dabei verändert. Herz und Kreislauf leuchten in der Maschine auf – die kalte Technik wird menschlich. Dabei entsteht eine Verdoppelung Marias – als böses Double sorgt sie im Weiteren für Verwirrung. Später sucht man die echte von der falschen Maria zu unterscheiden, achtet aufmerksam auf die Mimik und ist erleichtert, in dem hexischen Augenaufschlag der diabolischen Maria ein Unterscheidungsindiz an die Hand zu bekommen. Im Märchen zeugt ein Zeichen – der goldene Finger – von der Tat und lässt Lug und Trug erkennen.

Freders Entsetzen und seine ihn ins Bodenlose stürzenden Fieberphantasien, als er Maria nach der magischen Verdoppelung vermeintlich in den Armen seines Vaters findet, führt als Grundlage des Konflikts eine ödipale Struktur ein. Patricia Mellenkamp[129] hat diese offensichtliche Konstellation ins Zentrum ihrer Analyse gestellt. Ödipus ist ein Bild für eine trianguläre Spannung, in der Ambivalenz, Allmacht und daraus unumgänglich erwachsende Schuld aufgrund von Todeswünschen in einer Einheit gefasst sind. Es wird beansprucht, das Unmögliche möglich machen zu können. Das Ambivalente bewegt in der Doppelgestalt Marias den weiteren Erlebenspro-

---

[129] Mellencamp, Patricia: Oedipus and the Robot in *Metropolis*. In: Enclitic, vol. 6, no. 1, Spring 1981, S. 20-42

zess. Sie ist Heilige und Babylon-Hure zugleich. Im „Zwischen-spiel" wird ihre tod-sündige Verführungskunst im Vergnü-gungspark Yoshiwara entfaltet.

Auf dem Scheiterhaufen

Als Freder als Vertreter der Oberschicht-Elite gelyncht zu werden droht und ein anderer an seiner statt fällt, ist die Ent-wicklung an einem Höhepunkt angekommen. Der Erlebenspro-zess gerät in diesem anarchistischen Chaos durcheinanderlau-fender Gestalten, die an Zäune und Gittertüren rütteln, um das Eingesperrte freizusetzen, in einen Schwindel erregenden Tau-mel. Nur durch Zerstörung scheint sich angesichts der aufge-schaukelten Extremisierung der Pole eine Wandlung herbeiführ-ren zu lassen. Der Todes-Tanz mit geschwungener Sichel sym-bolisiert die Zwangsläufigkeit dieser Entwicklung – etwas muss sterben, damit es anders weitergehen kann.

Im Bildtelefon Fredersens scheinen die getrennt gehalte-nen Orte bereits verbunden. Die Aufforderung, die Tore zu öffnen, kommt jedoch zu spät. Ein apokalyptisches Vernich-tungs- und Überflutungsspektakel fesselt die Sinne. Umgelegte Schalter, Rotationen, Blitzhagel, Fontänen, Feuer, Qualm, her-abstürzende Teile, durch einen Riss im Boden herausbrechen-des Wasser beleben diese nicht nur beängstigende, sondern auch in Bann ziehende Destruktion in leibhaftig-anschaulicher Weise. Die Suche nach einer rettenden Insel bestimmt das Erle-ben. Der Gong mit Maria und Freder im Zentrum, an den die Kinder sich klammern, macht keinen sehr sicheren Eindruck. Marias Hantieren an Hebeln erscheint als wirkungsloser Pseu-do-Aktionismus, ähnlich wie das Vorgehen der Mitarbeiter in Fredersens Büro oder die Geschäftigkeit an den Maschinen. Die Flucht muss weitergehen, hoch in den „Klub der Söhne", doch auch die Oberwelt wurde von der sintflutähnlichen Katastrophe nicht verschont. Alle Regulationen sind zusammengebrochen. Man nimmt wahr, dass das Wasser in Fontänen nach oben „fließt", nicht nur herabströmt. Parallel „strömt" eine aufgebrachte Menschenmenge zusammen, die Rache nehmen will, da sie überzeugt ist, dass ihre Kinder sterben mussten.

„Furios" steigert sich das Geschehen, treibt unter Marsellaise-Klängen auf die Revolte zu. Als Hexe am Altar hetzt Maria die Masse auf, fordert sie auf, die Maschinen verhungern zu lassen. „Tod den Maschinen!" Nicht nur Hel/Maria, auch das Fabrik-Werk wird darin wie ein lebender Organismus behandelt. Im Erleben war diese Gleichsetzung von Anfang an präsent. Spätestens, als die Herz-Maschine und das Moloch-Maul ins Bild rückten, verstand man dieses Ineinander von Belebtem und Unbelebtem. Lang greift eine elementare seelische Erfahrung auf: Seelisches lebt in Dingen der Wirklichkeit, in ihnen findet es seinen Ausdruck. Werke und Medien aller Art versinnlichen psychische Prozesse.

Der Eigendynamik der außer Rand und Band geratenen Meute ist kein Einhalt zu bieten. Der Mob tobt und macht Maria für den vermeintlichen Tod der Kinder verantwortlich. Sie wird aufgespürt und auf den Scheiterhaufen gestellt. Dass sie das Leben der Kinder auf dem Gewissen haben soll, ist eine evidente Parallele zur *Marienkind*-Erzählung. Da die echte/gute Maria im Wirbel der Geschehnisse verlorengegangen ist, steht Freder erschüttert vor dem lodernden Scheiterhaufen, fürchtend, dass seine Liebste nun sterben wird. An diesem Punkt sehen sich die beiden Marias zum Verwechseln ähnlich, nur die lächelnd triumphierende Mimik der von den Flammen umzingelten Gefesselten wirkt wie besessen und verrät dadurch das Hexische.

Metropolis (Deutschland 1926/27) © Friedr.-W.-Murnau-Stiftung/Transit-Film
Auf dem Scheiterhaufen

Im Durcheinander ist auch für den Zuschauer zunächst nicht klar erkennbar, ob die gute oder die böse Maria verbrannt zu werden droht. Schließlich macht das Feuer eindeutig sichtbar, dass das Böse untergegangen ist – die dämonische Maria mutiert auf dem Scheiterhaufen wieder zur Maschine. Obwohl die Darstellung heute teilweise überzeichnet wirkt, geht man in diesen Szenen dennoch mit.

In einer dramatischen Verfolgung treppauf in einen Kirchenturm, auf den Rotwang die echte Maria, in der er seine geliebte Hel sieht, entführt hat, kann Freder seine Liebste befreien und den Angriffen des Übeltäters in einer wilden Action-Szene trotzen. Schließlich stürzt Rotwang zu Tode. Zwischenzeitlich hängt Maria über dem Abgrund am Glockenseil wie am seidenen Faden. Das Hin-und-Her-Schwingen mutet dadurch witzig-absurd an, dass Maria auf diese Weise zum Klöppel „objektiviert" wird. Wie bereits herausgestellt, werden in *Metropolis* Dinge menschlich, und Menschen werden zu Dingen.

Fredersen scheint am Ende angesichts der Angst um das Leben seines Sohnes geläutert. Fassungslos und so tief erschüttert, dass seine Haare ergrauen, kniet er nieder – die kalte Fassade hat er abgelegt. Der Happy-End-Kuss der Liebenden und die ineinander gelegten Hände der in Grot und Fredersen personifizierten entgegengesetzten Kräfte bringen die Vermittlung des Sinnspruchs in ein Bild. Obwohl die Dramatik und die Rührseligkeit der Schluss-Szene kritisiert werden, kann man sich der Wirkung dennoch nicht entziehen. Es hat sich ein bewegender Prozess vollzogen, dessen Bilder einem noch lange nachgehen.

Ambitendenzen

Die widersprüchliche Aufnahme des Films ließe sich einerseits aus der stark ambivalenten Struktur des Films selbst, die in der polarisierenden Rezeption ihren Widerhall findet, erklären. Andererseits muten solche erregenden Prozesse dem Zuschauer auch einiges zu. Manchmal vermag man sich solch einer heftigen Wirkung nur durch Abwehr und Abwertung zu entziehen. Es ist beängstigend zu erfahren, dass Aggression und Zerstörung auch anziehen können.

Der maßlose Anspruch auf „Alles", auf gottähnliche ungeheuerliche Verwandlungsmöglichkeiten, der sich in ein „Nichts" (Vertreibung aus einem Leben der Fülle) verkehren kann, ist psychisches Thema des Märchens und des Filmerlebens. Der Aufstieg aus Niederem in Himmlisches (Unter- und Oberwelt) verspricht einen magischen Reichtum (Ewige Gärten, übermenschliche Kräfte bis zur strahlenden Produktion des Maschinen-Menschen, Hochmut des Turms zu Babel). Zugleich wird spürbar, wie man seinen Bewegungs-Radius bis zur lebensbedrohlichen Zuspitzung (Vernichtung, Scheiterhaufen) einengt, um den vermeintlichen Verzicht, die Einschränkung des Absoluten, zu demonstrieren und um zugleich nichtsdestotrotz nicht von dem allmächtigen Trugbild zu lassen. Als Korrektiv wirkt das Verspüren der Notwendigkeit eines Maßes, der Begrenzung auf ein „Etwas", das realisierbar ist. Weniger ist mehr – es erscheint sinnvoll, das Verbot hinzunehmen, der Neu-Gier auf die dreizehnte Tür (Übermaß) nicht nachzugeben, sondern den Preis des Verzichts auf das Total zu zahlen. Im Rotwangschen Haus wird die Dramatik zwischen den vielen Türen besonders plastisch. Indem man die Extreme (zwischen Klein und Groß, zwischen Ohnmacht und Allmacht, zwischen irdischen und himmlisch-hexischen Kräften, zwischen oben und unten, zwischen Sein und Schein (Lügen)) vermittelnd reguliert, kann sich ein lebbares Maß herausbilden, das die zerstörerischen Kräfte bindet. Davon handelt das Erleben des Filmes *Metropolis*. Seine tief greifende und überdauernde Wirkung resultiert daraus, dass dieses fundamentale Verwandlungsproblem die Menschen damals wie heute bewegte und bewegt.

Das Piano
(Jane Campion Australien/Frankreich 1993)

Jane Campion, die vorher bereits andere, in ihrer psychologischen Struktur besonders kunstvolle Filme wie *Sweetie*
(Australien 1989) und *Ein Engel an meiner Tafel* (UK/Australien/Neuseeland 1990), ein Film über das Leben der Schriftstellerin Janet Frame, gedreht hatte, hatte mit dem Film *Das Piano*,
der 1993 bei den Filmfestspielen in Cannes mit der Goldenen
Palme prämiert wurde und drei Oscars[130] erhielt, ihren größten
Erfolg. Leider konnte sie später nicht mehr daran anknüpfen.

Portrait of a Lady (USA/UK 1996), eine Henry-James-
Verfilmung, und der Thriller *In the Cut* (USA/Australien 2003)
mit Meg Ryan sind „virtuose, aber auch seltsam seelenlose Filme, in denen sie als Regisseurin nicht mehr recht zu sich
fand"[131]. Ihr aktueller Film *Bright Star. Meine Liebe. Ewig* (Australien/UK 2009) wird einerseits von der Presse als poetische
Romanze mit wunderbarer Balance und Leichtigkeit gepriesen,
andererseits aber auch von einigen Zuschauern als kitschige
Gefühligkeit mit schwülstiger Theatralik und zuviel Geigenuntermalung abgelehnt. Die Natur und das Alltagsleben in der
viktorianischen Gesellschaft des frühen 19. Jahrhundert sind
auch in diesem Film wesentliche Protagonisten. Der Film beginnt mit dem Nah-Blick auf die Handarbeit des Mädchens aus
gutbürgerlichem Hause, das sich in den mittellosen Dichter
John Keats verliebt. Die zarte Liebe zwischen der achtzehnjährigen selbstbewussten Fanny Brawne, deren schöpferische Kraft
in die Kreation schöner Gewänder floss, und dem unbekannten
Dichter, der erst nach seinem frühen Tod im Alter von 25 Jah-

---

[130] *Das Piano* erhielt Oscars für Jane Campions Drehbuch sowie für die schauspielerische Leistung von Holly Hunter als Ada und von Anna Paquin als ihre
Tochter Flora.
[131] Nicodemus, Katja: Im Licht der Liebe. In: Die ZEIT. Nr. 52 vom 17.12.2009

ren als einer der größten Lyriker englischer Sprache wertgeschätzt wurde, kam in Briefen und Gedichten zum Ausdruck, die Jane Campion in filmische Bilder übersetzt hat. Wer sich auf den Film einlassen mag, schwingt in der meditativen Stimmung mit und empfindet Mitleid mit den Liebenden, die durch Konventionen, Krankheit und Tod getrennt werden.

Exkurs zum schöpferischen Prozess

Regisseure, die einen psychologisch in sich schlüssig durchkomponierten Film (wie ein Wesen) in die Welt zu bringen vermögen, tun dies in der Regel, ohne sich ausdrücklich darüber im Klaren zu sein, wie sie es bewerkstelligt haben. Künstlerische Schaffensprozesse gehen weitgehend unbewusst vor sich und sind nicht einfach reproduzierbar. Es gibt keine Garantie, dass wieder ähnlich genial gelingen wird, was einmal oder sogar mehrfach bereits glückte. Ein derartiges Erfolgsrezept ist auch nicht bis ins Letzte zu lehren – wie es manche Ratgeber für Drehbuchautoren und Filmschaffende suggerieren.

Wie auch in der therapeutischen Behandlungskunst und bei der Marktforschung und Unternehmensberatung ist das Ganze stets mehr als die Summe der Teile. Es ist sinnvoll, sein Metier zu verstehen, doch reicht dies allein nicht aus. Auch Ehrgeiz, Arbeitswut bis zur Verausgabung, wie sie heute nicht selten gefordert wird, oder „Siegeswille" im Kampf mit der Materie machen es nicht. Neben Sorgfalt und einem Handeln nach bestem Wissen und Gewissen gehört ein gewisses schöpferisches Quäntchen „Darüberhinaus" dazu. Notwendige, aber nicht hinreichende Bedingung für das Gelingen ist ein reichhaltiger Handwerkskoffer und das (meist intuitive) Wissen um Wirkungszusammenhänge. Trotzdem kann es schiefgehen; die Möglichkeit des Scheiterns lässt sich nie ganz ausschalten. Dies mag selbstverständlich und banal sein, doch scheint es angesichts eines um sich greifenden Erfolgsdrucks und diffuser Heilserwartungen an Berater mit vermeintlich hellseherischen Kräften angezeigt, daran zu erinnern. Das strikte Befolgen von Leitlinien, die im Konsens von „Experten" festgelegt werden, macht auch keine gute Psychotherapie aus. Ein vermeintlich „perfektes" Werk kann leblos und ohne nachhaltige Wirkung sein. Wesentliche und unabdingbare Voraussetzung ist Liebe zur Sache, ohne die kein Werk von Belang entstehen kann und die ein Durchhalten bei unvermeidlichen Durststrecken und weniger produktiven Perioden unterstützt. Im Bild des Musenkusses pflegte man dieses schwer greifbare Moment zu fassen, doch ist der ganze Prozess, nicht nur ein kurzer Akt der Gnade, davon getragen.

Der Psychoanalytiker Ernst Kris hat bereits 1952 in seiner Arbeit *Psychoanalytic Explorations in Art*[132] den künstlerischen Produktionsprozess analysiert. Von Freuds Hypothese ausgehend, dass eine „gewisse Lockerheit ... der Verdrängungen[133]" beim Künstler gegeben sei, sieht er beim Künstler das „Vermögen, sich leichten Zutritt zum Material des Es zu verschaffen, ohne davon überschwemmt zu werden, die Kontrolle über den Primärvorgang zu bewahren, und besonders vielleicht die Fähigkeit, einen schnellen oder doch einen angemessen raschen Wechsel der Stufen der psychischen Funktion zu durchlaufen."[134]

---

[132] Kris, Ernst: Psychoanalytic Explorations in Art. New York 1952. Auszüge daraus in: Kris, Ernst: Die ästhetische Illusion. Phänomene der Kunst in der Sicht der Psychoanalyse. Frankfurt a. M. 1977
[133] Freud, Sigmund (1916/17): Vorlesungen zur Einführung in die Psychoanalyse. In: Studienausgabe. Bd. I. A.a.O. Frankfurt a. M. ⁷1969. S. 366
[134] Kris, Ernst: Zugänge zur Kunst. In: Die ästhetische Illusion. A.a.O., S. 23

Die allmähliche Verfertigung eines Werks

In anderen Worten besagt dies, dass man sich im Schöpferischen der psychästhetischen Bilderwelt öffnet, die zwar immer mit am Werk ist, bei allem, was wir tun, aber gewöhnlich durch Kultivierungsanforderungen und die Notwendigkeit, den Alltag entschieden zu gestalten, überformt ist und selten überhaupt bewusst wird. Überlässt man sich aber diesem Fluss der Bilder, kann man aus diesem reichhaltigen Material schöpfen, jedoch gilt es, sich aus diesem Fluss zeitweise auch wieder herauszuziehen, um nicht darin unterzugehen. Im Wechsel verschiedener Regulationen des Seelischen, im Kommen-Lassen sowie im steuernden Eingriff und in der Betrachtung dessen, was mit einem geschieht, kann es gelingen, die kreative Kraft im Dienste eines Werks zur Wirkung zu bringen. Ein fragiles Gleichgewicht gilt es herzustellen, in dem man sich wechselweise dem überlässt, was aus sich selbst heraus entsteht, die Dinge aus dem Griff lassend, und zugleich das Geschehen beobachtet, sich selbst und dem, was vor sich geht, quasi über die Schulter blickt und formend eingreift. Im Vertrauen darauf, dass im Laufe der Begebenheiten klar werden wird, wohin die Reise geht, dass sich die Gedanken beim Reden allmählich verfertigen, wie Kleist[135] es formuliert hat, baut man auf seelische Gestaltungsprozesse.

In der psychotherapeutischen Behandlung bedeutet dies, dass man nicht krampfhaft nach Sinnzusammenhängen suchen muss, um sie dann deutend beim Namen zu nennen. Der Sinn ist immer da, häufig unmittelbar vor Augen, doch (noch) ungesehen, und wird sich früher oder später offenbaren, wenn man seine Sinne in gleichschwebender Aufmerksamkeit dafür offen hält. Bleibt diese Schwebeverfassung gewahrt, wird man unwill-

---

[135] Kleist, Heinrich von: Über die allmähliche Verfertigung der Gedanken beim Reden (1805): Werke in einem Band. München 1966

kürlich zu dem Wesentlichen geleitet. Sollte man zunächst noch übersehen, was Sache ist, so drängt es sich zunehmend deutlicher auf. Was wie ein fatalistisches, passives Dahintreiben anmuten mag, erweist sich bei konsequenter Handhabung als Königsweg zum Unbewussten und als wirksamstes Behandlungs-Instrument. Man darf diesen ungewissen Prozess, mit auch unschönen und belastenden Seiten, nicht meiden, sondern muss sich auf all das einlassen, was sich zeigt.

Funktionelle Autonomie

Ob dies gelingt, hängt auch davon ab, wie Kris herausstellt, wie weit die künstlerische Tätigkeit ʹeigenständigʹ oder funktionell autonom geworden ist, „das heißt, wie weit sie sich von dem ursprünglichen Konflikt", der als weit zurückliegende Wurzel Triebfeder des künstlerischen Handelns ist und „der das Interesse und die Neigung in die spezielle Richtung gewiesen haben mag"[136], befreit. Schöpferisches Handeln geht auf ungelöste spannungsvolle Konstellationen zurück, deren Lösung wir immer wieder versuchen, muss sich aber auch insofern davon lösen, als es nicht darum gehen kann, immer wieder dasselbe uralte Stück aufzuführen.

Für die psychotherapeutische Behandlungskunst wird dem durch die Notwendigkeit, Rechnung getragen, in einer Lehrbehandlung mit der eigenen seelischen Struktur und mit allgemeinen psychischen Mechanismen so weit vertraut geworden zu sein, dass diese Altlasten und damit zusammenhängende Ängste und Zwänge das therapeutische Werk nicht mehr in dem Maße überlagern, dass man das Hingucken scheut bzw. stets nur das sieht, was man aus frühen Fixierungen heraus se-

---

[136] Kris, Ernst: Die ästhetische Illusion. A.a.O., S. 27

hen mag. Kunst, die in dem Sinne monothematisch ist, als sie lediglich Variationen eines alten Lieblings-Stoffes bietet, erschöpft sich letztlich selbst. Ihr Gestaltungs-Spielraum ist durch Gewolltes und eine unbedingte Beweisführung[137] verengt.

Das Piano: Die Zopfstruktur des Erlebens

So anfällig für Störungen und für ein Scheitern wie der künstlerische Prozess ist, so dankbar kann man sein, wenn der beschriebene diffizile Balanceakt glückt. In dem psychologisch höchst komplex gebauten Film *Das Piano* hat Jane Campion ein Meisterwerk geschaffen. Während andere wirkungsvolle Spielfilme meist nur eine einzige seelische Grundspannung in der Komplexentwicklung über die Dauer von etwa zwei Stunden in ihrer ganzen Bandbreite im Erleben ausloten, bewegt dieser Film kunstvoll gleich fünf Grundverhältnisse, die einem übergreifenden Paradox untergeordnet sind. Im Ganzen weist das Erleben das Gefüge eines Zopfes auf, indem ein Kernkomplex sich mit dem nächsten verschlingt, um wiederum in einem anderen fortgesetzt zu werden. Die einzelnen Züge greifen dabei ineinander über, überlagern sich und spalten sich wieder auf. In einem dramatischen Rhythmus driften polare Tendenzen weit auseinander, um sich dann wieder anzunähern und anschließend in einen anderen Zug zu münden, der sich wieder in zwei extreme Kontraste aufgliedert. Diese zielen erneut auf eine Vereinigung der Gegensätze hin, welche durch eine andere Grundspannung aufgestört oder ergänzt wird, usw. In einem Kreisprozess geht es wiederholt auf eine Abrundung zu, die jedoch nicht endgültig vollzogen wird, sodass über den gesamten Pro-

---

[137] S. Ausführungen zum Verkehrt-Halten, in: Becker, Gloria: Kontrolle und Macht. Psychologische Analysen unserer märchenhaften Wirklichkeit. Bd. I. Bonn 2009, S. 31-41

zess sowohl eine Öffnung als auch eine Schließung stattfindet. Dadurch entsteht eine in sich stabile und dennoch bewegliche Struktur mit einer inneren gesetzmäßigen Dynamik. Das Erleben zerfällt nicht in einzelne Unterströmungen, sondern alle in sich widersprüchlichen Tendenzen sind zielgerichtet eingebettet in den Gesamtprozess und treten wechselweise in den Vorder- bzw. in den Hintergrund.

Es entwickelt sich auf diese Weise ein uneinheitlich-einheitlicher Strang des Erlebens, der auf einen Höhepunkt zutreibt und den Zuschauer einbindet. Bildlich vereinen sich die einzelnen „Strähnen" zu einer in sich stringenten Erlebensrichtung. Das Vermittlungsprinzip, das, wie beschrieben, das Erleben des Films *Metropolis* kennzeichnet, wird bei diesem Film noch potenziert. Eine Integration der hoch ambivalenten Verhältnisse wird immer wieder auszuhandeln gesucht. Dies entspricht auch der Film-Story, in der ein Handel im Zentrum des Geschehens steht. Die kreisrunde Flecht-Frisur der Protagonistin Ada (Holly Hunter) bildet die Struktur des Erlebensprozesses ab. Mehrfach ist dieses Bild, als materiales Symbol, sekundenlang im Film zu sehen. Ebenso erscheint das ineinander verschlungene Lianen- und Wurzelgewirr der Landschaft als Natur-Metapher für dieses erlebensmäßige Dickicht, bei dem man auf mühsamen Pfaden und sensibel aussteuernd, einen Modus Vivendi, eine erträgliche Übereinkunft, finden muss.

Trotziges Verstummen

Es soll hier nicht der komplette Erlebensverlauf [138] im Nacheinander wiedergegeben werden, sondern der Schwerpunkt liegt auf der Darstellung der *Marienkind*-Logik. Die ver-

---

[138] Siehe dazu Dahl (Becker), Gloria: *Das Piano*. Untersuchung zur Filmwirkungspsychologie, unveröffentl. Diss. Köln 2000

schachtelte Filmerzählung wird lediglich in groben Zügen reproduziert, sofern sie für das Verständnis des Märchen-Bildes von Bedeutung ist.

In einem temporeich geschnittenen Vorspann wird das Leben der Protagonistin Ada und ihrer Tochter Flora (Anna Paquin) in ihrer schottischen Heimat in der Mitte des 19. Jahrhunderts skizziert. Es wird gleich zu Beginn mitgeteilt, dass Ada eine willensstarke Person ist, die seit ihrem sechsten Lebensjahr nicht mehr spricht. Eigenwillig und verschlossen mutet sie an, wie das störrische Pony, das eingangs kurz im Bild ist. Menschen mit dieser Märchen-Konstruktion können unglaublich hartnäckig sein, was ihnen einerseits hilft, ein Anliegen konstant, gegen alle Widerstände, zu verfolgen und mit ihrem sehr langen Atem doch ans Ziel zu gelangen, wo andere längst aufgegeben hätten, andererseits können sie mit ihrem eisernen Willen andere Menschen zur Weißglut bringen. Sie lassen selbst dann nicht locker, wenn es ohne Zweifel aussichtslos ist, weiter zu insistieren. So zweischneidig wird auch Ada wahrgenommen. Was sie will, wird sie erreichen; was ihr widerstrebt, wird ihr niemand aufzwingen können. Ihre energische Abwehr, wenn sie z.B. später ihr Hochzeitskleid zerreißt, ein Lächeln für die Hochzeitsfotografie verweigert und die Männer hilflos macht, ist beachtlich, aber auch kompromisslos. Das spannungsvolle Verhältnis zwischen Tun und Getanwerden, zwischen machtvollem Bewirken und ohnmächtigem Ausgeliefertsein, ist einer der fünf roten Unter-Fäden des Erlebens. Die Macht des Willens wird über alles gestellt. Verstockt und besessen wirkt Ada zuweilen, verhärmt und verkümmert ob des andauernden Kampfes gegen ein Weichwerden. Das sture *Marienkind* ist ebenso rigoros und unnachgiebig.

Schwelgen in Einheitlichem

Mutter und Tochter scheinen dagegen ganz innig miteinander verbunden. Ihre Eintracht, die im Erlebensprozess zwar zunehmend brüchig wird, weckt beim Zuschauer Verschmelzungssehnsüchte. Die stimmungsvoll-melancholische Musik und die überwältigende Natur unterstützt dieses Einssein mit sich und der Welt in einer Art ozeanischem Gefühl[139]. In diesem Verschmelzungserlebnis kommt ein Glücksgefühl auf. Der Zuschauer schwingt in diesen Bildern mit, vor allem bei einem grazil-verspielten Tanz Floras am Meer, während Ada versunken und glücklich Klavier spielt, allerdings sehr früh vorwegnehmend, dass dies nicht endlos währen wird. Das Leben im Himmel und am Königshof wird im Märchen als Idylle mit Englein, Gold, Zuckerbrot und süßer Milch sowie als Dasein im Überfluss beschrieben. Im ganzheitlichen Erleben ist alles rund und ohne Mangel – es ist ein Zustand höchster Erfülltheit.

Man erfährt, dass Adas Vater ihre Ehe mit einem fremden Mann in Neuseeland arrangiert hat. Mutter und Tochter sind insofern nach langer Reise in der Fremde gestrandet, als sie von den Seeleuten an der Küste ihrer neuen Heimat mutterseelenallein zurückgelassen werden. Während sie auf den unbekannten Bräutigam warten, kuscheln sie sich in ein heimelig leuchtendes schützendes Zelt, das sie aus einer Krinoline bauen. Ada ist auf ihre Tochter angewiesen, die ihre Zeichensprache übersetzen muss. Der Halt, den sie einander geben, ist ein Trost angesichts all des Fremden, doch kommen bald Zweifel auf, ob es dem Kind gut tut, so eng an die Mutter gekettet zu sein. Altklug und patzig ist sie, auch äußerlich ein Abbild ihrer widerborstigen Mutter. Ihre synchronen Körperbewegungen zeugen

---

[139] S. Freud, Sigmund: Das Unbehagen in der Kultur (1930 [1929]). In: Studienausgabe. Bd. IX. Fragen der Gesellschaft. Ursprünge der Religion. A.a.O. Frankfurt a. M. 1974, S. 197-205

von einem tiefen Einklang. Einssein und Entzweiung sind die beiden Pole der zweiten Grundspannung. In der liebenden Vereinigung zwischen Ada und Baines (Harvey Keitel), dem Loslassen des Ehemanns Stewart (Sam Neill), der dem Paar zuletzt seinen Segen gibt, der entwicklungsfördernden Kluft, die sich zwischen Flora und Ada auftut, sowie in dem freiwilligen Abschied vom geliebten Piano gegen Ende des Films findet diese im Verlauf des Films einen anrührenden psychischen Ausdruck.

Getrennt – vereint

Gleich zu Beginn des Films wird Trennung zum Thema, als Ada nicht nur ihre Heimat, sondern auch ihr Piano zurücklassen muss. Ihr Protest hilft nichts – sie ist machtlos. Solch ein Gegenstand wirkt im Urwald deplatziert. Der Aufwand, es durch den Dschungel zu transportieren, scheint zu groß. Rührung kommt auf, wenn es aus der Vogelperspektive verloren und schutzlos Wind und Wetter ausgesetzt am weiten Strand zu sehen ist. Ada trauert offensichtlich, intensiv in Gedanken bei ihrem Piano, als sei es ein Geliebter. Ein grausamer Verlust für diese junge Frau, da es ihr alles bedeutet; vielleicht auch zuviel? – sie scheint im Übermaß daran zu hängen, als kompensiere dieses Ding ihre Isolation von den Menschen. Im Märchen muss das *Marienkind* zunächst seine Ursprungsfamilie verlassen, dann die Mutter entbehren, alleine im Himmelreich zurückbleibend, und schließlich als stumme Königin ihre Kinder hergeben. Sie kann sie erst dann wieder in die Arme schließen, als „das harte Eis des Stolzes" schmilzt und sie aufrichtig bereut, gelogen zu haben. In den Kindern ist das Liebste und das Lebendige in ein Bild gebracht. Adas Gesichtsausdruck ist versteinert, ihre Augen wirken tot. Wenn sie jedoch auf ihrem Piano spielt, erhellt sich ihre Miene, und sie blüht regelrecht auf. Das Piano ist ihr Lebenselixier. Erst die Liebe zu Baines macht sie später ebenso strahlen.

Im Erleben ist man zunächst bestrebt, sie mit ihrem Ersatz-Ausdrucksmittel baldmöglichst wieder vereint zu sehen. Nachdem viele Drehungen des Erlebensprozesses durchlaufen sind, ist man am Ende jedoch einverstanden, dass dieser Hemmschuh für immer im tiefen Meer versenkt wird, auch wenn für Momente ein Gefühl der Wehmut aufkommt. Eine zunächst leidvoll aufgezwungene Loslösung wird schließlich frei gewählt. Beim Märchen *Marienkind* geht es um einen elementaren Verzicht. Der Hochmut ist damit verknüpft, das Gefühl eines grenzenlosen Bewirkens auf keinen Fall aufgeben zu wollen – frei und selbstbestimmt, ja allmächtig wähnt man sich. In dem Piano verdinglicht sich dieses Unbedingte. Indem sie es loslässt, kann sie eine neue Freiheit wiedergewinnen.

Im Korsett

Rätselhaft bleibt, was Ada dazu veranlasst hat, nie mehr zu sprechen. Gleich zu Beginn heißt es, dass sie selbst es nicht verstehe. Im Unterschied zu *Metropolis* gestaltet *Das Piano* vor allem den zweiten Teil der Märchenerzählung aus. Die verleugnete Tat, die zum Verstummen geführt hat, ist bereits begangen, und man sitzt in der Kargheit fest. Das Verhärten soll erneuten Verletzungen vorbeugen, indem es gleichsam immun macht. Der Panzer der Fühllosigkeit macht im Märchen alles gleichgültig, sodass nichts mehr ernsthaft zu treffen vermag. Das Schlimmste (der Zuschauer malt sich irgendein „Trauma" aus, das ihr die Worte verschlug) ist ja schon passiert – und wird im Folgenden durch ein mindestens ebenso einschneidendes Erlebnis schockartig „kuriert" werden – dies ahnt man bereits zu einem frühen Zeitpunkt.

In psychotherapeutischen Prozessen zeigt sich, dass dieses starke Reduzieren seines Wirkungs-Kreises den Charakter einer Selbstbestrafung hat, als habe man sich in einer Einzelzelle zum Sühnen verdammt. Andere gehen meist gnädiger mit dem „Vergehen" um und tragen es einem nicht nach, wofür man sich selbst quasi ewig in der Hölle schmoren lassen möchte. Es ist nicht leicht, diesen Mechanismus rückgängig zu machen und die Selbstgeißelung aufzugeben, zumal wenn aus diesem Leiden in masochistischer Weise gar Freuden gezogen werden[140].

Ada und Flora haben eine Heimat hinter sich gelassen, um in einer völlig anderen Welt Fuß zu fassen. Dies mutet wie eine Strafe und nicht wie ein Aufbruch in bessere oder gar himmlische Sphären an. Ungastlich, wie im Märchen geschildert, wirkt die neue Welt: Stürmisch, regnerisch, dunkel, abweisend, emotional unterkühlt. Der Zuschauer stellt Mutmaßungen über die Vorgeschichte an und möchte zunächst diesem Geheimnis auf die Spur kommen. Was hat sie so gemacht, und wer ist Floras Vater? Steckt ein Fünkchen Wahrheit in den phantastischen Erzählungen über das Herkommen? Im Verlauf wird diese Aufklärung zweitrangig – man akzeptiert, dass es Dinge gibt, die man nicht ergründen kann. Darin drückt sich die Hinnahme der Grenzen des Wissens aus. Man lässt die bohrende Neugierde ruhen und nimmt hin, dass ein dreizehntes Zimmer verschlossen bleiben wird.

---

[140] Reik, Theodor: Aus Leiden Freuden. A.a.O.

Das Öffnen der Tür zu ihrem Herzen

Das Erleben ist davon bestimmt, sie aus ihrem selbst gewählten Gefängnis zu befreien. Wie im Märchen erscheint das
penetrante Schweigen wie ein Kerker, der jegliche Entwicklung
hemmt. Mit einer unendlichen Ausdauer, „ein Jahr nach dem
anderen", wie das Märchen dieses Verharren beschreibt, hält
man die Abkapselung, den „Jammer und das Elend der Welt"
spürend, aufrecht. In dieser seelischen Einöde ist man ganz mit
sich allein. Eingeschlossen in die Höhle eines hohlen Baumes,
von dichten Dornenhecken des Stolzes zurückgehalten, sich
einen Schritt auf das Andere zuzubewegen, beschneidet sich das
Marienkind der Sprache als Mittel des Austauschs. In das eigene
Haar hüllt man sich ein wie in einen Kokon, der Außenwelt
entzogen. Im Erleben fallen korsettartige Einschnürungen und
Formzwänge ins Auge – u. a. die beengende Kleidung; die
Zwangsheirat; die Bigotterie des Dorfes; die Unbeholfenheit
ihres Ehemanns Stewart, der sich zwar bemüht und geduldig
mit Adas Sprödigkeit umgeht, aber auch nicht aus seiner Haut
kann; die morastige Natur, in der man steckenzubleiben droht.

In dieser Einsiedelei „ruft" man nach Befreiung; eine Maria oder ein königlicher Jäger, der nicht locker lässt, sollen ihr
den Weg öffnen, den sie sich selbst verstellt hat. In Baines, einem ebenso verschlossenen, männlich-kraftvollen englischen
Siedler, glaubt man solch einen Hoffnungsträger ausgemacht zu
haben, dem es gelingen könnte, das dichte Gestrüpp, mit dem
Ada sich wie im Märchen umgeben hat, auseinanderzureißen
und zu ihr durchzudringen. Er macht Ada das unmoralische
Angebot, sich durch Klavierunterricht Taste für Taste ihr Piano,
das er von Stewart für Land eingetauscht hat, zurückzuerwer-
ben. Obwohl man seinen Handel als erpresserisches Ausnutzen
einer Notlage ablehnt, baut man nach und nach darauf, dass er
die Widerspenstige zähmen wird. Das Verhältnis von Zwang

und Freiheit treibt den Erlebensprozess als dritter Zug an. Entschieden und dennoch behutsam kommt über einen ausgedehnt gezeigten Handel eine Annäherung zustande, bis sich, der Märchenlogik folgend, das unbeugsame „Nein!" in ein Ja wandelt. Dass Liebe diese tiefgehende Veränderung bewirkt, ist Sinnbild dafür, dass sich seelisch Unvereinbares durch Einbeziehung dessen, was man verteufelt und absolut gemieden hatte (Verkehrt-Halten), nämlich das, was man zutiefst ersehnt und über alles fürchtet, nicht mehr unentwegt bekämpfen muss. Das/der Fremde darf einem nahekommen.

Banal vs. kultiviert – entwickelt

Das Piano repräsentiert in dieser Wildnis, umgeben von Eingeborenen, schlicht gestrickten Gemütern, einem ungepflegten Ehemann, dümmlichen Tanten und Dorfpomeranzen, einen kultivierten Umgang mit der Wirklichkeit. Wie im Märchen existieren zwei unvereinbare Welten nebeneinander – das arme Holzhacker-Dasein bzw. die öde Wüstenei stehen neben der himmlischen Abgehobenheit, die dem Irdischen entrückt ist. Ada und Flora wirken fehl am Platz in dieser archaischen Schlammlandschaft, die erst mühsam urbar gemacht werden muss. Sinnbildlich stecken sie mit ihren feinen Kleidern knietief im Dreck, wenn sie auf behelfsmäßigen Stegen würdevoll daherschreiten. Das Urinieren im Wald ist weitab von den zivilisierten hygienischen Standards, die Ada gewohnt ist. Flora und sie werden ihrerseits von den Eingeborenen wie Weltwunder bestaunt und angefasst. Ada gefriert das Blut, während sie die erkundenden Berührungen der Maori über sich ergehen lassen muss. Die kleinkarierten Tanten lästern über das für sie seltsame Gebaren Adas, die, ihres Pianos beraubt, auf dem Tisch Klavier spielt. Ihnen wiederum erscheint sie wie ein ungehobeltes wildes Tier, das es zu domestizieren gelte, weil es über keine in ihren Augen hoch entwickelten Umgangsformen verfüge.

Ein Proband fühlt sich an eine Anekdote aus der Nachkriegszeit erinnert, die davon erzählt, dass Eifelbauern, die maximal einmal in der Woche nacheinander im Waschzuber zu baden pflegten, die häufigen Reinigungsrituale der amerikanischen Besatzer sinngemäß mit den Worten kommentierten: „Die müssen aber dreckig sein, wenn sie sich so häufig waschen müssen." Aus beiden Blickwinkeln wird das jeweils andere als sonderbar, primitiv oder verrückt abgewertet.

In einer Theateraufführung, die, der Märchenerzählung entsprechend, die Geschichte von König Blaubart auf die Bühne bringt, prallen die Welten aufeinander. Das Perraultsche Märchen *Blaubart* weist mit dem Verbot, ein Zimmer zu betreten, und der tödlichen Strafe für das Übertreten des Tabus eine offenkundigen Parallele zur *Marienkind*-Märchenerzählung auf, als hätte Jane Campion eine Ahnung davon gehabt, welche psychische Struktur ihrem Film zugrunde liegt. Die Maori stürmen, die Inszenierung für bare Münze nehmend[141], auf die Bühne, um den von Blaubart mit dem Tode bedrohten Frauen zur Seite zu stehen. Man versteht sich gegenseitig nicht, was zu absurden Missverständnissen führt. Wenn in der Psychotherapie die Komik solcher Grenzziehungen und der daraus resultierenden Umdeutungen aufscheint, kann ein Perspektivenwechsel stattfinden.

---

[141] In dieser Szene sind die Maori nicht in der Lage, zwischen Bühne und Wirklichkeit zu unterscheiden, sondern nehmen die Aufführung für bare Münze und fühlen sich zum Handeln genötigt, statt das Geschehen im doppelten Sinne als Vorstellung zu genießen. Dieses Missverständnis hat Kris als Verkennung der ästhetischen Illusion beschrieben. S. Kris, Ernst: Die ästhetische Illusion. A.a.O., S. 40-50

Fremd – vertraut

Baines ist eine Mischung von beidem, halb und halb in beiden Welten verankert. Er ist einerseits Analphabet und hat sich der Fremde angepasst, scheint wild wie die Maori, spricht ihre Sprache und ist nicht nur mit seinen Körperbemalungen eingebettet in ihre Kultur, hat aber andererseits einen europäischen Kulturhintergrund und Interesse an den schönen Künsten. Er schlägt gleichsam eine Brücke zwischen den konträren Milieus.

Der Zuschauer verfolgt aufmerksam, wie sich der Umgang mit dem ganz Anderen gestaltet. Lässt man sich darauf ein oder bewahrt man seine Eigenart und bleibt dadurch selbst ein Fremdkörper? Kann man sich durchgängig gegen eine Angleichung sperren, oder ist es unumgänglich, sich zu integrieren und ein Teil des anderen zu werden? Adas Widerstand wird im Verlauf des Films fragwürdig. Es erscheint gemein, dass sie ihren Ehemann, der ihr doch gut gesonnen ist, dermaßen auf Granit beißen lässt. Bleibt ihr nicht doch letztlich nur übrig, auch dem Dorfleben etwas abzugewinnen, um sich nicht in der Abwehr zu zermürben? Flora zeigt sich wandlungsfähiger, spielt mit den Eingeborenenkindern, lernt ihre Sprache und scheint langsam mit ihrem Stiefvater und der neuen Verwandtschaft warm zu werden, auch wenn sie zeitweise noch ihren Spott mit den einfältigen Frauen treibt. Dadurch gerät sie notgedrungen auf die Gegenseite und kündigt schleichend die Allianz mit ihrer Mutter auf.

Der Handel

Wenn Baines Adas Unnahbarkeit Schritt für Schritt in den Klavierstunden aufweicht, indem er zunächst ihrem Spiel lauscht, sie dann dazu auffordert, den Rock zu heben, um ein Loch in ihrem Strumpf berühren zu können, schließlich ihre Arme und Schultern liebkost und dann für den Preis von zehn Tasten verlangt, dass sie sich unbekleidet neben ihn lege, kommt das Erleben nicht nur wegen der knisternden Erotik in Erregung. Es ist zum einen spannend, mitzuverfolgen, wie der starre Widerstand gegen Nähe nach und nach aufgegeben wird, zum anderen genießt man zugleich das machtvolle Kämpfen zweier gleich starker Kräfte.

Wer Täter und wer Opfer ist, ist nicht auszumachen. Die durchsetzungsstarke Ada weiß sich sehr gut zu wehren. Sie dreht, wie es bei *Marienkind*-Konstruktionen der Fall ist, an den Bedingungen – indem sie geschickt um den Preis feilscht, Baines die Finger einklemmt, ihn bei der Theateraufführung provokant dadurch kränkt, dass sie ihm den Platz neben sich verweigert und Stewart demonstrativ näherrückt. Sie lässt Baines solange zappeln, bis er sich schließlich angesichts ihrer Ungerührtheit geschlagen geben muss, den Handel aussetzt und Ada ihr Piano zurückgibt. In der Art, wie sie sich nackt zurechtsetzt, als sie neben ihm liegen soll, sucht sie jegliche Begierde abzutöten. Traurig zieht er sich zurück.

Nun gibt Ada ihre Reserviertheit auf und sucht ihn auf. Flora, die sich an sie klammert und sie zurückzuhalten versucht, schüttelt sie resolut ab. Er gesteht, dass er sie nicht durch die Übereinkunft zur Hure machen, sondern ihr Herz gewinnen möchte. Ada gibt sich ihm, nachdem er ihr seine Liebe gestanden hat und sie aus der Hütte gewiesen hat – nach einem letzten Aufbäumen, bei dem sie ihre kühle Zurückhaltung aufgibt und auf ihn einschlägt – endlich hin. Auf dieses Einssein hat der Zuschauer lange gewartet.

Personifiziert in den zwei Akteuren ringen da die beschriebenen seelischen Tendenzen miteinander. Auch im Märchen ist solch ein Machtgerangel beschrieben. Maria lässt nicht locker, um die Gesetzesübertretung zu entlarven und das Leugnen aufzubrechen. Der Druck steigert sich, bis es zuletzt um Leben und Tod geht. Das grundlegende Paradox des Märchens – Alles ist Nichts – wird so weit zugespitzt, bis die Extreme zusammenfallen. Wird weiterhin Alles beansprucht, ist die Selbsteinschränkung total, bedeutet dies den Tod, die Vernichtung jeglicher Weiterentwicklungsmöglichkeit.

Verschlossene Türen

Der Erlebensprozess treibt auf einen dramatischen Höhepunkt zu, als parallel zu der zarten Annäherung von Ada und Baines zwischen Flora und Ada eine zunehmende „Entfremdung" stattfindet. Das Kind stört beim Handel und wird vor die Tür geschickt, wo es sich selbst überlassen ist. Auf der einen Seite wird diese Abgrenzung als notwendig erlebt, auf der anderen Seite befürchtet man in dunkler Vorahnung, dass sie Zeugin verbotener Handlungen werden könnte. Wie lange wird sie sich draußen halten lassen?

Märchenanalog wird gezeigt, wie Flora vor Baines Haus herumstreunt, ihre wachsende Wut über das Ausgeschlossensein in tierquälerischen Spielen mit ihrem Hund auslebt und – als alle Spiele gespielt sind, der Glanz der zwölf Türen reizlos geworden ist –, tödlich gelangweilt ist. Immer spannender wird, was ihr hinter der Tür vorenthalten wird. Es kommt, wie es kommen muss: Sie will daran teilhaben und beobachtet, indem sie durch ein Loch in der Wand schaut, wie Ada und Baines nackt nebeneinander liegen. Im Märchen betrügt sich das *Marienkind* selbst, indem es sich vormacht, nur einen Spalt der Tür zu öffnen, sei ja noch keine richtige Verletzung des Gebots.

Als Flora Stewart, den sie langsam als Ersatzvater annimmt, Adas Vergehen „petzt", gerät sie endgültig zwischen die

Fronten. Sie verrät, dass Ada während der Klavierstunden auch manchmal kein Klavier spiele, und schürt so Stewarts Neugierde. Voyeuristisch betrachtet er durch einen schmalen Ritz, wie Ada und Baines sich körperlich lieben. In einer schockierenden Szene lauert er Ada danach auf und sucht sie mit Gewalt zur sexuellen Vereinigung zu zwingen. Wie sie an den Lianen Halt sucht und ihm mit Blicken Einhalt zu gebieten vermag, wühlt die Zuschauer sehr auf. Unverständlich wird für einige allerdings auch, dass Ada Stewart später mehrmals mit Zärtlichkeiten erregt, um ihn dann abzuweisen, wenn er seine Regungslosigkeit aufgibt. Lässt sie sich doch auf ihn ein oder quält sie ihn nur? Hin und Her geht das Erleben. Alle Protagonisten werden im weiteren Verlauf ambivalent erlebt. Worauf wird es hinauslaufen?

Hilfloses Zwingen

Stewarts Versuch, Ada einzusperren, wird ihrer Liebes-Sehnsucht nicht Herr. Die Tanten machen ihn darauf aufmerksam, dass er sich auf diese Weise selbst in die Falle manövriert, indem er es den zunehmend renitenten Eingeborenen leicht mache, sie gefangen zu setzen, indem sie von außen einen Riegel vorschieben. Als Ada verspricht, Baines nicht aufzusuchen, lässt Stewart sie wieder frei, doch es zieht sie zum geliebten Mann. Durch Flora will sie ihm eine Klaviertaste mit eingravierter Liebesbotschaft zukommen lassen, als sie erfährt, dass er plant, für immer fortzugehen. Sie geht rau mit dem Kind um und zwingt die sich sperrende Flora, Mittlerin zu sein. Doch auch Flora ist nicht zu beherrschen und tut nur, was sie will. Ihre Grat-Wanderung auf der Kuppe eines Hügels und das kurze Zögern am Scheideweg, als Flora nicht Baines, sondern ihrem Stiefvater das Pfand der Liebe Adas bringt, symbolisieren den Erlebensprozess. Im Empfinden, dass sie dabei bösen Verrat an der Bindung zu ihrer Mutter, mit der sie bisher ein Herz und eine Seele war, begeht, problematisiert das Erleben den Übergang zwischen Altvertrautem und Fremdem. Es geht nicht ohne Reibungsverluste.

Ein Unschuldsengel

Der Zuschauer entschuldigt diese Tat nach kurzer Empörung – sie sei ja nur ein Kind und könne sich der Tragweite ihres Tuns nicht bewusst sein. Die Engels-Flügel, die Flora seit der Theateraufführung häufig trägt, stehen für die Unschuld, die dennoch Schlimmes anrichtet. Gegen Ende des Films werden sie in einem symbolischen Akt reingewaschen von jeglicher Schuld. Ada nimmt Flora in den Arm – der Verrat ist ihr verziehen. Das bewegt die Zuschauer.

Später glaubt Stewart, Ada sagen zu hören, dass sie Angst habe vor ihrem Willen – was er anrichte sei so eigenwillig und stark. Dies bringt auf den Punkt, worum sich das Märchen-Bild dreht. In psychotherapeutischen Behandlungswerken kann sich dies als Selbstbild eines „Katastrophenkindes" zeigen. Man meint über verheerende zauberische Kräfte zu verfügen, denn was man auch anfasse, verkehre sich zu Üblem. Das Festhalten an der kindlichen Allmacht geht immer einher mit einem generellen Schuldigwerden. Wenn man alles machen kann, ist man auch an allem schuld. Allmacht ist stets sowohl damit verknüpft, Unbeschreibliches zu vermögen und über ein Füllhorn guter Gaben zu verfügen, um andere beglücken, als auch ein unvorstellbares Vernichtungspotenzial in sich zu bergen, das andere auslöschen könne (s. S. 78-80 und S. 95-99 zu Todeswünschen in der ödipalen Phase).

Die Axtszene als Scheiterhaufen

Außer sich vor Eifersucht und Wut hackt Stewart in einer furchtbaren Szene Ada mit der Axt einen Finger ab, um sie an ihrer verwundbarsten Stelle zu treffen und ihr das Piano-Spiel zu nehmen. Floras durchdringende Schreie, als sie zutiefst erschrocken realisiert, welch arge Folgen ihr Hass auf die Mutter hat, der sich vorher noch harmlos in Flüchen Luft machte, gehen unter die Haut.

Aber Adas stumme „Schreie", als sie im Schmerz mimisch vollkommen erstarrt in den Schlamm einsinkt, sind nicht minder erschreckend. Ein ganz leichtes Stöhnen meint man beim Hinsinken zu vernehmen. Zur Seite geneigt, bleibt sie unbeweglich liegen. In diesem körpersprachlichen Ausdruck sind großes Leid und Fassade der Ungerührtheit eins.

Im Märchen ist der goldene Finger das Corpus Delicti, an dem die Grenzüberschreitung sichtbar wird. Dass das Kind den blutigen Finger Baines als Androhung weiterer Verstümmelungen, sollte er Adas Nähe suchen, überbringen soll, wird als höchste Grausamkeit erlebt. Ihre Verzweiflung spitzt das Drama noch zu. Kaum zu ertragen ist, dass Stewart um ein Haar die fiebernde, vor Schmerz halb ohnmächtige Ada vergewaltigt. Ihr ruhiger fester Blick bannt ihn und hält ihn erneut von solch einem Übergriff ab. Selbst in dieser hilflosen Lage ist Ada bewunderungswürdig wehrhaft. Macht und Ohnmacht drehen sich in dieser filmischen Zuspitzung rasant ineinander.

Leben!

Man wünscht sich Baines als Retter herbei, doch verharrt er passiv-depressiv im Bett – um ihr ein noch ärgeres Los zu ersparen? Man versteht seine Zurückhaltung nicht. Stewart sucht ihn in seiner Hütte auf und bedroht ihn zunächst mit der Waffe, um dann einzulenken und die Liebenden doch ziehen zu lassen. Bei ihrem Aufbruch erweicht ein Abschieds-Lied, das eine Eingeborene singt, die dem zu Wasser gelassenen Boot folgt, die Herzen. Trennen tut weh, auch wenn Verheißendes lockt – das ist eben so. Das Boot ist mit dem Piano kippelig schwer beladen. Als Ada sich entschließt, es als Ballast sprichwörtlich über Bord zu werfen, obwohl es Baines trotz des Risikos, zu kentern, unbedingt für sie mitnehmen möchte, ist man überrascht. Es leuchtet dennoch ein, dass sie dieses Objekt der Besessenheit nun nicht mehr braucht. Fassungslos registriert man die nächste 180-Grad-Drehung, ihren Suizidversuch, als sie ihren Fuß in das Tau legt und sich mit dem Piano in die Tiefe ziehen lässt. Lieber tot sein, als darauf zu verzichten? Die Märchenlogik blitzt noch einmal in diesem „Nein" zum Anderswerden auf. Angesichts der frischen Liebe erscheint dieser vernichtende Akt wie ein widersinniges Festklammern an Altem. Von dieser Fessel sollte sie sich freimachen, oder mag sie den allmächtigen Anspruch unter keinen Umständen aufgeben!?

Im Rahmen der Komplexentwicklung bilden sich stets typische Erlebensformen auf, die dem Ganzen ein individuelles Gepräge geben und besondere Schwerpunkte in der Erlebensdynamik setzen. So sind einige Zuschauer davon überzeugt, dass Ada am Ende mit ihrem Piano unterging, die traumartigen Erinnerungs-Phantasien Adas als reale Schluss-Sequenz auslegend. Sie wünschen sich insgeheim, dass diese unauflösliche Bindung zum Piano/zum alten Lebensbild, das immer noch einen Sog ausübt, nicht gekappt wird. Den Bildern des Films zum Trotz übersehen sie, dass Ada aus freien Stücken in den Tod gehen wollte. Die in Zeitlupe zerdehnten Szenen des Untergangs und der Befreiung, als sie sich im letzten Augenblick doch für das Leben entscheidet, werden in diesem Fall als Unglücksfall fehl gedeutet – nicht freier Wille, sondern die Macht des Schicksals hatte das Geschehen auf Messers Schneide gebracht. Sie „vergessen" dementsprechend die glückliche Wendung zum Schluss, als Ada sich freistrampelt, aus der Tiefe aufsteigt und an einem anderen Ort mit Baines und ihrer Tochter ein „normales", alltägliches Familienleben führt.

Alles ist Nichts

Durchgängig ist bei allen fünf dargestellten seelischen Polaritäten, die anklingen, eine lange festgehaltene Unversöhnlichkeit, die keinen Schritt auf die andere Seite zumacht. Ganz oder gar nicht! Dazwischen scheint es nichts zu geben. In der paradoxen Spannung zwischen Alles und Nichts, die das Märchen *Marienkind* kennzeichnet, werden all die anderen Grundverhältnisse im Verlauf des Filmerlebensprozesses zu einem lebbaren Maß ausreguliert. Dies wird vor allem an der Figur Adas festgemacht. Während man eingangs ihre Unbeugsamkeit, empört über die Zwangsehe, die über den eigenen Kopf hinweg entscheidet, mitträgt, kommt zunehmend ein Unbehagen an der Unerbittlichkeit auf. Hochmütig wirkt Ada dann, als lasse sie von einem hohen Ross aus alle Annäherungsbemühungen ins Leere laufen, starr und verarmt, auf einen minimalen Entwicklungskreis reduziert. Selbst ihrer Tochter zuliebe rücke sie kein Jota von ihrer Haltung ab, wird kritisch angemerkt. Ob sie überhaupt liebesfähig sei, fragt man sich. Es wird einsehbar, dass Abstriche vom unermesslichen Anspruch gemacht werden müssen. Wenn es so weitergeht, ist Alles = Nichts, das Total vernichtet sich selbst. Im Verlauf des Filmerlebens wird eine Annäherung der Extreme betrieben. Was unvereinbar schien, findet doch über Wege und Umwege zueinander. Das Happy End bedeutet eine Beruhigung der dramatischen Zuspitzung

Das Piano (Australien/Frankreich 1993) © Jan Chapman Productions u. CIBY 2000

Der Verzicht

der Extreme und insofern zugleich eine Öffnung, eben keinen Endpunkt, als sichtbar wird, dass noch einiges zu tun bleibt.

Die Versehrung, das Abhacken des Fingers, als Preis, den Ada für die Veränderung bezahlt hat, ist unübersehbar. Es erstaunt, dass die Zuschauer sich rasch mit dem grausamen Beschneidungsakt abfinden. In der Logik des Märchens entspricht dies dem notwendigen Verzicht auf die Allmacht, die auf ein machbares Maß heruntergeschraubt wird.

Die Prothese ermöglicht Ada zwar, wieder Klavierspielen zu können, doch wird das Klacken des Metallfingers bleiben und sie an das gemahnen, was hinter ihr liegt. Mühsam lernt sie wieder sprechen. Statt Alles zu fordern, gibt sie sich, wie im Märchen, mit Etwas zufrieden.

Epilog

Seit der erste Band dieser psychologischen Märchen-Analysen vor einigen Monaten erschienen ist, ist die darin beschriebene Überwachungs- und Kontroll-Wut keinesfalls geringer geworden, im Gegenteil. In den Medien wird diese zunehmend Thema, sodass die Öffentlichkeit das Ausmaß bewusster wahrnimmt. Dass die bei Google und bei anderen Internet-Suchmaschinen gespeicherten Daten detaillierte Profile der Nutzer in einer Form erstellen, die sogar weit über die Vorratsdatenspeicherung hinausgeht, beunruhigt und lässt Stimmen laut werden, die ein politisches Leitbild für das Internet fordern[142]. Google arbeitet zudem an einer Software, die Passanten erkennen und in Sekundenbruchteilen Bilder identifizieren kann – jegliche Anonymität wird dadurch aufgehoben. Das „cloud computing", die Auslagerung von Mails, Adressen, Fotos, Software, Musik etc. auf einen virtuellen Riesencomputer – auf die sogenannte Wolke – legt das digitale Gedächtnis ganz in fremde Hände und schafft dadurch weitere Missbrauchsmöglichkeiten.

David Gelernter, der das World Wide Web als Informatiker erst möglich machte und sich fundiert mit der Zukunft des Internets auseinandersetzt, skizzierte eine weitere Gefahr des Netzes: Er sieht darin „eine Maschine zur Verstärkung unserer Vorurteile"[143]. Bei dem Riesenangebot an Informationen neigt man dazu, genau das auszuwählen, mit dem man konform geht, und alles andere zu ignorieren. Sinnvoll wäre es jedoch, im Netz den Blick in Gegenden ab"drift"en zu lassen, die man nicht bereits schon kennt. Gelernter stellt heraus, wie fatal es ist, nur

---

[142] Wefing, Heinrich: Ich sehe was, was du nicht siehst. Darf Google mehr wissen als der Staat? Warum wir ein politisches Leitbild für das Internet brauchen. In: Die ZEIT, Nr. 11 vom 11.3.2010, S. 3

[143] Gelernter, David: Die Zukunft des Internet. In: Frankfurter Allgemeine Sonntagszeitung, Nr. 8 vom 28.2.2010, S. 23 u. 25

rational zu denken. „In unserem strikt materialistischen, trocken rationalen und allem Spirituellen feindlichen Zeitalter brauchen wir Unterstützung, um gelegentlich die Rationalität zu überwinden und unseren Gedanken zu ermöglichen, umherzuschweifen und sich zu verwandeln, wie sie es auch im Schlaf tun.[144]“ Dieses Buch will ein Beitrag zu einem derartigen Umherschweifen außerhalb des Mainstreams sein.

Die Produktivitätskrise erschöpfender Arbeit

Ein weiterer zentraler Bereich unseres heutigen Lebens scheint sich selbst durch den Zwang zu Effektivität mit gesteigerten Kontroll-Tendenzen zunehmend lahm zu legen und sich seines kreativen Potenzials zu berauben. Viele Leser berichteten von Erfahrungen in ihrem Arbeitsleben, die Ausdruck eines gesteigerten Willens zur Überprüfung tendenziell möglichst aller Vorgänge im Unternehmen sind. In wachsendem Maße müssen Statistiken und Zahlenfriedhöfe erstellt werden, deren Zweck kaum einsichtig wird. Eine zunehmende Bürokratie hemmt Innovation und ein flexibles Handhaben der sich rasant verändernden Umstände. Qualitätsmanagement und Zertifizierung beanspruchen viel Zeit und Kraft und erzeugen nicht selten eine pseudomäßige Erfüllung von geforderten Standards, die zumindest den Anschein der Effizienz erweckt. Meldungen über Millionenschäden durch Industriespionage[145] lassen das Vertrauensprinzip als naive Blauäugigkeit „unprofessioneller“ Familienunternehmen, die an einer überholten Firmenkultur festhalten, erscheinen und nähren einen permanenten Arg-

---

[144] Ebda. S. 25
[145] SiFo-Studie 2009/10 – Know-how-Schutz in Baden-Württemberg. www.sicherheitsforum-bw.de

wohn. An Rechtfertigungen für eine Intensivierung der Habachtstellung mangelt es nicht.

Die Arbeitsbedingungen haben sich in den letzten Jahrzehnten gravierend verändert. Geklagt wird über eine zunehmende Erschöpfung, denn neben der Abwicklung der übertragenen Aufgaben wird zusätzliches Engagement erwartet. Eine wachsende Zahl an auch unbezahlten Überstunden und eine generelle bereitwillige Verfügbarkeit sogar außerhalb der üblichen Arbeitszeiten werden immer häufiger vorausgesetzt. Wer Nein sagt, gilt als Drückeberger. Familienbindungen und der Erholung dienende Freizeitaktivitäten werden als nicht stichhaltige Argumente angesehen.

Ausgelaugt und kurz vor dem Zusammenbruch, suchen vermehrt Menschen psychotherapeutische Praxen auf. Fähige und tatkräftige Mitarbeiter/innen, die jahrzehntelang bestens „funktioniert" haben, werden von Weinanfällen geschüttelt, finden keinen Schlaf mehr und zweifeln existentiell an sich selbst. Das sogenannte Burnout, Depression, Angst, Sucht und Zwang sind Ausdrucksformen dieser seelischen Überlastung. Erschreckende Berichte über eine Selbstmordserie von Angestellten der Firma France Télécom und anderer französischer Unternehmen, die sich dem Druck nicht mehr gewachsen fühlten, ließen nur kurzfristig aufhorchen. Auch wenn einige große Firmen inzwischen Mitarbeiter in Fortbildungen zu psychischen Erkrankungen am Arbeitsplatz schulen lassen, ist Skepsis angesagt, ob man ernst nimmt, wie sehr man sich selbst, auch wirtschaftlich, schadet, wenn man die Grenzen menschlicher Belastbarkeit ignoriert. Man macht weiter wie bisher – nicht nur im Finanzwesen ist kein grundlegendes Umdenken zu beobachten.

Die Ansprüche und das Pensum sind gestiegen; wenn Mitarbeiter entlassen werden, müssen andere deren Arbeit übernehmen. Die dadurch entstehende Arbeitsverdichtung, die laufende Einarbeitung in neue Software und das reibungslose Anwenden ständig neuer Tools überfordern manch einen Arbeitnehmer. Was gestern galt, muss heute nicht mehr gelten. Mobilität und Flexibilität sind oberste Maximen, doch brauchen die Menschen auch ein gewisses Maß an Regelmäßigkeit und Routine, die Halt und Verschnaufpausen ermöglichen. Joungster und kaum honorierte Praktikanten müssen bis zur Verausgabung Einsatz zeigen, um die Chance auf eine Festanstellung zu erhöhen. Zeitlich befristete Verträge werden mehr und mehr zur Regel und schaffen ein Klima der Ungewissheit, das wirtschaftliche Wagnisse in der Zukunftsplanung besonders riskant erscheinen lässt. Die zunehmende Angst vor Arbeitslosigkeit lässt auch die Zahl der Krankmeldungen zurückgehen. Man fürchtet, durch Ausfälle die Gefahr zu vergrößern, als Erster gehen zu müssen. In Firmen, die eine fast hierarchiefreie Unternehmenskultur propagieren, macht sich unverfügbar, gut hinter demonstrativem Teamgeist getarnt, ein gnadenloser interner Konkurrenzdruck breit. Durch Fusionen und Aufkäufe von Unternehmen in immer rascherem Tempo wird undurchsichtig, wer wie an der Spitze operiert. Der Kopf der Firma wird gesichtslos-anonym; die internationalen Führungsriegen wechseln rasant. Diese Entwicklungen bringen die Menschen an die Grenzen dessen, was sie verkraften können, und tragen nicht zu einer Stabilisierung und Konsolidierung der verunsicherten gesamtwirtschaftlichen Situation bei. Parallel zu Anpassung und Duckmäusertum wächst ein explosives Unbehagen. Eine Gesellschaft mit derartigen Strukturen beutet ihr eigenes Potenzial in selbstschädigender Weise aus. Was als fortschrittlich und leistungsfähig deklariert wird, weist nicht nur in der Diskussion um Niedriglöhne immer mehr Parallelen zu Arbeits-Verhältnissen in der frühindustriellen Zeit auf. Wer ausgepowert und latent unzufrieden ist sowie in der Angst lebt, seinen Arbeitsplatz zu verlieren, kann das gemeinsame gesellschaftliche Werk nicht gut voranbringen. Wandel tut not.

Meerhäschen-Logik

In den letzten Wochen konnte man zudem wahrnehmen, wie Mogelpackungen schmackhaft zu machen versuchen, was zunächst auf Widerstand stieß. Ein vereitelter Sprengstoff-Anschlag auf ein Flugzeug in Detroit dient als Argument, schnellstmöglich Körperscanner[146], wie die Nacktscanner bald unverfänglicher umgetauft wurden, an Flughäfen zu installieren. Der Einsatz der etwa 300.000 Euro teuren Geräte wird nun in vielen Ländern energisch und mit wenig Zweifeln an der Angemessenheit vorangetrieben. Der Sicherheitsgewinn erscheint fragwürdig, da verborgener Sprengstoff bei Tests nicht zuverlässig entdeckt wurde. Es ist anzunehmen, dass in Zukunft findig andere Wege aufgespürt werden, die Kontrollen zu umgehen. Wie im ersten Band beschrieben, kann es keine absolute Sicherheit geben. Controllitis erzeugt eine Spirale des Tricksens und immer geschickteren Versteckens.

Dass das durch Zivilcourage von anderen Passagieren verhinderte Attentat durch ein Versagen von CIA und Geheimdiensten, die zigfach, sogar vom Vaters des Täters, vorgewarnt waren, aber die Meldungen unbeachtet ließen, überhaupt erst möglich wurde, bestätigt, dass das Sammeln von unendlich vielen Daten die Unübersichtlichkeit und Seh-Unschärfe sogar

---

[146] Über eine mögliche Strahlenbelastung bei aktiven Rückstreu-Scannern durch Terahertzwellen wird wenig bekannt. Während einige Studien genetische Veränderungen feststellen, zeigen andere Studien keine Gefährdung. *How Terahertz Waves Tear Apart DNA*. www.*technologyreview.com* (30. Oktober 2009). „Some studies reported significant genetic damage while others, although similar, showed none."

noch erhöht. Eine Vermehrung der Informationsquellen schafft nicht zwangsläufig ein dichteres Überwachungsnetz. Koordinierungsprobleme entstehen gerade durch die Flut des auszuwertenden Materials. Die Schelte des amerikanischen Präsidenten Barack Obama offenbart, wie gravierend die Mängel sind. Eine noch so ausgeklügelte Software mit komplexen Daten-Vernetzungen kann die Nadel im Heuhaufen nicht finden, wenn sie manchmal so offen da liegt wie der entwendete Brief in Poes gleichnamiger Detektivgeschichte[147]. Davon erzählt das *Meerhäschen*-Märchen.

Die Märchen-Logik findet auch Ausdruck in ausgefeilten Versteckspielen, die heute gerne gespielt werden und die möglichst ausnahmslos im Auffinden münden sollen. Geocaching, eine moderne Variante der Schnitzeljagd per GPS, hat sich zu einer beliebten Freizeitbeschäftigung entwickelt. Selbst die „Defense Advanced Research Projects Agency" (DARPA) des US-Pentagons lud zur Schatzsuche ein. Zehn rote Wetterballons wurden Ende 2009 an zehn geheimen Orten in den USA, mit einer Fläche von 9.6 Millionen Quadratkilometern, versteckt. 40.000 Euro Finderlohn waren demjenigen versprochen, der binnen einer Frist von neun Tagen alle Ballons aufspüren könnte. Dies gelang jedoch einem der 4.000 Teams, die sich auf die Suche machten, bereits binnen neun Stunden. Per Telefonkette, wie sie beim viralen Marketing mit sozialen Netzwerken eingesetzt wird, wurden in Windeseile Informationen gesammelt und koordiniert. Geteilter Finderlohn sorgte für einen besonderen Anreiz. Diese Aktion ist ein Bild für das Bestreben, kein unentdecktes Mauseloch mehr zu lassen. Sie demonstriert eine 100%-ige Erfolgsquote in unglaublicher Geschwindigkeit. Der Reiz einer Schatzsuche, die immer auch die Möglichkeit einschließt,

---

[147] Poe, Edgar Allan: Der entwendete Brief (1844). Gesamtausgabe der Dichtungen und Erzählungen. Bd. 3: Verbrechergeschichte. Herausgegeben von Theodor Etzel. Berlin 1922, S. 289-316

leer auszugehen – dafür stehen Bilder eines Eldorados oder gesunkener, goldbeladener Schiffe, die unentdeckt auf dem Meersgrund liegen – spielt dabei im Grunde keine Rolle. Inszeniert wird eine der Märchen-Logik entsprechende Einschüchterung: Es gibt keinen Ort, an dem man sich ungesehen verbergen könnte.

Dass Adleraugen dennoch fehlbar sind, beweist jedoch nicht nur die vergebliche Suche nach dem weltweit meistgesuchten Terroristen. Auch Meldungen über Pannen und Fehlalarme[148] machten deutlich, dass keine noch so intensive Durchleuchtung einen lückenlosen Schutz bieten kann, denn die Menschen, die die Kontrollinstrumente bedienen, sind fehlbar. Auch und gerade jahrelange Praxis mit immergleichen Abläufen und einer niedrigen Quote an Funden öffnet Unachtsamkeiten Tür und Tor. Dies ist nur menschlich-allzumenschlich.

Vorschau auf den dritten Band

Im dritten Band dieser Märchen-Analyse-Reihe wird Ambivalenz der rote Faden sein, der die einzelnen Fall-Vignetten zusammenhält. Das Ineinander von Liebe und Hass ist nicht leicht zu ertragen. Man ist versucht, beunruhigend-gemischte Gefühle zu vereindeutigen und Gut und Böse klar voneinander zu trennen. In diesem dualistischen Raster wird die verwirrende Wirklichkeit so übersichtlich gemacht, dass

---

[148] Ein argloser Bürger löste z.B. am Münchner Flughafen mit seinem Laptop Strengstoff-Alarm aus und konnte dann unbehelligt, und tagelang unidentifiziert, seiner Wege gehen, weil eine Mitarbeiterin des Sicherheitspersonals, die über 20 Jahre ihre Arbeit tat, einen Augenblick wegschaute. Die Reaktorunfälle von Harrisburg und Tschernobyl waren letztlich auf menschliches Versagen zurückzuführen. Solche Ereignisse zeigen, wie verletzlich ein Apparat ist, der Unverwundbarkeit anstrebt. Davon zeugt auch das Titanic-Bild. Selbst doppel- und dreifache Sicherung beheben das prinzipielle Problem nicht, denn nichts ist unumstößlich sicher in der Welt.

Ersehntes und Verabscheutes, Freund und Feind unverrückbar fest zu stehen scheinen. Paradoxe Verhältnisse werden durch die Zweiteilung unkenntlich gemacht. Dies funktioniert nur mit groben Umdeutungen, indem man all das ausblendet und verleugnet, was sich nicht einfach in das Schema einpassen lässt. Mit Gewalt wird sich die Wirklichkeit zurechtgemacht, Störendes eliminiert und vehement das binäre Bild vertreten. Oft geht damit auch ein Missionierungseifer einher, denn man sucht allgemein das zu beglaubigen, von dem man insgeheim „weiß", dass es komplexe seelische Verhältnisse unangemessen vereinfacht. Nuancen, die einer derartigen Schwarz-Weiß-Systematik widersprechen, kommen in solch einem Weltbild kaum noch vor.

Eine Variante des Umgangs mit der Doppelbödigkeit des Seelischen ist durch rasante Umschwünge zwischen Liebe und Hass gekennzeichnet. Ein Schalter lässt das eine nahtlos in das andere umschlagen (Inversionsmechanismus). Diese zugespitzte Ambivalenz mit rapiden Wechseln kann durch das Kurzschließen von extremen Polen rauschhafte Züge annehmen. Auch im Alltagsleben ist ein solches schlagartiges Umswitchen mit besonderer Erregung verbunden.

Ein derartiger Kipp-Mechnismus charakterisiert auch das Erleben des Films der Coen-Brüder *A Serious Man* (Ethan und Joel Coen USA 2009), in dem der Umgang mit der leidvollen Erfahrung von Verkehrung die Struktur des Märchens *Frau Holle* aufweist. Als tragikomische Gestalt, von Gott hart mit Unglück aller Art geprüft wie die biblische Figur Hiob, wird der jüdische Physikprofessor Larry Gopnik von Krisen heimgesucht, die sein festgefügtes Leben durcheinander bringen und jeglichen Halt infrage stellen. Shit happens – alles geht schief, was nur schiefgehen kann. Der Versuch, ein rechtschaffenes und gottgefälliges Leben zu führen, um am Ende durch das Goldtor im Märchen zu gehen, scheitert. Obwohl Larry sich bemüht, nichts Unrechtes zu tun und keine Schuld auf sich zu laden, wird er vom Schicksal bestraft. Im Blick vom Dach seines Hauses, beim Umjustieren der Fernseh-Antenne, wird sichtbar, wie starr und monoton sein Leben ist. Der Film leitet einen Perspektivenwechsel ein. Der dritte Band wird die eingehende Analyse des Erlebensprozesses dieses Films enthalten.

Ein anderes Zwillingsmärchen und das Doppelgänger-Motiv (in einem Renault-Werbespot) werden in diesem Band ebenso Gegenstand sein wie das Erleben der Theaterinszenierung *Das Goldene Vlies* von Franz Grillparzer in der Regie von Karin Beier, das der Psycho-Logik des Märchens *Rapunzel* folgt. Außerdem wird u. a. das Erleben des Spielfilms *Dogville* (Lars von Trier Dänemark/Schweden/2003) mit der Märchenkonstruktion *Die Gänsehirtin am Brunnen* psychologisch untersucht. All diese Analysen sollen einen anschaulichen Begriff vom Janusköpfigen des Seelischen vermitteln.

Literaturverzeichnis

Acidini, Cristina: Für ein blühendes Florenz. Botticellis mythologische Allegorien. In: Botticelli. Bildnis. Mythos. Andacht. Frankfurt a. M. 2009, S. 73-96

Ahren, Yizhak: Psychoanalytische Behandlungsformen. Untersuchungen zur Geschichte und Konstruktion der analytischen Kurzpsychotherapie. Bonn 1996

Aurenhammer, Hans: Max Dvořák, Tintoretto und die Moderne. Kunstgeschichte vom Standpunkt unserer Kunstentwicklung betrachtet. Wiener Jb. f. Kunstgeschichte, Bd. 49, 1996, S. 9-39

Baumgart, Fritz: Renaissance und Kunst des Manierismus. Köln 1963

Becker, Gloria: Kontrolle und Macht. Psychologische Analysen unserer märchenhaften Wirklichkeit. Bd. I. Bonn 2009

Benjamin, Walter: Das Kunstwerk im Zeitalter seiner technischen Reproduzierbarkeit (1935/36). In: Tiedemann, Rolf/Schweppenhäuser, Hermann (Hg.): Gesammelte Schriften I, 2 (Werkausgabe Bd. 2). Frankfurt a. M. 1980, S. 471-508

Bohm, Ewald: Lehrbuch der Rorschach-Psychodiagnostik. Für Psychologen, Ärzte und Pädagogen. Bern 1951

Bowlby, John u. Ainsworthy, Mary D. Salter: Frühe Bindung und kindliche Entwicklung. München. Basel 2001

Bühler, Claudia: Ikonographie und Entwicklung der Abendmahlsdarstellung im Œuvre Tintorettos. Bergisch Gladbach 1989

Burckhardt, Jacob (1855): Der Cicerone. Eine Anleitung zum Genuss der Kunstwerke Italiens. Bd. 2. Basel 1959

Burioni, Matteo (Hg.): Giorgio Vasari. Einführung in die Künste der Architektur, Bildhauerei und Malerei. Die künstlerischen Techniken der Renaissance als Medium des disegno. Berlin o.J.

Campbell, Joseph: Der Heros in tausend Gestalten (1949). Frankfurt 1999

- Die Kraft der Mythen (1988). Düsseldorf 2007

Cieutat, Brigitte: Le symbolisme des figures géometriques dans „Metropolis". In: Positif, no. 365-366, juillet-août 1991, S. 133-136

Cope, Maurice Erwin: The Venetian Chapel of the Sacrament in the Sixteenth Century. A Study in the Iconography of the Early Counter-Reformation. Chicago/New York/London 1979, S. 204-213

Dahl (Becker), Gloria: Metamorphosen von Märchen-Bildern. In: Fitzek, Herbert/Schulte, Armin (Hg.): Wirklichkeit als Ereignis. Das Spektrum einer Psychologie von Alltag und Kultur. Bd. 2, Bonn 1993, S. 267-277. (Fälle mit der Märchenkonstruktion *Der Wolf und die sieben Geißlein*)

- Märchen-Bilder in der Analytischen Intensivbehandlung. In: Zwischenschritte, 14. Jg. 1/1995, S. 68-80

- Bildhafte Konstruktion in Traum und Märchen. In: Zwischenschritte 14. Jg. 2/1995, S. 118-128

- Bildhafte Konstruktion in Traum und Märchen. II. Marienkind-Metamorphosen. In: Zwischenschritte, 15. Jg. 2/1996, S. 82-96

- *Das Piano*. Untersuchung zur Filmwirkungspsychologie, unveröffentl. Diss. Köln 2000

- Chihiros Reise ins Zauberland – Im Bann des Hexischen. In: Salber, Linde/Schulte, Armin (Hg.): Fremde Wirklichkeiten. Zwischenschritte 22. Jg. 2004, S. 100-109

- Qualitative Film-Analyse: Kulturelle Prozesse im Spiegel des Films. In: Forum Qualitative Sozialforschung, Volume 5, No. 2 – Mai 2004. www.qualitative-research.net/fqs

Domke, Gloria (Becker): Spiegelbilder des Seelischen. In: Zwischenschritte, 7. Jg. 2/1988, S. 4-21 (zu *Schneewittchen*)

Dornes, Martin: Die frühe Kindheit. Entwicklungspsychologie der ersten Lebensjahre. Frankfurt a. M. 1997

- Die emotionale Welt des Kindes. Frankfurt a. M. 2000

Elsaesser, Thomas: Metropolis. Der Filmklassiker von Fritz Lang. Hamburg/Wien 2000

Erikson, Erik Homburger: Identität und Lebenszyklus. Drei Aufsätze (1959). Frankfurt a. M. 1966

Freud, Anna: Schlagephantasie und Tagtraum (1922): In: Die Schriften der Anna Freud. Bd. I. (1922-1936). München 1980. S. 141-159

- Das Ich und die Abwehrmechanismen (1936). In: Die Schriften der Anna Freud. Bd. I (1922-1936). München 1980, S. 191-355

- Beiträge der Psychoanalyse zur Entwicklungspsychologie (1951 [1950]) In: Die Schriften der Anna Freud. Bd. IV (1945-1956). München 1980, S. 1107-1140

Freud, Sigmund: Die Traumdeutung (1900): In: Mitscherlich, Alexander/Richards, Angela/Strachey, James (Hg.): Studienausgabe. Bd. II. Die Traumdeutung. Frankfurt a. M. ⁴1972

- Totem und Tabu (1912/13). In: Studienausgabe, Bd. IX. Fragen der Gesellschaft. Ursprünge der Religion. A.a.O. Frankfurt a. M. 1974, S. 287-444

- Der Moses des Michelangelo (1914): In: Studienausgabe. Bd. X. Bildende Kunst und Literatur. A.a.O. Frankfurt a. M. 1969, S. 195-222

- Triebe und Triebschicksale (1915). In: Studienausgabe. Bd. III. Psychologie des Unbewussten. A.a.O. Frankfurt a. M. 1975, S. 75-102

- Ein Kind wird geschlagen. Beitrag zur Kenntnis der Entstehung sexueller Perversionen (1919). In: Studienausgabe. Bd. VII. Zwang, Paranoia und Perversion. A.a.O. Frankfurt a. M. ²1973, S. 229-254

- Das Unbehagen in der Kultur (1930 [1929]). In: Studienausgabe. Bd. IX. Fragen der Gesellschaft. Ursprünge der Religion. A.a.O. Frankfurt a. M. 1974, S. 191-270

- Die endliche und die unendliche Analyse (1937): In: Studienausgabe. Schriften zur Behandlungstechnik. Ergänzungsband. A.a.O. Frankfurt a. M. 1975, S. 381

Fromm, Erich: Die Kunst des Liebens (1956). Berlin 2004

Gelernter, David: Die Zukunft des Internet. In: Frankfurter Allgemeine Sonntagszeitung, Nr. 8 vom 28.2.2010, S. 23 u. 25

Geser, Guntram: Fritz Lang, Metropolis und Die Frau im Mond. Zukunftsfilm und Zukunftstechnik in der Stabilisierungszeit der Weimarer Republik. Meitingen 1996

Goethe, Johann Wolfgang von: Zur Farbenlehre (1808-1810): In: Hamburger Ausgabe in 14 Bdn. Bd. 13, Hamburg [5]1966, S. 314-523

- Brief an Herder vom 17.05.1887. In: Goethes Briefe. Hamburger Ausgabe. Bd. II. Hamburg 1962

- Gedenkausgabe der Werke, Briefe und Gespräche. Bd. 17. Naturwissenschaftliche Schriften. Stuttgart, Zürich [2]1949

Grimm, Jakob u. Wilhelm: Kinder- und Hausmärchen (in zwei Bänden) (1812 und 1815). Herausgegeben und mit einem Nachwort versehen von Carl Helbling. 1. Bd. Zürich [12]1986 und 2. Bd. Zürich [14]1991

Hauser, Arnold: Der Manierismus. Die Krise der Renaissance und der Ursprung der modernen Kunst. München 1964

Hesiod: Werke und Tage (um 700 v. Chr.) Übersetzt und herausgegeben von Otto Schönberger. Stuttgart 2004

Ivanoff, Nicola: Il Ciclo Eucaristico di S. Giorgio Maggiore a Venezia. In: Notizie da Palazzo Albani 4 (1995), S. 50-57

Kleist, Heinrich von: Über die allmähliche Verfertigung der Gedanken beim Reden (1805): Werke in einem Band. München 1966

- Michael Kohlhaas (1810 [1808]). Ditzingen 2003

Kris, Ernst: Psychoanalytic Explorations in Art. New York 1952 Auszüge daraus in: Derselbe: Die ästhetische Illusion. Phänomene der Kunst in der Sicht der Psychoanalyse. Frankfurt a. M. 1977

Krischel, Roland: Tintoretto. Reinbek b. Hamburg 1994

- Jacopo Robusti, genannt Tintoretto: 1519-1594. Köln 2000

Lacan, Jacques: Das Spiegelstadium als Bildner der Ichfunktion, wie sie uns in der psychoanalytischen Erfahrung erscheint (1949): In: Schriften I. Weinheim/Berlin 1986, S. 61-70

Limpert, Axel: Bildvergleich von Ereignisdarstellungen der italienischen Renaissance – "Das letzte Abendmahl" von Leonardo da
Vinci, Jacopo Tintoretto und Tiziano Vecellio, GRIN-Verlag
2001

Meisenheimer, Wolfgang: Das Denken des Leibes und der architektonische Raum. Köln 2004

Mellencamp, Patricia: Oedipus and the Robot in Metropolis. In: Enclitic, vol. 6, no. 1, spring 1981, S. 20-42

Mentzos, Stavros: Neurotische Konfliktverarbeitung (1982). Frankfurt a. M. [16]1999

Mocanu, Virgil: Tintoretto. Bayreuth 1978

Mocek, Ingo: Dieser Stoff wird dir gut tun. Chihiros Reise ins Zauberland. Ein Besuch im geldkranken Tokio bei Hayao Miyazaki,
dem Schöpfer einer sensationellen Ausstiegsdroge. In: Süddeutsche Zeitung, Nr. 135 vom 14./15. Juni 2003, S. III

Montaigne, Michel de: Essais. In: Essais [Versuche] nebst des Verfassers Leben (1580/1588). Nach der Ausgabe von Pierre Coste ins
Deutsche übersetzt von Johann Daniel Tietz. Leipzig 1753. Satzfaksimilierter Nachdruck. Zürich 1991/92

Murray, Henry Alexander u. Morgan, Christiane Drummond:
Method for Investigating Phantasies (1935). In: The Thematic
Apperception Test. Arch. Neurol. Psychiatry 34, p. 289ff.

Nicodemus, Katja: Spirituelle Heinzelmännchen. In: Die ZEIT, Nr. 34
vom 18.08.05

- Schmetterlinge sammeln. Ein Besuch bei Agnès Varda, der Strandliebhaberin, Fotografin, legendären Filmemacherin, Pionierin des
französischen Autorenkinos und Mutter der Nouvelle Vague. In:
Die ZEIT, Nr. 37 vom 3. September 2009, S. 60

Ovid (Publius Ovidius Naso): Metamorphosen (1 n. Chr.). Übersetzt
und herausgegeben von Hermann Breitenbach. Stuttgart 1980

Peling, Mireille: Fritz Lang: Un opéra d'images: Metropolis (1927).
In: Jeune cinema, juin-juillet, Paris, S. 4-14

Perrault, Charles: Histoires ou Contes du temps passé – Contes de ma mère l'Oye (1697). Paris

Poe, Edgar Allan: Der entwendete Brief (1844). Gesamtausgabe der Dichtungen und Erzählungen. Bd. 3: Verbrechergeschichte. Herausgegeben von Theodor Etzel. Berlin 1922, S. 289-316

Rank, Otto: Der Mythos von der Geburt des Helden – Versuch einer psychologischen Mythendeutung (1909, 2. erweiterte Auflage 1922). Wien/Berlin [2]2009

Rascher, Gisela: Schneewittchen – Metamorphosen eines Wunschkindes. In: Zwischenschritte, 8. Jg. 2/1989, S. 56-84

- "Umwertungen" in der psychologischen Behandlung. In: Zwischenschritte, 14. Jg. 1/1995, S. 44-62

Rauchfleisch, Udo: Der Thematische Apperzeptionstest TAT in Diagnostik und Therapie. Eine psychoanalytische Interpretationsmethode. Stuttgart 1989

Reik, Theodor: Aus Leiden Freuden. Masochismus und Gesellschaft. Frankfurt a. M. 1983

Remmler, Renate: Psychologie des Kochens. UDA Köln 1989

Revers, William J.: Der Thematische Apperzeptionstest, Bern/Stuttgart 1958, u. Täuber, Karl [2]1968, [3]1973

Rorschach, Hermann: Psychodiagnostik. Methodik und Ergebnisse eines wahrnehmungsdiagnostischen Experiments (Deutenlassen von Zufallsformen). Bern 1921

Rosand, David (1982): Painting in Sixteenth-Century Venice. Titian, Veronese, Tintoretto. Cambridge 1997

Rudrauf, Lucien: Vertiges, Chutes et ascensions dans l'espace pictural du Tintoret. In: Venezia e l'Europa. (XVIII Congresso Internazionale dell'Arte, Venedig 1955, S. 279-282

Safranski, Rüdiger: Heiße und kalte Religionen. In: Der Spiegel, Nr. 3 vom 18.1.10, S. 119-121

Salber, Wilhelm: Kunst – Psychologie – Behandlung. Bonn 1977

- Konstruktion psychologischer Behandlung. Bonn 1980

- Anna Freud. Reinbek b. Hamburg 1985

- Traum und Tag. Bonn 1997
- u. Conrad, Marc: Goethe zum Film. Morphologische Markt- und Medienpsychologie. Bonn 2006
Sartre, Jean Paul: Das Sein und das Nichts. Versuch einer phänomenologischen Ontologie (1943). In: Gesammelte Werke in Einzelausgaben. Philosophische Schriften 3. Herausgegeben und übersetzt von Traugott König. Reinbek b. Hamburg 1991
Schrott, Raoul: Gilgamesh. Frankfurt a. M. ³2008
Secomska, Krystyna: Jacopo Tintoretto. Berlin 1984
Seifert, Werner: Phantastische Geschichten – eine Methode der Persönlichkeitsdiagnostik am Beispiel des TAT. In: Zwischenschritte,. 1983. S. 27-43
- Der Charakter und seine Geschichten – Psychodiagnostik mit dem Thematischen Apperzeptionstest (TAT). Beiträge zur Psychodiagnostik des Kindes, 6. München/Basel 1984
Stern, Daniel: Mutter und Kind. Die erste Beziehung (1977). Stuttgart 1979
- Tagebuch eines Babys. Was ein Kind sieht, spürt, fühlt und denkt (1990). München 1991
Swoboda, Karl M.: Tintoretto. München/Wien 1982
Thode, Henry: Tintoretto, Bielefeld 1901
Wefing, Heinrich: Ich sehe was, was du nicht siehst. Darf Google mehr wissen als der Staat? Warum wir ein politisches Leitbild für das Internet brauchen. In: Die ZEIT, Nr. 11 vom 11.3.2010, S. 3
Williams, Alan: Structures of Narrativity in Fritz Lang`s Metropolis. In: Film Quaterly, vol. XXVII, no. 4, Summer 1974, S. 17-24
Winnicott, Donald Wood: Vom Spiel zur Kreativität (1971). Stuttgart 1987
Wundram, Manfred: Kunst-Epochen. Renaissance. Stuttgart 2004

Spielfilme

Werbespots

Apollinaris:
www.youtube.com/watch?v=rAgYw50twaA

Evian:
- Waterboy:
www.youtube.com/watch?v=s7fre8mnKeI
- Roller-Babies:
www.youtube.com/watch?v=XQcVIIWpwGs

Gerolsteiner:
- Überraschung:
www.gerolsteiner.de/index.php?id=3981
- Erfrischung
www.gerolsteiner.de/index.php?id=3982

Musikvideos

Madonna (*Express Yourself* David Fincher1989)
www.myvideo.de/watch/5630891/Madonna_Express_Yourself

Queen (*Radio Ga Ga* David Mallet1984)
www.myvideo.de/watch/7204298/Queen_Radio_Ga_Ga

Kunstwerke

Sandro Botticelli:
- *Maria mit Kind* (1469/70) (71,6 x 51 cm) Avignon, Musée du Petit Palais
- *Madonna del Rosetto – Maria mit Kind* (um 1470) (124 x 65 cm) Florenz, Galleria degli Uffizi
- *Madonna mit Kind und Engeln* (um 1470) (100 x 71 cm) Neapel, Museo Nazionale di Capodimonte
- *Madonna Chigi – Maria mit Kind und Engel* (um 1470) (85 x 64,5 cm) Boston, Isabella Stewart Gardner Museum
- *Primavera – Der Frühling* (um 1477/78) (203 x 314 cm) Florenz, Galleria degli Uffizi
- *Madonna del Magnificat* (1481) (Ø 118 cm), Florenz, Galleria degli Uffizi
- *Minerva und Kentaur* (um 1482-88) (207 x 148 cm) Florenz, Galleria degli Uffizi
- *Die Geburt der Venus* (um 1484-86) (172,5 x 278,5 cm) Florenz, Galleria degli Uffizi
- *Madonna della Melgrana – Maria mit Kind und sechs Engeln* (um 1487) (Ø 143,5 cm) Florenz, Galleria degli Uffizi
- *Beweinung Christi* (um 1495) (107 x 71 cm) Mailand, Museo Poldi Pezzoli
- *Madonna del Padiglione* (um 1495) (Ø 65 cm) Mailand, Pinacoteca Ambrosiana
- *Anbetung des Kindes* (um 1500) (Ø 120,8 cm) Houston, Museum of Fine Arts, Sarah Campbell Blaffer Foundation

Caravaggio:
- *Narziss* (1594-96) (110x92 cm) Rom, Galleria Nazionale d`Arte Antica

Salvador Dali:
- *La cistella del pa – Der Brotkorb* (1945) (37 x 32 cm) Figueras,
  Dali-Museum

Giorgione:
- *La Tempesta – Das Gewitter* (1507/08) (82 x 73 cm) Venedig,
  Gallerie dell`Accademia

Leonardo da Vinci:
- *Hl. Anna Selbdritt* (1500-1510) (168 x 130 cm) Paris, Musée
  du Louvre
- Vorstudie zur *Hl. Anna Selbdritt* (1501-08) Londoner Karton,
  sogenannter Burlington House Cartoon mit Johannes-
  knaben, London. National Gallery

Michelangelo Buonarotti:
- *Moses* (1506). (Höhe 252 cm) Marmor-Skulptur im Grabmonument Julius II, Rom, San Pietro in Vincoli

Jacopo Tintoretto:
- *Das letzte Abendmahl* (1547) (157 x 443 cm) Venedig, San
  Marcuola
- *Die Fußwaschung* (1548/49) (210 x 533 cm) Madrid, Museo
  Nacional del Prado
- *Das Letzte Abendmahl* (1559) (221 x 413 cm) Venedig, San
  Trovaso
- *Kreuzigung* (1565) (536 x 1224 cm) Venedig, Scuola Grande di
  San Rocco
- *Das Abendmahl* (1579-81) (538 x 487 cm) Venedig, Scuola di
  San Rocco, Sala Grande
- *Das Letzte Abendmahl* (1592-94) (365 x 568 cm) Venedig, San
  Giorgio Maggiore

- *Die Israeliten in der Wüste* oder *Die Manna-Lese* (etwa 1593)
  (377 x 576 cm) Venedig, San Giorgio Maggiore

Andrea del Verrochio:
- *Reiterdenkmal des Bartolomeo Colleoni* (1479/80-88), (Höhe
  von Pferd und Reiter 395 cm) Bronze, Venedig, Campo
  Santi Giovanni e Paolo

Bildnachweise

Titelbild: Gustave Doré: *Barbebleue*. In: Pierre-Jules Hetzel
(Hg.): *Les Contes de Perrault, dessins par Gustave Doré*. Paris
1862
(Quelle: http://commons.wikimedia.org/wiki/File:Barbebleue.
jpg)

S. 17: Caravaggio: *Narziss* (1594-96) (110 x 92 cm)
Rom, Galleria Nazionale d´Arte Antica
(Quelle: http:// wikipedia/commons/thumb/d/de/Michelangelo
_Caravaggio_065.jpg/180px-Michelangelo_Caravaggio_065.
jpg)

S. 119 u. S. 128: Jacopo Tintoretto: *Das Letzte Abendmahl*
(1592-94) (365 x 568 cm) Venedig, San Giorgio Maggiore
(Quelle: http://an.wikipedia.org/wiki/Imachen:Tintosoup.jpg)

S. 130: Michelangelo Buonarotti: *Moses* (1506) (Höhe 252 cm)
Marmor-Skulptur im Grabmonument Julius II, Rom, San Pietro
in Vincoli
(Quelle: http://commons.wikimedia.org/wiki/File:Moises.jpg)

S. 134: Jacopo Tintoretto: *Kreuzigung* (1565) (536 x 1224 cm)
Venedig, Scuola Grande di San Rocco
(Quelle: http://commons.wikimedia.org/wiki/File:Jacopo_
Tintoretto_021.jpg)

S. 135: Jacopo Tintoretto: *Die Fußwaschung* (1548/49)
(210 x 533 cm) Madrid, Museo Nacional del Prado
(Quelle: http://commons.wikimedia.org/wiki/File:Prado
_washing_feet.jpg. http://www.metabunker.dk/?p=612

S. 139: Jacopo Tintoretto: *Das letzte Abendmahl* (1547)
(157 x 443 cm) Venedig, San Marcuola
(Quelle: akg-images)

S. 199, S. 201, S. 202, S. 203: *Waterboy-Spot*
Mit freundlicher Genehmigung von Danone Waters Deutschland © Evian / Danone Waters. Vielen Dank für die freundliche Genehmigung zum kostenlosen Abdruck.

S. 237: Sandro Botticelli: *Primavera – Der Frühling*
(um 1477/78) (203 x 314 cm) Florenz, Galleria degli Uffizi
(Quelle: http://commons.wikimedia.org/wiki/File:Sandro_Botticelli_038.jpg)

S. 249: Sandro Botticelli: *Die Geburt der Venus* (um 1484-86)
(172,5 x 278,5 cm) Florenz, Galleria degli Uffizi
(Quelle: http://commons.wikimedia.org/wiki/File:Sandro_Botticelli_046.jpg)

S. 252: Sandro Botticelli: *Madonna del Magnificat* (1481)
(Ø 118 cm), Florenz, Galleria degli Uffizi
(Quelle: http://www.zeno.org/Kunstwerke/B/Botticelli,+Sandro%3A+Madonna+del+Magnificat

S. 252: Sandro Botticelli: *Madonna del Padiglione* (1495)
(Ø 65 cm), Mailand, Pinacoteca Ambrosiana
(Quelle: http://www.zeno.org/Kunstwerke/B/Botticelli,+Sandro%3A+Madonna+del+Padiglione)

S. 253: Sandro Botticelli: *Beweinung Christi* (um 1495)
(107 x 71 cm) Mailand, Museo Poldi Pezzoli

(Quelle: http://commons.wikimedia.org/wiki/File:Sandro_Botticelli_015.jpg)

S. 253: Sandro Botticelli: *Madonna della Melgrana – Maria mit Kind und sechs Engeln* (um 1487) (Ø 143,5 cm)
Florenz, Galleria degli Uffizi
(Quelle: http://commons.wikimedia.org/wiki/File:Sandro_Botticelli_060.jpg)

S. 306, S. 311: Szenenfotos *Metropolis*
© Friedrich-Wilhelm-Murnau-Stiftung. Vertrieb: Transit Film GmbH. Mit freundlicher Genehmigung von Transit Film GmbH

S. 337: Szenenfoto *Das Piano*
© Jan Chapman Productions and CIBY 2000/All rights reserved. Mit freundlicher Genehmigung von TF1 France